Florian Schroeder
Schluss mit der Meinungsfreiheit!

Florian Schroeder

SCHLUSS MIT DER MEINUNGS-FREIHEIT!

FÜR MEHR HIRN UND WENIGER HYSTERIE

dtv

© 2021 dtv Verlagsgesellschaft mbH & Co. KG, München
Titelfoto: Frank Eidel
Umschlaggestaltung: Dani Muno & Dirk von Manteuffel
Satz: Uhl + Massopust, Aalen
Gesetzt aus der Palatino LT Std
Druck und Bindung: CPI books GmbH, Leck
Printed in Germany · ISBN 978-3-423-28279-6

Inhalt

»Das wird man ja wohl…«
Was ist überhaupt los hier? 9

Stuttgart 2020 – Das Ende meines Doppellebens 9
Warum wir so besonders sein wollen –
und es doch nie schaffen 17
1989 oder: der Anfang vom Ende
der Meinungsfreiheit? 22
Zensurqueen China – unsere heimliche-unheimliche
Geliebte 31
Meine Meinung ist meine Festung! 36

Wie gefährdet ist die Meinungsfreiheit? 40
Inquisitoren gegen Märtyrer – die Geschichte von
Helen und Hans-Peter 40
»Stück Scheiße!« rufen – aber sachlich, bitte! 52
Rassismus? Nee! Nur bei den anderen 63
Kant, Kolumbus und Konsorten:
Ab in den Giftschrank! 71
Setzt euch auseinander – und wieder zusammen 78

Mit Highspeed ins Mittelalter – Meinungsfreiheit
im Internet 82
Warum ich das Internet hasse 82
Warum ich das Internet liebe 86

Allen eine Stimme! – Die gefährliche Geburt
des Silicon Valley 90
Gut, dass wir drüber geredet haben – wie uns
die Psychologie das freie Reden beigebracht hat 95
Ich liebe mein Leid – warum wir alle Narzissten sind . . 102

**Instagram, Facebook und Twitter: Meinungsfreiheit
im Dienst der Weltherrschaft** 111
Instagram oder: Wollt Ihr die totale (Selbst)kontrolle? . . 111
Teile und herrsche – das Fürstentum Facebook 122
Donald Trump und das Ende der Meinungsfreiheit . . . 137
Extremistische Echokammern –
wie Terror im Netz entsteht. 148
#allesdichtmachen oder: Wie das Internet explodiert . . . 161
Was wir gegen das Hass tun können –
und was wir besser bleiben lassen 170
Henne und Ei: Wie viel Meinungsfreiheit braucht die
Privatsphäre, und wie viel Privatsphäre braucht die
Meinungsfreiheit? 181
Für ein neues Schulfach: Medienkritik 188

Aufwachen! Die Gefahr der Verschwörungstheorien . . 193
Berlin 2020 – Als Mainstreamclown im Feindesland . . . 193
Jeder bekommt die Verschwörungstheorie,
die er verdient 204
»Ich werde dieses Land regieren!«
Das Phänomen Attila Hildmann 214
Die haben alle einen Stich – von Impfgegnern und
Impfskeptikern und ihren unheimlichen Freunden 224
Warum Verschwörungsgläubige die Freiheit nicht
aushalten, die sie postulieren 237

Ein Querdenker im Feindesland oder:
Schweigen ist Silber, Reden ist Gold 243

Was verschweigen die Medien? 252
Alles nur noch Lug und Trug! 252
»Sie hat abgeschrieben!« Vom Aufstieg und Fall
der Annalena B. 261
Don Alphonso und Co. –
die dunklen Seiten der Vielfalt 270
Die Kölner Silvesternacht – das große
Medienversagen? 278
Cancel Culture – Die Inquisitoren übernehmen
das Ruder 284
Ein Sternchen, das deinen Namen trägt – über das
Gendern 294
Die Zukunft der Medien – oder: Der Siegeszug des
Hörens 301

Abgehängt! Kunst- und Satirefreiheit in Not 308
Schluss jetzt! Ein Einspruch! 308
Das ist doch nicht lustig! Satire im Fadenkreuz 317
Ist das brav oder kann das weg? Cancel Culture in der
Kunst 329
Alles muss raus – warum Kunst und Wissenschaft
zusammengehören 349

Anleitung zur Meinungsfreiheit 355

Nachweise 359

»Das wird man ja wohl …«
Was ist überhaupt los hier?

Stuttgart 2020 – Das Ende meines Doppellebens

Heute, am Samstagnachmittag, soll es endlich enden, dieses Doppelleben. Ich will nicht mehr. Will nicht mehr lügen, vertuschen, blenden. Und am Ende selbst nicht mehr wissen, wer ich eigentlich bin. Seit Wochen mache ich das jetzt, bin zwei Menschen, wie sie gegensätzlicher kaum sein könnten: Der eine ist Komiker, hat gerade nicht so viel zu tun, weil Pandemie ist, und er weiß, was auf dem Spiel steht. Der andere ist auch Komiker, aber er will aussteigen, den öffentlich-rechtlichen Meinungskanal verlassen, sich endlich frei auf die Seite der Wahrheit stellen, er will sich den Querdenkern anschließen. So habe ich nun über einen Monat gelebt.

Angefangen hatte alles mit einer Satiresendung im NDR-Fernsehen. Darin spielte der erste Schroeder den zweiten – einen Verschwörungsideologen. Ich vermischte journalistische Fakten und verschwörungsideologische Fiktionen. Ich wollte den schmalen Grat zeigen zwischen Recherchiertem, das zum Instrument von Mythen werden kann, und Mythen, die sich als Fakten verkleiden.

Nur so, indem ich die Rolle des Verschwörungsideologen ernst nahm, ihn verkörperte bis zur Kenntlichkeit, war die Wanderung an der Grenze zwischen Satire und Überzeugung möglich, aber für einige Leute verwischte diese Grenze auch.

Ein User stellte diesen Monolog auf YouTube, er wurde begeistert gefeiert: Endlich ein Systemclown, der es verstanden hat! Dass es sowas noch gibt in den gesteuerten Medien! Das war wohl sein letzter Auftritt! Die Querdenker luden mich ein, bei ihnen aufzutreten. Es sollte mein Coming-out werden, der Beginn meines neuen Lebens.

Aus Schroeder eins sollte endgültig Schroeder zwei werden. So spielte ich – Schroeder eins – ihnen gegenüber den Aussteiger Schroeder zwei, der rauswollte aus dem verachteten Mainstream, den Überläufer und Verstoßenen, der der Enge des Systems entkommen wollte. Meine Facebook-Seite stellte ich um und postete nur noch semi-satirischen Verschwörungskram und setzte viele rote Ausrufezeichen hinter meine in Versalien geschriebenen Nachrichten. Der Applaus von der ehemals falschen Seite, also von Querdenkern und Co, kam wie geplant. Zum Teil stritten sich alte Fans von Schroeder eins mit neuen Fans von Schroeder zwei, welche Interpretation meiner Beiträge denn nun die richtige sei. Die neuen Fans unterstellten den alten, gar nicht zu wissen, mit wem sie es hier zu tun haben. Selten hatte ich so viel Spaß mit meiner eigenen Facebook-Seite.

Und nun, an diesem schwülen Samstagnachmittag im August 2020 in Stuttgart ist der Moment gekommen, die Rolle des Doppelagenten abzulegen. Es ist heiß, die Luft im Unteren Schlossgarten steht. Ich komme im Backstage-Bereich an, werde freundlich begrüßt. Nur einzelne Querdenken-Organisatoren wissen, dass ich auftreten werde. Ich hatte zur Bedingung gemacht, dass mein Auftritt geheim bleibt. Wenn ich schon die Katze aus dem Sack lasse, so sollte das eine Überraschung sein. Das war kein Problem, die Querdenker sicherten mir absolute Verschwiegenheit zu, auch werde ich nicht allein sein. Vor mir werde der frühere Fußballweltmeister Thomas Berthold reden, der ebenfalls zur Vernunft gekommen sei und sich der Bewegung anschließen wolle. Das werde DER Tag der Querdenker-Bewegung, so hatte ich es nun tagelang gehört. Ich werde Teil von etwas Großem sein, so das Versprechen.

Vor Ort bin ich erstaunt, mit welch erfreuten Blicken ich begrüßt werde. Thomas Berthold steht ein paar Meter von mir entfernt, er hat es hinter sich, sieht zufrieden aus, er scheint angekommen in der neuen Welt. Bertholds Outing wird in den darauffolgenden Tagen das Land schockieren. Selbst die »Bild«, bei der er bis dato eine Kolumne hatte, wird diese einstellen. Es muss schon einiges zusammenkommen, ehe man der »Bild« zu radikal wird. Zwischen mir und Berthold, der nun ein wenig abgeschlagen, aber doch zufrieden hinter der Bühne rumtigert und sich auf die breiten Fußballerschultern klopfen lässt, spricht noch ein als Arzt apostrophierter Mann, der wirkt wie ein Schamane aus Nürtingen. Er hält selbstgemalte Bilder in die Luft, die belegen sollen, dass die 5G-Strahlung uns alle umbringen wird.

Danach bin ich dran. Ich komme auf die Bühne und erlebe Liebe, viel Liebe, werde frenetisch begrüßt. Damit hatte ich nicht gerechnet. Diesen Applaus hatte ich mir jahrelang von Leuten gewünscht, die Eintritt bezahlt haben. Hier gibt es alles umsonst – meinen Auftritt und den Applaus. Es hätte auch anders kommen können: Von Buhrufen über fliegende Dosen bis hin zu kaltem Schweigen war alles möglich. Das kenne ich schon: Vor zwanzig Jahren hatte ich einen meiner ersten Soloauftritte im Rahmen einer Sneak Preview in einem Kino – auch hier in Stuttgart. Es war irgendwann nach 23 Uhr – den Film, der nach mir kommen sollte, und mich verband die Tatsache, dass niemand im Saal uns kannte. Ich stand am Anfang, ich war Parodist und ahmte zu Beginn meines Sets Udo Lindenberg nach, was schon damals, im Jahr 2000, nicht zum Originellsten gehörte, was man auf einer Bühne darbieten konnte. Der Moderator im Kino begrüßte mich mit den Worten: »Hier kommt Udo Lindenberg.« Der Saal tobte, viele offensichtlich belastbar alkoholisierte Zuschauer waren sicher, dass sich der Meister am Samstag um 23 Uhr in ein Stuttgarter Kino verirren würde, um hier a cappella vor ein paar hundert Leuten zu verrecken. Der Auftritt ging genau zweieinhalb Minuten, dann flogen die ersten Flaschen auf die schmale Bühne vor der Leinwand. Ich floh über den Notausgang, der direkt vor mir war, und schwor mir, nie wieder auf eine Bühne zu steigen.

Aber was wäre, wenn das hier wieder passierte? Zweieinhalb Minuten vor Querdenkern? Und dann weg? Was würde bleiben? Man würde nicht wissen, wer ich nun bin? Schroeder eins, der Komiker, der seinen Job so schlecht beherrscht, dass sie ihn von der Bühne jagen können, ohne dass jemand verstanden hätte, was seine Botschaft ist – oder Schroeder zwei, wieder einer, der ins Querdenker-Lager übergetreten ist – und das, obwohl er beim Fußball in der Schule nicht einmal das Tor getroffen hat! Die letzten zwanzig Jahre zwischen Stuttgart I und Stuttgart II wären in wenigen Minuten ruiniert gewesen, und ich hätte mich wieder für ein Taschengeld ins Kino stellen oder Möbelhäuser eröffnen und wieder schließen können.

Ich mache also zunächst ein paar sichere Gags, von denen ich ahne, dass sie dem Publikum gefallen. Tatsächlich, sie funktionieren. Mein Blick schweift über das weit verteilte Publikum im Schlossgarten. Es sind sehr unterschiedliche Leute hier, das fällt auf. Eine Woche zuvor in Berlin waren

Reichkriegsflaggen zu sehen, Nazis, aggressive Leute. Das ist hier anders. Hier könnten ein paar Altachtundsechziger genauso stehen wie ein paar Ökos mit Wildwuchs bis hin zu beinharten Corona-Leugnern.

Nach ein paar Minuten setze ich an zum entscheidenden Teil: Ich halte einen kleinen Vortrag über Meinungsfreiheit, denn hier, bei den Querdenkern, hält man sich für den letzten Ort, an dem diese noch lebendig ist. Das Refugium, in dem die Wahrheit noch einen Platz hat. Ich konfrontiere die Demonstrierenden mit meiner Meinung: dass es Corona gibt, dass es eine gefährliche Krankheit ist, dass Maskentragen und Abstandhalten sinnvoll sind. Es gibt Buhrufe. Ich versuche, den Zeitgenossen hier klarzumachen, wie eng die Grenzen ihrer Meinungsfreiheit sind, da sie meine nicht oder nur sehr bedingt hören wollen.

Ich stelle die Frage:»Wollt Ihr die totale Meinungsfreiheit?« Das ist eine bewusst gesetzte Botschaft: zum einen der Flirt mit dem abgewandelten Goebbels-Zitat, das einem das Blut in den Adern gefrieren lässt. Zugleich stehe ich vor Menschen, deren Lieblingsbegriff die Corona-Diktatur ist. Drittens ist es eine Parodie auf die falsch verstandene Freiheit, jederzeit alles herauszubrüllen, was man spontan für richtig hält, egal ob es verletzend, beleidigend oder strafrechtlich relevant ist. Meinung ist nicht Hass, das wäre die Pervertierung von Meinungsfreiheit und zugleich ihr Ende. Dann wäre Schluss mit der Meinungsfreiheit. Nach zwölf Minuten endet der Auftritt mit einem 80:20-Verhältnis: 80 Prozent des Publikums buhen, 20 Prozent scheinen zu applaudieren.

Nach der Kurzshow laufe ich von der Bühne und sehe Querdenker neben den Absperrungen stehen. Sie schauen mich an, manche schockiert, andere wütend, wieder andere kalt, ein paar lächeln anerkennend. Michael Ballweg, der damalige Kopf der Bewegung, macht seinen Job, geht auf die Bühne und betont, auch ein solcher Auftritt gehöre dazu, auch dafür stünde die Bewegung. Fair enough.

Dialektik der Meinungsfreiheit

Ich habe diesen Auftritt, der durchaus mit Risiken verbunden war, angenommen, weil ich zeigen wollte, was Meinungsfreiheit bedeutet – nämlich, dass wir einander zuhören. Dass ich mich einschleusen konnte, habe ich der Leichtgläubigkeit der Querdenker zu verdanken. Es wäre aber zu einfach, wenn wir nun annähmen, dass diese Leute eben Idioten seien, dass sie gar nichts verstanden haben und nicht einmal Freund von Feind unterscheiden können, geschweige denn dazu in der Lage seien, Satire zu verstehen.

Ich komme nur dann weiter, wenn ich sie als das Zerrbild des Mainstream wahrnehme, also von uns allen. Ihre Leichtgläubigkeit ist unsere, gerade dann, wenn wir uns für besonders kritisch, aufmerksam und aufgeweckt halten. Wir alle folgen oft schnell und leichtgläubig Ansichten. Wir suchen Bestätigung und sind glücklich, wenn wir glauben, sie endlich gefunden zu haben. Das Internet ist nicht Ursache, aber Brandbeschleuniger dieser Entwicklung. Ich wollte zeigen, was passiert, wenn wir einer Zuspitzung, einem Ausschnitt folgen, wenn wir dem Schein glauben, in diesem Falle meiner Verwandlung zum Verschwörungsideologen.

Es ging mir ebenso darum, aus den vorgezeichneten Bahnen auszusteigen. Der Sinn meiner Arbeit als Komiker besteht darin, mich und die Menschen, die mir zuschauen und zuhören, aus ihren Gewohnheiten zu werfen, sie zu irritieren, sie zu schockieren, mindestens aber mehr Fragen als Antworten zu hinterlassen. Das war das Ziel dieses Auftritts. Es bedeutete aber auch, den eigenen berechenbaren Raum zu verlassen, mir nicht nur den vorhersehbaren Gesinnungsapplaus der Zuschauer abzuholen, sondern herauszutreten ins Feld des Gegners, dessen Kleider ich mir übergeworfen hatte.

Dialektisches Denken, wie ich es versucht habe aufzuzeigen und für das ich auch hier werben möchte, wird oft verwechselt mit einer biederen Erörterung aus dem Schulaufsatz im Deutschunterricht: mit These, Antithese und Synthese irgendwann zu einem mittelmäßigen Kompromiss kommen, der alle Seiten einbezieht und mit dem alle irgendwie leben können. Darum geht es gerade nicht. Dialektik ist keine Ministerpräsidentenkonferenz.

Sie ist das Gegenteil: Sie bedeutet, sich auf den anderen einzulassen. Der Gegner ist nicht der Feind, er ist jemand, der anders denkt als ich, mit dem ich mich im besten Sinne auseinandersetzen kann. Sich auf ihn einzulassen heißt, vorübergehend mein eigener Gegner zu werden. Wer die fremde Position bis in die letzten Fasern in sich aufnimmt, sie versteht, nachvollziehen und sogar übernehmen kann, ist in der Lage, auch die eigene Position zu hinterfragen und eine bessere, höhere, vorsichtigere oder auch entschiedenere Flughöhe zu erreichen. Nur, indem wir uns selbst erschüttern, uns selbst fremd werden, nicht mit uns identisch sein wollen, können wir wachsen.

Was wir derzeit häufig erleben, stimmt dagegen eher traurig: Die Verpanzerung in der scheinbaren Sicherheit der eigenen Meinungen, die wirkt, als wären wir Gefangene unserer Überzeugungen. Das führt schnell zu reflexhaftem Denken, statt zu reflektierendem: »Ich habe recht, und ich möchte eine Bestätigung dafür, dass ich das Recht habe, diese Bestätigung zu bekommen, eben weil ich recht habe« – so die ernüchternde Tautologie dieser Haltung. Das ist nicht nur langweilig, sondern auch gefährlich, weil es am Ende blind macht für all die anderen Eindrücke und Positionen, die in dem Graubereich liegen, der Leben heißt. Gesellschaftlich ist es Gift.

Das spüre ich auch als Satiriker in meiner Arbeit jenseits von Querdenken: Von mir wird gemeinhin erwartet, dass ich provoziere, dass ich böse und direkt bin, dass ich das sage, was sonst keiner sagt, das ausspreche, was untergeht, in den klassischen Medien angeblich unterm Radar durchfliegt oder sonst unter die Räder kommt. Zugleich aber ist die Bereitschaft vieler Menschen, sich irritieren zu lassen, erstaunlich gering. Auch als Komiker werde ich häufig eher an dem gemessen, was ich – angeblich authentisch gemeint – sage, und weniger an der Funktion, die das Gesagte hat, dem Zusammenhang, dem Umfeld, der Verkleidung, in die es gehüllt ist. Ein Halbsatz reicht, und aus Zuneigung wird Abneigung, aus einem Helden ein Gefallener, aus einem Verteidigten ein Verurteilter. Mit anderen Worten: Was hier als Kunst dargeboten wird, wird immer weniger ästhetisch, dafür immer stärker moralisch beurteilt.

Ich lebe also in einer Paradoxie, die jener der Politik verwandt ist: Während dort der Wunsch groß ist nach charismatischen Figuren, die ehrlich, eigensinnig, originell, schräg, nonkonformistisch, radikal und unverfroren sind, werden sie doch, wenn sie diese von ihnen erwünschte Rolle einnehmen, schnell gestutzt. »In verantwortlicher Position kann man doch so nicht auftreten«, heißt es dann schnappatmend. Dann sollen sie bitte wieder so sein wie die verachteten stromlinienförmigen, durchgecoachten Langweiler, denen zwar keiner mehr zuhören will, die dann aber doch irgendwie noch besser in die zugedachte Rolle passen als die ungezogenen Flegel.

Übertragen auf die Satire bedeutet das: Wir wünschen uns den, der alles sagt, vor allem das, was sich sonst keiner traut, der kurzweilig ist, Spitzen setzt, anderen auf die Füße tritt – aber wehe, es geht gegen die eigenen Überzeugungen oder gar die eigene Kohorte oder eine, die wir meinen verteidigen zu müssen. Noch schlimmer, geradezu entsetzlich wäre es, wenn die Veranstaltung ambivalent, uneindeutig und ohne klare Antwort oder Perspektive wäre und sich die Unverfrorenheit herausnähme, das Publikum in einem Raum jenseits von Gut und Böse mit den eigenen Abgründen zu konfrontieren und darin sich selbst zu überlassen. So viel Amoralismus kann das moralistische Zeitalter schwer aushalten.

Ein Satz, den ich immer wieder höre nach Bühnenshows, lautet: »Man muss bei Ihnen schon sehr aufpassen, wie es wirklich gemeint ist.« Für einen Satiriker aber sollte das nicht die Ausnahme, sondern die Regel sein.

Warum wir so besonders sein wollen – und es doch nie schaffen

Woher kommt es, dass das Zweideutige und Amorphe so sehr unter Verdacht geraten ist? Ich möchte dazu einen Schritt zurückgehen und zwei Begriffe einführen, die in meinen Augen entscheidend sind für unser Thema: Einmaligkeit und Eindeutigkeit. Was verbindet sie, was trennt sie, und warum sind sie so wichtig? Einmaligkeit hat das Moment des Besonderen.[1] Wir erleben es in der Kunst, im Sport, beim Sex, beim Feiern, im Casino, im Internet. Das Einmalige kann erfreuen, schockieren, irritieren, uns an Grenzen bringen. Es ist multidimensional, vielschichtig, differenziert, nicht festlegbar, nicht greifbar, atemlos und schwebend wie der Mensch in seiner Vielfalt. Aus dem Einmaligen kommen wir anders heraus, als wir hineingegangen sind. Es ist darum auch ein Risiko: Sicher ist im Einmaligen einzig seine Unwiederholbarkeit, es entlässt uns ins Ungewisse.

Die Suche nach dem Einmaligen ist alt, begleitet uns über alle Zeiten hinweg. Was heute hinzukommt, ist die Suche nach dem Einmaligen nicht nur im Spektakel draußen, sondern die Suche nach dem Einmaligen in unserem eigenen Leben. Das ist das Versprechen und die Forderung der Gegenwart: Sei einmalig, fahre an einmalige Orte, am besten dahin, wo wenige waren, aber alle hinwollen – oder dorthin, wo alle waren, aber nichts von dem gesehen haben, was nur du gesehen hast; und halte das fest – einmalige Motive, festgehalten von einer einmaligen Kamera aus einem einmaligen Winkel. All das wirkt oft auch wie der leicht verzweifelte Versuch einer Befreiung aus einem Leben, in dem wir uns immer ähnlicher werden: Wir alle schauen dieselben Serien auf Netflix, fahren an ähnliche Orte, die gerade einen »irren Hype« erleben, und hören ähnliche Musik auf Spotify. Je ähnlicher wir einander werden, umso mehr strampeln wir, um uns als einmalige, singuläre Individuen zu präsentieren.

Dazu gehört auch, dass wir unsere Distinktionsgebote stetig verbessern – vor allem, damit wir uns von denen absetzen, die unter unserer Würde sind: Sei achtsam und aufmerksam. Ernähre dich gesund. Sei ausgeglichen. Fordere alles und gib alles und noch mehr. Bewege dich ausreichend. Liebe deinen Körper wie dich selbst und definiere deine Muskeln. Kleide dich besonders, aber auf jeden Fall fair trade. Kenne die richtigen, besonderen Leute. Erziehe deine Kinder einmalig, erkenne ihre Fähigkeiten – wenn du nur genau genug hinguckst, sind sie entweder hochbegabt oder hochsensibel oder beides. Fördere sie.

Übe einen spannenden Job aus, der dich erfüllt und sinnvoll ist, auch in Zukunft und für die Zukunft. Wohne und lebe einmalig. Lass jede Faser deines Körpers, deiner Wohnung, deiner Freunde eine Spur deiner Besonderheit sein. Zeige das auch sprachlich: Wenn du begeistert bist, dann war das, was du erlebt hast, »der Hammer«, »zum Niederknien« oder einfach »sensationell« – nicht etwa, weil es das immer ist, sondern weil du es dazu machst, weil alles, was du erlebst, auf jeden Fall der supergeile Megahit ist. Wenn du etwas erlebst, was deine Gefühle anspricht, bist du »unglaublich berührt« oder »unfassbar betroffen«. Sei nie gewöhnlich. Hinterlasse etwas. Hinterlasse dich in deiner Einmaligkeit. Und wenn dir das nicht gelingt, dann rede es dir so lange ein, bis es sich so anfühlt. Die Leere, die Zweifel und die Unsicherheit, die du im Innersten spürst, werden so zwar nicht kleiner, aber du kannst sie dir besser ausreden.

Dieses Streben nach dem Einmaligen bereitet gleichermaßen Stress wie Erfüllung, es kann Freiheit genauso bedeuten wie Zwang, kann Lust verschaffen oder Verzweiflung. Es ist im besten Sinne ambivalent.

Alles muss eindeutig sein!

Die Eindeutigkeit dagegen hat klare Konturen, sie stellt keine Fragen, sie hat Antworten; sie steht für Sicherheit und Kontrolle; sie sichert das tägliche Überleben und bildet eine Struktur, die uns durch den Alltag hilft. Eindeutigkeit steht für das

Verlässliche, das Feste. Ohne sie wären wir verloren. Das ist ihre produktive, ihre existenziell wichtige Seite. Für unser Thema interessiert mich die andere, die dunklere Seite hier mehr. Eindeutigkeit steht nämlich auch für das Harte und Kalte, für die klare Grenze, für das Unumstößliche, Richtende, Urteilende, Vernichtende. Ihr Kennzeichen kann auch Erbarmungslosigkeit sein. Das Eindeutige garantiert uns, im abgesicherten Modus zu funktionieren. In ihm gleiten wir risikolos durch risikominimierte Kanäle, in denen unsere eigenen Meinungen lauter widerhallen als die fremden, irritierenden.

Meine These ist: Je einmaliger wir sein müssen, desto eindeutiger wollen wir sein. Je mehr wir uns darüber definieren, wie besonders wir sind, desto deutlicher brauchen wir den Halt des Eindeutigen von außen. Wir wollen wissen, was wahr ist und was fake, was richtig ist und was falsch, wer dafür ist und wer dagegen. Wir sind auch Ordnungsfanatiker, bitte keine Unruhe in der Einmaligkeit. Selbst der Kommentar in den »Tagesthemen« heißt jetzt ganz eindeutig »Meinung«, weil die Redaktion das Risiko für zu groß hielt, dass Zuschauer nicht mehr verstehen, dass ein Kommentar nichts weiter als eine persönliche Meinung ist.

Das, was wir für Chiffren des Einmaligen halten, sind oft nur Spuren der Eindeutigkeit: Schließlich wohnen wir doch nur mit und neben Leuten, die genauso leben und wohnen wollen wie wir. Wir verachten dieselben Leute, die noch immer nicht konsequent auf Bio setzen, sondern Billigfleisch kaufen. Wir verachten Amazon, es sei denn, bei Prime Video gibt es eine wirklich anspruchsvolle, sehenswerte Doku, die es einmalig nur dort gibt, dann machen wir eine einmalige großzügige Ausnahme. Wir minimieren das Risiko und bestärken uns in unseren guten Absichten und übersehen dabei schnell, dass wir es uns bequem gemacht haben in unseren Meinungen, die längst zu Dogmen geworden sind, die uns helfen, in doch ziemlich engen Räumen, die wir für groß hielten, ruhig zu schlafen.

Ich könnte mich damit begnügen, so viele Beispiele wie möglich dafür zu bringen, dass unsere Meinungsfreiheit bedroht oder dass das Gegenteil der Fall ist – nämlich, dass auch das Unsagbarste längst sagbar geworden ist und wir dringend neue Regeln brauchen. An beide Punkte werden wir später kommen. Es wird um die Rolle der Meinungsfreiheit im Internet gehen, um Ursachen und Bedeutung des Hasses, aber auch um die problematische Kultur der Likes und was sie in uns anrichten kann. Es wird um die Bedeutung von Lüge und Wahrheit gehen in einer Zeit, in der diese zu verschwimmen drohen. Ich werde versuchen, mich der Frage anzunähern, ob Medien wirklich einseitig berichten und nur bestimmte Meinungen zulassen. Ist es richtig, Statuen zu stürzen, Autoren zu verbannen und im Zweifel beleidigt zu sein? Für diese und viele andere Fragen sind die kommenden Kapitel da.

Ich meine aber, ich würde es mir zu einfach machen, wenn ich mich darauf beschränkte. Meine Prämisse ist: Jeder Streit, jede Frage, jedes große, bewegende Thema hat seine Zeit und fordert die Menschen heraus, die in ihr leben. Darum stelle ich zur Diskussion, warum wir heute so erbittert streiten über die Frage, wer angeblich noch was sagen, zeigen oder denken soll, darf oder muss – oder eben gerade nicht. Warum ist die Meinungsfreiheit gerade jetzt ein so großes Thema? Woher kommt dieser Wunsch nach Eindeutigkeit und Berechenbarkeit ausgerechnet heute in dieser Heftigkeit? Ausgerechnet in einer Zeit, in der wir doch so viele Möglichkeiten und Plattformen der Kommunikation und des Meinungs- und Informationsaustauschs haben wie nie zuvor? Könnten wir nicht einfach zufrieden sein, dass gefühlt alle überall jederzeit sprechen können?

Es wäre ein eigenes Buch, die historische Tiefe aller Entwicklungen auszuleuchten, die hierhin geführt haben. Mir geht es darum, unsere Situation heute besser zu verstehen. Darum möchte ich mich auf das Jahr 1989 beziehen. Ein Jahr des Epochenbruchs, ein Jahr, das uns bis heute verfolgt in seiner Einmaligkeit, gerade nicht in seiner Eindeutigkeit.

Es sind vier Ereignisse, deren Fäden an unterschiedlichen Punkten, Orten und Sphären scheinbar unabhängig voneinander beginnen, sich im Lauf der Zeit kreuzen, wieder voneinander entfernen und heute auf sowohl produktive als auch zerstörerische Weise miteinander verschmelzen. Sie alle beeinflussen die Meinungsfreiheit und unseren Blick darauf. Alle vier haben nur eines gemeinsam: ihre Gleichzeitigkeit. Und sie begründen unsere Epoche, die mindestens bis heute andauert, eine, wie ich sie nennen möchte, »Epoche der Einstürze«. Machen wir also eine kleine Reise, um unseren Gegenstand, die Meinungsfreiheit und ihre Bedeutung heute, genauer kennenzulernen:

1989 oder: der Anfang vom Ende der Meinungsfreiheit?

In Genf hat ein Mann ein Papier zusammengestellt. Es trägt den bieder-technokratischen Titel: »Information management: A Proposal.« Informations-Management: Ein Vorschlag. Die wenigen Leute, denen er es vorstellt, sind eher mäßig angetan. »Vage, aber durchaus spannend«, schreibt der Chef als

Bewertung drunter. Der Autor des Papiers lässt sich nicht abhalten und macht sich an die Arbeit. Er verfolgt seine Idee, alle Informationen, die isoliert auf irgendwelchen Computern gespeichert sind, miteinander zu verbinden. Vier Jahre später, im Jahr 1993, wird das Forschungszentrum CERN die Software für das WorldWideWeb der Welt übergeben. Der Mann heißt Tim Berners-Lee und hat hier das Internet erfunden, den Ort, der alles zum Einsturz bringen sollte, was wir kannten, und der zugleich ein Paradies schaffen sollte, ein Paradies der globalen Vernetzung zum Austausch von Meinungen und Informationen.

In Teheran sitzt ein Mann, der einen anderen tot sehen will – wegen ein paar Worten. Er schickt seine Truppen, Millionen Menschen, um ihn zu finden und umbringen zu lassen. Der Mann, um den es geht, ist Salman Rushdie, indisch-britischer Autor. Er hat ein Buch geschrieben, ›Die satanischen Verse‹. Zehn Jahre nach der Iranischen Revolution verhängt Ayatollah Khomeini 1989 eine Fatwa gegen den Autor – damit ist weltweit jeder Moslem aufgerufen, Rushdie zu suchen und zu töten.

In Peking wittern sie Morgenluft im Morgenland – Panzer rollen durch die Stadt, auf dem Weg zum Platz des Himmlischen Friedens, um eine Meinungsäußerung zu beenden: Dort demonstrieren seit Wochen zehntausende Studierende für ein liberaleres China, für mehr Demokratie und Selbstbestimmung. Am 4. Juni lässt die regierende Kommunistische Partei die Proteste gewaltsam niedergeschlagen, tausende sterben. Im selben Jahr erklärt die Staatsführung die »Steuerung der öffentlichen Meinung« zu einem offiziellen Staatsziel. Dazu zählt auch, dass der Toten bis heute nicht gedacht wird. Das Massaker von Peking ist der Startpunkt des chinesischen

Staatskapitalismus. Der Pakt mit dem Volk lautet von nun an: Wir holen euch aus der Armut, und ihr haltet die Klappe. Mit Erfolg: Mehreren hundertmillionen Chinesen geht es ökonomisch heute bedeutend besser, China ist die zweitgrößte Volkswirtschaft der Welt.

Wenige Monate später: Morgenluft im Abendland. In Berlin sagt ein Mann: »Nach meiner Kenntnis... ist das sofort, unverzüglich.« Er ist der SED-Spitzenfunktionär Günter Schabowski. Diese Worte lösen den Sturm auf die Berliner Mauer und ihren Fall aus. Die Demonstrationen der vergangenen Monate sind nicht niedergeschlagen, sondern erhört worden. Die Sowjetunion ist am Ende, es entstehen so viele Demokratien wie vielleicht noch nie. Als Wessi mit süddeutschem Migrationsvordergrund sitze ich damals, gerade zehn Jahre alt, vor dem Fernseher und ärgere mich, dass das A-Team ausfällt und die ganze Familie mit offenem Mund komischen Leuten mit seltsamen Frisuren, eigenartigen Autos und einem vernuschelten Dialekt zuguckt, wie sie hupend durch die Gegend fahren. Der Fall der Berliner Mauer symbolisiert das Ende des Kalten Krieges, das Ende des Wettrüstens zwischen Kapitalismus und Sozialismus. Die Demokratie hat gesiegt, so scheint es. Die Ehe zwischen Kapitalismus und liberaler Demokratie ist besiegelt – global, now and forever. Eine neue Ordnung ist hergestellt, sie wird die ganze Welt umspannen. Die Freiheit scheint grenzenlos. Francis Fukuyama schreibt ein Buch, es heißt ›Das Ende der Geschichte‹, sein zugleich bester Titel und größter Irrtum.

Mit dem Fall des Eisernen Vorhangs ist der größte Feind passé, oder – je nach eigenem Standpunkt – auch die letzte Utopie, der real existierende Sozialismus. Es folgen die 1990er-Jahre, eine berauschend leichtfüßige Zeit: »One World,

One Future« wird das Motto der Love Parade, die zum ersten Mal mit etwa hundert versprengten Teilnehmern im Jahr 1989 (!) geradezu verdächtig unauffällig über den Berliner Ku'damm zieht. Ihre große Zeit aber kommt ein paar Jahre später: Es wird »eine Mischung aus Demonstration, Party und Kirchentag.«[2] Millionen tanzen zu Techno, haben Sex und nehmen Drogen, bei der jährlichen Love Parade in Berlin ebenso wie auf Raves in ganz Europa, die bald zu Großveranstaltungen mutieren. Techno wird der Klang des Jahrzehnts, eine Musik »absoluter Unmittelbarkeit und reiner Physik«[3], radikales Jetzt, Gemeinschaftsgefühl »ohne den Entwurf einer Utopie«[4].

Angemeldet ist die Love Parade als politische Veranstaltung, die nicht politisch sein will, jedenfalls nicht so, wie man das Politische bis dahin im Kalten Krieg verstanden hat – mit Freund-Feind-Dichotomien. Die Love Parade ist das Gegenteil, eine »sprachfreie Demonstration«[5], die sich ganz den Beats und Bildern der Freiheit überlässt. Alle Mauern und Vorhänge sind gefallen, die Bühne ist frei: Es geht nicht mehr um einengende Worte und Begriffe, das gemeinsame Medium ist die Musik, die sich dem Sagbaren entzieht und der sich alle im gemeinsamen einmaligen Rausch überlassen können – vereint im Verschiedensein. Eine Parade, die das Verbindende sucht, nicht das Trennende; Liebe statt Hass.

Ich bin pickeliger Teenager in dieser Zeit, und sowohl Love als auch Paraden sind weit weg. Für Techno bin ich nicht cool genug, ich bin schon froh, dass ich die Münchener Freiheit hinter mir gelassen habe und nun Tina Turner und Joe Cocker für angesagt halte. Ich denke vor allem an mich und bereite eine Karriere in den Medien vor, zunächst als Klassenclown, dann auch mal als Journalist, um seriöser zu erscheinen, aber eigentlich als Entertainer – ich überschätze mich maßlos, aber auf eine infantile Art. Früh erlebe ich, dass ich mich nur auf mich selbst verlassen kann, aber damit sollte alles möglich sein.

Klar, es gibt auch Probleme in Deutschland: Ihre Namen sind Solingen, Mölln, Hoyerswerda, Rostock-Lichtenhagen. Der Osten will nicht mitfeiern bei der Party und driftet ab nach rechts. Das ist nicht schön, aber der Widerstand ist groß: BAP und viele weitere würden die Nazis in Grund und Boden singen. Gegen so viel gutgemeinten Protest kämen die Glatzen auf Dauer sowieso nicht an. Akklimatisierungsprobleme mit einer neuen demokratischen Betriebstemperatur – das würde schon wieder vergehen, wenn unsere Brüder und Schwestern erst einmal verstehen würden, wie gut sie es doch bei uns haben. Dass sich hier mehr von den Konfliktlinien der Zukunft zeigen sollte als in unseren tanzgymnastischen Lockerungsübungen zwischen Mayday und Love Parade, das können wir uns beim besten Willen nicht vorstellen.

Auch die Arbeitslosigkeit ist hoch, verbunden mit der Aussicht, als Teil der Generation Praktikum in einer Art Dauerwerbesendung eines ausbeuterischen Arbeitgebers hängen zu bleiben, der außer guten Worten wenig zu bieten haben könnte. Aus der Familie höre ich, dass ich das schon verhindern würde. Wenn ich mich anstrenge, wäre alles möglich, die Multioptionsgesellschaft, dieses technokratische Wortungetüm, das uns den Himmel auf Erden verheißen soll, wartet mehr denn je auf die Besten. Die Sparkasse wirbt mit »Mein Haus, mein Auto, mein Boot« und gibt einem Jahrzehnt seine janusköpfige Überschrift: Die Selbstentfaltung wird zur neuen Norm, Authentizität ihr höchster Wert.

Unsere neue Religion scheint der Kapitalismus zu sein, gerade so, wie es Walter Benjamin im Jahr 1921 vorhergesehen hatte, denn dieser »dient essentiell der Befriedigung derselben Sorgen, Qualen, Unruhen, auf die einstmals die sogenannten Religionen Antwort gaben«.[6] Statt eines Gottes beten wir nun unsere Optionen an, die wir nicht einmal Wirklichkeit werden lassen müssen, es reicht schon, dass sie als Waren im Regal stehen und jederzeit verfügbar sind. Der ironischste Beweis für den Kult des Kapitalismus in seiner neoliberalen Ausprägung ist die New-Economy-Blase, die sich bald bildet und genauso schnell wieder platzt. Alle wollen an die Börse, sogar die Uncoolsten wie die Telekom, das Konzern gewordene Besetztzeichen; »Liebling Kreuzberg« Manfred Krug wirbt für die »Volksaktie«, das ist der Anfang ihres Endes. Alles ist ein großes Spiel: Der Gameboy kommt, das Tamagotchi löst den Hamster als Spielzeug ab, und das Arschgeweih zeugt von großer Freiheit – Freiheit von Geschmackssinn.

Nichts ist peinlich, nicht einmal die Musik: Whigfield, Mr. President, Ace of Base. Akustischer Plastikmüll, soweit das Ohr reicht. Immerhin kann er unsere Meere nicht verschmutzen und das wäre uns damals auch wurscht gewesen. Asien ist weit weg, aber unsere Gelbe Tonne werden sie doch wohl haben, oder? Sind wir nicht Exportweltmeister? Das Zentralorgan der Aufklärung, die »Bravo«, fragt 1998 in gewohnt besorgter »Schwanger durch Schwimmbad?«-Manier: »Online gehen – lohnt sich das?«[7] Die Junge-Leute-Darsteller auf dem Foto daneben äußern sich skeptisch. Das schallende Lachen, das nun zu hören war, kann nur aus Genf kommen.

Wir traumwandeln durch die Trümmer von Religionen und Ideologien, keiner hat uns mehr was zu sagen, außer wir uns selbst. Alles, was uns ein Dach über dem orientierungslosen Kopf bieten könnte, haben wir als Mauern um uns herum zum Einsturz gebracht. In transzendentaler Heimatlosigkeit, die wir mit neuer Freiheit verwechseln, tanzen wir taumelnd mit uns selbst um uns selbst. Und wenn uns schwindelig wird und wir zu lange getanzt haben, brauchen wir zur Entlastung keinen Beichtstuhl mehr, sondern einen Psychotherapeuten.

9/11 – Überwachung statt Sicherheit

Unsere größte Angst: Zur Jahreswende 1999/2000 könnten über Nacht ein paar Computer zusammenbrechen, und wir wissen nicht mehr, wie viel Uhr es ist. Ich mache in dieser Zeit Zivildienst, das WWW ist auch in meiner kleinen Welt angekommen. Ich habe ein erstes Handy und eine Mailadresse, an die keiner schreibt. Zu meinen Aufgaben als Zivi gehört es, Beiträge an Radiostationen zu verschicken. Die Sender bestellen anfangs noch per Fax, ich brenne den Beitrag auf CD und verschicke ihn per Post. Im Lauf des Jahres läuft die Bestellung dann per Mail, verschicken darf ich weiterhin. Wir sind stolz, wie schnell wir in der digitalen Welt angekommen sind. Die Zukunft würde großartig.

Erst am 11. September 2001 wachen wir unsanft wieder auf – und alle wissen heute noch, wo sie damals waren. Ich sitze in einem Tai-Chi-Übungsraum, den ich zum Probenraum umfunktioniert habe, und denke über erste kleine Shows nach. Der Einsturz des World Trade Center ist der heftigste Einsturz einer scheinbar eindeutigen Weltordnung, dominiert vom Westen und seinen vorgeblichen Werten. Der radikale Islam ist in der Lage, den gesamten Westen vor sich herzutreiben: Die Terroristen des 11. September haben instinktsicher die verletzlichste Stelle des Westens gefunden. US-Präsident Bush tut das Übrige: Er erklärt im Handumdrehen die halbe Welt zu einer Achse des Bösen, zieht in einen ineffizienten Krieg gegen den Terror, erfindet Massenvernichtungswaffen, um Saddam Hussein aus dem Erdloch ziehen zu können.

Der Ernst der Lage hat der Traumtänzergesellschaft der 1990er-Jahre ein donnerndes Ende bereitet: Sicherheit! Vorbeugung als letzte Chance. Das Zeitalter des Strebens nach Eindeutigkeit hat begonnen. Wo stehst du? Auf der Seite der neuen Barbaren oder auf der Seite der alten Freiheit? Ist diese alte Freiheit vielleicht schuld daran, dass die Barbaren erst zu Barbaren werden konnten? Zwölf Jahre ohne Feind sind genug, das Taumeln hat ein Ende, die Musik ist aus, das Licht ist an. Wenn wir nun die Tür aufmachen, steht nicht mehr der Russe davor, sondern der Moslem. Oder der Amerikaner. Beide sind ein anderes Kaliber. Heimlich sind wir auch ein wenig neidisch: Dort, bei den Islamisten, sterben sie noch für etwas, sie haben, was uns fehlt, einen Glauben, ein ordnendes System. Sie haben, was wir zum Einsturz gebracht haben: ein Dach über dem Kopf. Sie haben Normen, Werte, wenn auch die falschen, aber sie haben immerhin welche.

Wir müssen aufholen und wissen doch nicht, wie. In ihrer Hilflosigkeit schnüren Regierungen in aller Welt eilig Pakete mit Anti-Terror-Gesetzen – sie gelten natürlich nur, bis die Gefahr vorüber ist! Die Geheimdienste mutieren zu einer Art zweiter Polizei, ohne so kontrolliert zu werden wie die Polizei. Sie dürfen jetzt Informationen einholen – bei der Lufthansa genauso wie bei der Telekom und der Sparkasse. Vorbeugung heißt: Jeder ist verdächtig. Die Anti-Terror-Gesetze jener Zeit werden viermal um je fünf Jahre verlängert. Sie gelten bis heute. Sie gehören dazu, keiner schert sich mehr um sie. Wir wollten Sicherheit und bekamen Überwachung. Hatten wir das nicht ein für alle Mal hinter uns gelassen? Trotz aller Gesetzesverschärfungen kommen die Anschläge näher: Madrid, London, Paris, Nizza, Berlin. Zwar haben sich die Waffen der islamistischen Terroristen verändert: Sie nehmen jetzt nicht mehr das Flugzeug, sondern steigen erst vorübergehend auf öffentliche Verkehrsmittel um – U-Bahnen wie in Brüssel –, schießen sich schließlich doch bevorzugt auf das Auslaufmodell des Verbrenner-Autos ein: Oft sind es Transporter, ab und zu auch ganz normale Personenkraftfahrzeuge, mit denen sie als radikalisierte Einzeltäter auf Weihnachtsmärkte und Strandpromenaden brettern.

Salman Rushdie ist zum Glück bis heute am Leben, wenngleich er sich selbst nachvollziehbar als »gefangen und geknebelt« bezeichnet, sein japanischer Übersetzer dagegen wurde erstochen, sein italienischer und sein norwegischer Verleger bei Attentaten verwundet.[8]

Beim Terroranschlag auf die französische Satirezeitung ›Charlie Hebdo‹ im Januar 2015 ruft zwar die ganze Welt eifrig »Je suis Charlie«, um sich zu solidarisieren, was so nett wie folgenlos ist. Ehrlicher ist da die Äußerung eines britischen Journalisten, der schreibt: »Ich bin nicht Charlie, ich bin nicht mutig genug.«[9]

Heute wissen wir: Das vielbeschworene Ende der Geschichte war ein grandioser Neustart. Die Einstürze haben zu neuen Mauern geführt, der Tanz auf den Trümmern war nicht die Stopp-Taste der Weltgeschichte, sondern nur der Mute-Knopf. Der Zerfall der Sowjetunion hat nicht mehr Demokratie gebracht, im Gegenteil: In Zentralasien wächst der Einfluss des radikalen Islam, von Russland über Kasachstan bis nach Aserbaidschan haben sich autoritäre Regierungen durchgesetzt, in Osteuropa ist der Trend in Ungarn und Polen ähnlich.

Weltweit erstarken Rechtspopulismus und Provinzialismus, wie Trumpismus und Brexit gezeigt haben. Die Eindeutigkeit ist mit voller Wucht zurückgekehrt.

Zensurqueen China – unsere heimliche-unheimliche Geliebte

Am fulminantesten zeigt sich der Neustart nach dem Ende der Geschichte in China: 2019 besiegelte das Land die kommende Weltordnung vorerst symbolisch, indem es die neue Seidenstraße einweihte – ein Netz von Handelswegen von China nach Asien, Afrika und Europa. Fukuyama, der Prophet von gestern, war geladen als Festredner und Claqueur.

Vom Massaker des 4. Juni 1989 ist in China indes nichts geblieben. Alles, was damals passierte, ist gelöscht. Internetseiten, die aufklären könnten, hat die Staatsführung gesperrt. Das World Wide Web, dieses riesige Versprechen der grenzenlosen Meinungsfreiheit, ist fest in den Händen seiner Manipulatoren: In den USA in denen der Tech-Konzerne, in China in denen der Regierung.

Viele junge Menschen in China wissen gar nicht, was in der Nacht des 4. Juni 1989 passiert ist. Vielen der 20 000 bis 50 000 Menschen, die in China als Zensoren arbeiten, musste die Führung erst beibringen, dass sie ein Ereignis zensieren sollen, von dem sie nicht wissen, dass es dieses gibt, weil es ja angeblich nicht stattgefunden hat.[10] Die Regierung nennt das: die Informationssouveränität garantieren. Faktisch bedeutet es: Die Partei entscheidet, was die Menschen zu sehen bekommen. Die Zensur in China ist in der Weltgeschichte einmalig.[11]

China kennt kein Google, kein Facebook und kein Twitter.

Dort heißen die drei Baidu, RenRen und Sina Weibo. Nicht zu vergessen das chinesische WhatsApp, das WeChat heißt und anders als bei uns eine App für alles ist: Sie können damit Sprachnachrichten schicken, Videotelefonate führen, Fotos, Videos, Kontaktinformationen und Aufenthaltsorte teilen, Taxis, Lebensmittel oder Essen bestellen, Restaurant- und Stromrechnungen bezahlen, Jobs oder Leute in der Nähe suchen, Arzttermine buchen, Visa beantragen, Spiele spielen und eigene Mobile-Stores betreiben. Die App ist pflichtgemäß mit Ihrem Bankkonto verbunden. Strafen werden direkt vom Konto des Täters abgebucht. Das Tracking der Standorte lässt sich nicht ausschalten.

Chinesische Onlineredakteure berichten, dass sie manchmal Texte ins Netz stellen, von denen sie wissen, dass diese nach zehn Minuten gelöscht werden. Aber besser zehn Minuten Meinungsfreiheit als gar keine. Der Erfolg Chinas beruht darauf, dass niemand so genau weiß, was der Kontrollapparat gerade zulässt und was nicht. Die neuen Mauern sind härter und beweglicher zugleich. So entstand ein Klima der Angst und Selbstzensur.[12]

Das Sozialkreditpunktesystem tut das Übrige: Für alles, was Sie tun, bekommen Sie Plus- oder Minuspunkte. Wenn Sie bei Rot über die Straße laufen, bekommen Sie einen Minuspunkt. Wenn Sie einer Oma über die Straße helfen, bekommen Sie einen Pluspunkt. Wenn die Oma auch wirklich über die Straße wollte, bekommen Sie noch zwei Punkte. Fallen Sie unter ein bestimmtes Punktelevel, bekommen Sie keine Flüge, Hotels oder Kredite mehr. Hier kriegt der Begriff Payback-Punkte eine ganz neue Bedeutung. Alle privaten und staatlichen Datenbanken sind dabei, sich vollständig zu vernetzen, um Sie zu bewerten: Von AAA für »sehr gut« bis D für sehr schlecht. Der Mensch wird bewertet nach seiner Effizienzklasse – wie ein Kühlschrank.

Das Erstaunliche ist: Trotz ungeheurer Einschränkungen der Meinungsfreiheit ist China zu einem Sehnsuchts- und Fluchtpunkt vieler insbesondere linker und linksliberaler Mitteleuropäer geworden. Eine krude Mischung aus Yin-Yang-Morgensonne-Yogamatten-Begeisterung, gepaart mit großer Bewunderung für die ungeheure Effizienz hat Einzug gehalten.

Der Frankfurter Philosoph Axel Honneth konnte immerhin noch eingestehen, dass seine eigenen Worte zynisch klingen vor dem Hintergrund immenser Demokratiedefizite, was ihn aber nicht davon abhielt, diese zu formulieren: China sei für ihn »ein interessantes Projekt, in dem die Staatspartei aus dramatischen Verbrechen Konsequenzen gezogen hat und die Verzahnung von Markt und Gleichheit zu erproben versucht.«[13] Das war 2013 – das Jahr, in dem ein spannendes Papier der Kommunistischen Partei den Weg an die Öffentlichkeit fand: Es hieß ›Dokument Nr. 9‹ und warnte Regierungsmitglieder vor verschiedenen gefährlichen Konzepten des Westens: Dazu zählten unter anderem der demokratische Rechtsstaat, die Zivilgesellschaft und die Unterstützung von freiem westlichem Journalismus. Verboten ist seitdem die Aussage, dass Freiheits- und Menschenrechte westlichen Typs universal und ewig sind.[14] Wo genau sind da die Konsequenzen, die von der Staatspartei gezogen wurden? Habe ich was verpasst?

Deutsche Politiker in China: »aber diese großartige Effizienz!«

Während ich in Deutschland Applaus bekam mit einer Parodie auf Stoibers Transrapid-Rede – »Sie steigen in den Hauptbahnhof in München ein in zeeeeehn Minuten« –, fuhr eine Delegation rund um den damaligen Bundeskanzler Schröder zum Jahreswechsel 2002/03 nach Shanghai, um sich anzugucken, wie ein Transrapid aussieht, der schneller gebaut ist, als Stoiber einen Satz beenden konnte. Der Zug verbindet Shanghai mit dem Flughafen Pudong – Höchstgeschwindigkeit: 430 km/h, Fahrzeit für die 35 Kilometer: acht Minuten.

Mit im Gepäck hatte Schröder ein paar Manager der am Bau beteiligten Konzerne thyssenkrupp und Siemens. Vor Ort traf die Truppe einen Herrn, der sich Commander Wu nannte. Commander Wu war dafür zuständig, das Projekt zackig fertigzustellen. Zu seinen Aufgaben zählte auch, den Menschen, die an der Strecke lebten, mitzuteilen, wann sie die Koffer zu packen hätten, um sich umsiedeln zu lassen. Das passierte schon, bevor auch nur ein Vertrag unterschrieben war. Wie Teilnehmer berichten, waren die Konzernchefs schwer angetan und frohlockten eher sehnsüchtig als ironisch: Einen Commander Wu bräuchten wir bei Bauprojekten in Deutschland auch. Planungsprozesse, Verwaltungsgerichte, Einbeziehung von Anwohnern, alles lieb und nett, aber auch teuer und umständlich. Klar, die Sache mit der Demokratie ist ein bisschen schwierig in China, aber die Effizienz ist schon klasse. Beschwipst von dieser Erkenntnis, feierte die Delegation anschließend auf dem Rückflug fünfmal Silvester – einmal in jeder Zeitzone.

Im Lauf der COVID-19-Pandemie hörte ich staunend, wie die Stimmen nach einem Corona-Commander Wu noch einmal deutlich lauter wurden: Je chaotischer das Management der Bundesregierung in der Pandemie wirkte, desto häufiger wurde neben Südkorea und Taiwan auch auf China als Erfolgsmodell im Kampf gegen das Virus verwiesen. Ein Land, das einfach besser und schneller durch die Pandemie komme, weil es eben auch nicht diesen lästigen Datenschutz im Weg habe, der eine effiziente Corona-Warn App und ähnliche Maßnahmen verhindere. »Da muss der Datenschutz dann mal hintenanstehen in einer solchen Ausnahmesituation«, riefen streckenweise dieselben Leute, die sonst bei jeder WhatsApp-AGB-Änderung laut »Meine Daten gehören mir« brüllen und hektisch ihre Kontakte umleiten auf unverdächtigere Plattformen, auf denen der Datenschutz noch was gilt.

Der Wunsch nach einer politischen Instanz, die eindeutig ist und klare Entscheidungen trifft, wächst gerade in schwer kontrollierbaren, weil unvorhersehbaren Ausnahmesituationen, gefährlich an. Woran liegt das? Vielleicht ist es so, weil »es gerade in den wichtigsten Dingen wichtiger ist, *dass* entschieden werde, als *wie* entschieden wird«. Wichtig dabei: »Keinem Irrtum unterworfen zu sein und keines Irrtums angeklagt werden zu können.«[15] So formulierte es der Staatsrechtler und Kronjurist der Nazis, Carl Schmitt – geradeso, als hätte er Jens Spahn persönlich gekannt.

Spahn hatte im Zuge der Pandemie das Handy-Tracking ins Infektionsschutzgesetz schreiben wollen – nicht freiwillig, sondern gesetzlich verpflichtend. Das Ziel: Nicht nur Sozialkontakte, sondern auch Aufenthaltsorte und Bewegungen von Menschen via Smartphone lückenlos nachverfolgen zu können. Der Staat sollte Zugriff auf die Verkehrs- und Standortdaten von Corona-Infizierten haben. Aufgrund massiver Kritik zog Spahn sein Vorhaben zurück – vorerst. Aber hey – die nächste Pandemie kommt bestimmt.[16]

Das Robert Koch-Institut hat eine App entwickelt, in der Nutzer ihre Daten aus Fitnesstrackern und Smartwatches freiwillig spenden können. Die Daten, um die es geht, sind die Herzschlagraten, die auch Emotionen widerspiegeln. Gut möglich, dass irgendwann die Daten einer Corona-App mit denen von Fitnesstrackern zusammengeführt werden, beispielsweise um damit auch eine Quarantäne digital zu überwachen – mit einer Art elektronischer Pandemie-Fußfessel. Spätestens wenn es so weit ist, sollten wir uns überlegen, statt des 9. November 1989 vielleicht doch den 4. Juni 1989 zu unserem großen historisch wegweisenden Gedenktag zu machen.

Meine Meinung ist meine Festung!

Damit zurück nach Stuttgart: In den letzten Minuten meines Querdenken-Auftritts erlag auch ich der Verführung der Eindeutigkeit. Gegen Ende erging die unmittelbare Aufforderung »Maske tragen, Abstand halten, nachdenken« ans Publikum. Das war nicht mehr das Moment des Einmaligen, das seine Kraft aus der Uneindeutigkeit zwischen Schroeder eins und Schroeder zwei bezog, sondern des Eindeutigen. Es ist eine Reverenz an die Bühne, die ich als Bühne einer Demonstration für eine Weile okkupieren und nutzen konnte für das Spiel mit dem Uneindeutigen, die aber in letzter Konsequenz keine Bühne der Kunst, sondern eine des Bekenntnisses ist.

Zweifellos ist das meiste, was Querdenker vom Stapel lassen, irrig. Wie so oft bei Verschwörungsideologien gibt es aber einen wahren Kern. Ihre Intuitionen sind zwar nicht abgesichert, aber auch nicht komplett falsch. In ihrer völligen Paranoia vor Überwachung und Zwang haben sie aber einen Punkt, und Jens Spahn gibt alles, damit dieser Treffer wirkt. Auch ihre Autoritätsskepsis hat einen produktiven Teil: Die Verführung zum schnellen Durchgreifen ist da, insbesondere in einer Ausnahmelage wie einer Pandemie. Sobald die Maxime, es sei wichtiger, *dass* entschieden werde, als *wie*, sich durchsetzt, sind wir autoritären Verführungen wieder einen großen Schritt näher gekommen. In der eiligen Verteidigung von schnellen Ministerpräsidentenkonferenzen-Entscheidungen war dies auch in Deutschland immer wieder zu beobachten. Es ist wichtig zu betonen, dass wir auf einem gefährlichen Weg sind, wenn wir von »Sonderrechten für Geimpfte« sprechen oder von Grundrechten als »Privilegien« oder »neuen Freiheiten«, wie es die Kanzlerin getan hat.[17]

So zu tun, als seien Grundrechte ein Luxus, verkehrt das Verhältnis von Normalzustand und Ausnahmezustand. Die Einschränkung der Grundrechte ist der Ausnahmezustand, nicht die Rückerlangung alter Freiheiten, für die wir als angeblich neue Freiheiten dankbar sein müssen. Als ich dies so ähnlich getwittert habe, war ich für die Hälfte der Kommentatoren unter dem Tweet in der Ecke der Verschwörungserzähler. »Das passt nicht so recht zur Rede in Stuttgart«, hieß es da überrascht. Oder von der anderen Seite: »Nun schau an: Jetzt fällt es auch dem Satiriker ein.«[18]

Das ist das vorhersehbare, langweilige Muster: Ein Gedanke steht nicht für sich, wird angeschaut, gewendet und befragt, sondern sortiert nach der Frage: Gehört sein Urheber zum eigenen oder zum fremden Lager? Spricht hier ein

Unverdächtiger oder ein heimlicher Abtrünniger? Das bringt Gedanken auf das Niveau von Hämorrhoiden, die nur noch da sind, um verödet zu werden.

Ich meine, es ist wichtig, diese Probleme der sprachlichen Verrückung anzusprechen, gerade um dieses berechtigte Kritikfeld nicht den Querdenkern zu überlassen, sondern sie zu formulieren aus der Position des mit vielen Maßnahmen der Bundesregierung weder in pauschaler Zustimmung noch in pauschaler Ablehnung, sondern in kritischer Solidarität Verbundenen.

Es ist das Gefühl einer überbordenden Unübersichtlichkeit der Welt, ihrer Ausdifferenzierung und Vielschichtigkeit, die uns zu zwingen scheint, ihr Eindeutigkeit entgegenzustellen. Das Leiden an dieser Situation hat Jan Delay in seinem Song »Scorpions Ballade« in selten erreichtem näselndem Weltschmerz zusammengefasst: »CSU ist Kernkraft-Gegner, während Nazis für Palästina demonstrieren. Die Faschos hören 2Pac, die Bullen Bob Marley. Wo sind meine Freunde? Wo sind meine Feinde? Wo ist mein Zuhause? Ich fühl mich so alleine!«

Die transzendentale Heimatlosigkeit, die sich wie eine Welle der Befreiung anfühlte und uns durch die Jahre 1989 bis 2001 getragen hat, überrollt uns heute und drückt uns zu Boden. Um es mit einem Begriff der Pandemie zu sagen: Wir konnten nicht auf Dauer vor der Welle bleiben. Der Kapitalismus als Religion ist zwar weiterhin aktiv wie ein dauerhaft alles veränderndes, aber kaum bemerkbares Software-Update im Hintergrund eines Betriebssystems, aber er ist erweitert worden. Im Zuge unserer Einmaligkeits-Einberufungsbefehle haben wir uns zugleich selbst vergöttlicht: Wir haben uns befreit von Adel, Klerus, Staat und Ideologie und finden uns wieder als die mutmaßlich letzten Schöpfer unseres eigenen Universums. So machen wir uns unsere Welt untertan. Unsere Allmacht erstreckt sich auf unseren Körper, den wir uns unterwerfen, indem wir seine Definition, Vermessung und Potenz täglich zu steigern versuchen. Ebenso zeigt sie sich in unserem Geist, indem wir die Meinungsfreiheit wie eine Monstranz vor uns hertragen: Unsere Worte, die wir benutzen, und unsere Bilder, die wir von uns und der Welt machen, sind heilige Schriften, niemand darf sie jemals infrage stellen. Darum wollen wir nur das hören, was wir selbst sagen, und nur das sagen, was wir selbst gerne hören, und nur das sehen, wo wir selbst zu sehen sind. Du sollst dir ein Bildnis machen. Wir sind Apostel und Inquisitoren in einer Person.

Oder, um es etwas säkularer zu sagen: Eine englische Floskel heißt My home is my castle. Mein Zuhause ist mein Schloss. Das bedeutet: Dort, wo ich zuhause bin, bin ich sicher, dort kann ich machen, was ich will. Heute müssten wir sagen: Meine Meinung ist meine Festung. Hierhin habe ich mich zurückgezogen, hier kann ich sagen, was ich will, hier kann ich scharf schießen und doch die Zugbrücken hochziehen, wenn es mir passt und andere Meinungen mir auf die Pelle rücken. Hier bin ich ganz mit mir identisch und garantiert davor gefeit, wachen zu müssen. Hier bin ich einmalig und eindeutig zugleich. Meine Meinung ist das letzte Haus, das nicht vom Einsturz bedroht ist – und wenn doch, dann werde ich es mit Klauen und Zähnen verteidigen. Auch wenn es Tote gibt.

Wie gefährdet ist die Meinungsfreiheit?

Inquisitoren gegen Märtyrer – die Geschichte von Helen und Hans-Peter

An einem ganz normalen Morgen macht Hans-Peter Schluss. Endlich Herr statt Sklave! Hans-Peter, Mitte-Ende fünfzig und einer von uns, so gewöhnlich, dass es fast schon wieder ungewöhnlich ist. Er schnürt seine Turnschuhe, geht morgens aus dem Haus, mit einem Vorsatz noch fester als sein Schuhwerk. Er wird dem Affen, der behauptet, sein Chef zu sein, mal ins Gesicht sagen, was er von ihm hält – nämlich, dass er ein hirnverbranntes Arschloch ist. Hans-Peters Frau, die er in einem Zustand geistiger Umnachtung einst geheiratet hat, fragt ihn noch im Gehen: »Warum die Turnschuhe im Büro, Happi?« Happi nennt sie ihn seit Jahren, obwohl er es hasst. »Happi wie Schappi, das Hundefutter«, hatte sie mal auf dem 60. Geburtstag eines Freundes von ihm gesagt. Seitdem war der Ofen aus.

Um 10 Uhr ist sein Termin beim Chef. Die Tippse mit den aufgesetzten Nägeln im Vorzimmer grinst ihn schon wieder so blöd an, wie sie immer grinst, wenn er in ihrer Vorhölle aus Billigparfum fast erstickt. Als die Tür zur Hölle aufgeht, geht Hans-Peter aufrecht hinein. Er muss jetzt stark sein. Durchhalten und im richtigen Moment die Bombe platzen lassen. Die Tür fällt vielversprechend hinter Hans-Peter ins Schloss.

Ziemlich weit weg und doch so nah, in einer unheimlichen Nachbarschaft, wacht Helen auf. Ende zwanzig, Anfang dreißig, auf jeden Fall woke, also erwacht, nicht nur jetzt, sondern immer, Tag und Nacht. Unsanft geweckt von ihrem Smartphone, das sie schon die halbe Nacht wach gehalten hat. Sie braucht keinen Wecker, sie hat Benachrichtigungen. Push-Nachrichten, die den biologischen Rhythmus großzügig ignorieren. Das kalte Licht des Displays leuchtet grell und erlaubt dem Typen neben ihr, mit dem sie seit einiger Zeit schläft, im Dunkeln zu bleiben. Na ja, was heißt schläft? Meist bläst sie sich rechtzeitig aus der Nummer raus. Wenn er in ihrem Mund kommen kann, ist er happy und hört ihr nachher brav zu. Das ist wichtiger, schließlich hat sie eine Menge zu erzählen. Ein bisschen anstrengend ist er, Marke Schoßhündchen, aber wenn er nervt, lässt er sich ganz gut abwimmeln und geht brav zurück in sein Körbchen. Und heute früh ist kein Platz mehr für ihn und seinen widerlichen morgendlichen Mundgeruch, Helen muss die Welt retten.

Sie öffnet die Twitter-App und hat schon vorher eine tierische Wut im Bauch. Eine Wut, wie sie nur die Diskriminierten und Unterdrückten kennen. Sie sieht, es war viel los in den Stunden ihres Schlafs – und der Grund ist sie: Gestern, im Halbschlaf, hatte sie Nico, einen deutschen Comedian, im Fernsehen gesehen, irgendeine lustig gemeinte Plapperrunde, in der weiße Menschen mit weißen Menschen über Dinge reden, die weiße Menschen einfach nichts angehen, wie sie, als Person of Color, klar definieren kann.

Es hatte sie fucking unfassbar wütend gemacht, als Nico, der Comedian, irgendwas von Sprachwächtern und Gedankenpolizei und Orwell laberte und davon, dass er mittags Mohrenköpfe esse und abends Zigeunerschnitzel und dass er sich nicht verbieten lasse, morgens einen schwarzen Kaffee zu trinken und anschließend als Schwarzfahrer in den Schwarzwald zu reisen, wobei er schwarz auf eine dermaßen penetrant rassistische Weise betonte, dass ihr ganz schlecht wurde. Den Ausschnitt hatte sie zack zack herausgeschnitten und auf Twitter gepostet. Drüber schnell noch der Hinweis: »Deutsches Fernsehen 2021? Wie lange noch???«

Jetzt, sieben Stunden später, war der Clip viral gegangen. Tausendfach geteilt, noch viel häufiger geliked. Die Welt ist in Ordnung. Wären da nicht die ganzen Hater und Rassisten, die ihr, der Kämpferin für Respekt und Toleranz, jetzt vorwerfen, sie habe dieses Zitat gar nicht im Kontext gesehen, sondern bösartig verkürzt, aus dem Zusammenhang gerissen und Nico, den Comedian, vollkommen verfälscht dargestellt und so ans Messer geliefert. »Wo soll bei einer solchen rassistischen Kackscheiße schon der Zusammenhang sein?«, twittert sie zielgenau in die digitale Unendlichkeit. Noch bevor sie sich einen Kaffee macht, retweetet sie jede Beleidigung, die ihr entgegengeschleudert wird, bringt sie in Umlauf, macht sie so groß wie ihre Wut darüber. Die Welt soll sehen, wie scheiße die Welt ist. Manchmal retweetet sie mit einem schnippischen Drüko, wie der versierte Twitter-User sagt. Nein, keine Drückerkolonne, ein Drüberkommentar über dem eigentlichen Tweet – um diesen für die Nachwelt ins rechte Licht zu rücken. Der angegriffene Spaßmacher schweigt. »Der eierlose Lurch«, schreibt sie in einem weiteren Post, nachdem sie zuerst Schwanz schreiben wollte, aber dann festgestellt hatte, dass das Bild schief war, denn wo keine Eier sind, da ist auch kein Schwanz, oder? Klar, wenn's ans Eingemachte geht, schweigen sie, die weißen Macho-Männer.

Es gelingt Helen gerade noch, die Followerzahlen ihres Twitter-Accounts zu checken und zu sehen, dass ihr Account um 4897 Follower reicher ist. Bei einer Zahl von bislang 50 000 eine anständige Ausbeute für eine Nacht. Im letzten Moment schafft sie noch das Wichtigste an diesem denkwürdigen Morgen: dem Comedian Nico zu entfolgen, der diesen Rotz von sich gegeben hat. Sie war ihm erst vor drei Wochen gefolgt, als er im Fernsehen einem dieser reaktionären alten Politikersäcke verbal richtig in die Fresse gehauen hatte. »Ich könnte gerade sterben vor Begeisterung! Ich möchte dich heiraten!«, hatte sie damals geschrieben. Jetzt ist er eben Rassist. So ändern sich die Zeiten.

Sie muss noch schnell ans Telefon, weil ihre Redaktion anruft. In der linken Tageszeitung, in der sie eine Kolumne hat, ist man ganz aufgeregt. Sie müsse heute unbedingt was liefern, man müsse ein großes Stück von ihr im Blatt haben, einen Aufmacher zu Rassismus, Sexismus und Misogynie. Mit viel Gefühl und ein bisschen Witz, so, wie man es von ihr kennt. Ganz wichtig: Vor allem müsse es darum gehen, wie es jetzt für sie sei, Opfer zu sein. Ob sie sich nach alldem überhaupt noch aus dem Haus traue. Ja, sagt Helen, sie traue sich noch aus dem Haus, und verlässt es wie zum Beweis live am Telefon, in der Annahme, der nächste Anruf müsse vom Bundespräsidenten kommen, um ihr das Bundesverdienstkreuz umzuhängen. Und wenn nicht, dann wäre der eben auch ein Rassist.

»Sie können die Tür offen lassen«, hat der Chef gesagt, als Hans-Peter sein Büro verlassen hat. Hans-Peter folgt der Aufforderung, so wie er eigentlich immer allen Aufforderungen gefolgt ist. Die Tür fällt jetzt nicht mehr ins Schloss. Er steigt in seinen Fiat Panda und fährt erstmal in den Wald, um seine Wut herauszuschreien. Seine unfassbare Wut auf seinen Chef, der so verdammt freundlich war, dass das Wort Arschloch während des gesamten Gesprächs in etwa so weit weg war wie der heutige Joschka Fischer von einer Backpacker-Tour durch Südostasien. Warum nur war er so ein Versager, ein Weichei, ein Schlappschwanz, der immer dann versagt, wenn es drauf ankommt?

Er steht im Wald, wie gelähmt, kann nicht mal schreien. Er holt sein Telefon und guckt sich ein paar Bilder der jungen Süßen an, die er seit einiger Zeit regelmäßiger trifft – also eigentlich schon seit zwei Monaten nicht mehr und vorher auch nur zweimal, aber das wird schon wieder, denn sie ist eine, die noch Hoffnung macht, eine, die alles mitmacht. Er guckt sich die Fotos ihrer runden und doch festen Brüste an, wie nur die jungen geilen Weiber sie haben; heimlich aufgenommen, als sie eingeschlafen war.

Mit der Energie einer halben Erektion tritt Hans-Peter aufs Gas, entschiedener denn je, fährt nach Hause, setzt sich an sein Notebook, schreibt seine Wut über seine verkackte Firma mit ihrem noch verkackteren Chef auf seine Facebook-Seite, benutzt noch ein paar weitere Worte, welche hier zu wiederholen ich vermeiden möchte. Sein Beitrag, der endlich einmal Ross und Reiter nennt, wie Hans-Peter stolz formuliert, sei aufklärerisch gemeint, wie er betont. Dass er die gesamte Führungsriege als verwahrloste, koksende Drecksbande bezeichnet, ist vielleicht übertrieben, aber im Kern richtig. Dass er dafür viel Wut, aber wenig Beweise hat – geschenkt! Edward Snowden hat seinen Ruhm auch dem Whistleblowing zu verdanken, warum also sollte das bei ihm, Hans-Peter, anders sein? Ist das Gerechtigkeit?

Gut, Edward Snowden sitzt auch irgendwo in Russland, aber besser irgendwo in Russland als irgendwo im deutschen Nirgendwo, in dem man permanent unterdrückt wird. Dass sein Chef regelmäßig in den Puff gehe, und zwar dahin, wo

Frischfleisch aus Thailand warte, sei ein offenes Geheimnis in der Firma, schreibt er weiter, und darum auch hier in diesem Internet. Dass sie, er und sein Chef, dort jahrelang zusammen hingegangen sind, um sich, wie er damals sagte, das Frischfleisch zu teilen, verschweigt er großzügig.

Einfach die Wahrheit ins Gesicht sagen!

In den Stunden, in denen Hans-Peter die digitale Welt als Resonanzraum für seine Generalabrechnung entdeckt, ist Helen auf Entdeckungstour durchs analoge Nirwana: Sie steht an der Spitze einer Demo gegen Rassismus. Immer gut und unterstützenswert, aber in diesem Moment ganz besonders, denn es geht auch um ein Satiremagazin, das wieder und wieder Mohammed-Karikaturen abgedruckt hat. Satire schön und gut, Satire ein hohes Gut, jaja, sicher doch, wer sollte das besser wissen als sie? Schließlich ist sie Kolumnistin und darum notwendigerweise auch Satirikerin. Und wer links ist, ist ja irgendwie automatisch Satirikerin, schon allein deshalb, weil Rechte keinen Humor haben. Bei Islamophobie aber ist für Helen Schluss mit lustig. »HASS IST KEIN HUMOR« steht auf ihrem Transparent.

Plötzlich taucht inmitten der Demo ein Fernsehteam auf, der Reporter steuert auf Helen zu und fragt, was sie sage zum Mord an der 14-jährigen Anna vergangene Woche, die erst vergewaltigt und dann umgebracht worden sei von einem jungen Migranten, wohl einem Islamisten. Helen bringt sich in Stellung und antwortet: Eine angebliche Vergewaltigung, mutmaßlich verübt von einem Angehörigen einer in höchstem Maß bedrängten Minderheit, sei etwas vollkommen anderes, als die faktisch ständig vorkommende Vergewaltigung von sehr vielen Mädchen durch ein Mitglied der weißen, männlich dominierten Mehrheitsgesellschaft. Der Islamist, so er dies überhaupt sei, was im Falle von Annas Mörder mindestens anzuzweifeln sei, bleibe in seinem tiefsten Inneren ein Rebell, ein Verdammter dieser Erde, der verzweifelt versuche, anzukommen in dieser mitteleuropäischen Gesellschaft, was ihm aber nicht gelingen könne, da diese strukturell rassistische Gesellschaft ihm Assimilation statt Integration abverlange und in Wahrheit ihn vergewaltige und seine Identität morde. Ja, diese Gesellschaft zwinge ihn dazu, sich nackt zu machen, und reiße ihm alle Klamotten und auch seine Haut vom Leib und zwinge ihn zur Selbstaufgabe. Fakt ist: Es ist unsere Schuld, wenn Migranten so sind, wie sie sind. Darum sei ein marginalisierter Täter nie Täter, sondern immer Opfer.

Der Sender schneidet das gesamte Statement als Teaser für das Politmagazin am Abend heraus und postet es auf allen Social-Media-Kanälen. Innerhalb weniger Minuten geht es viral. Helen findet sich in einem Shitstorm selten erlebten Ausmaßes wieder. Sie twittert die Nacht durch, postet, antwortet, bloggt, folgt und entfolgt im Sekundentakt. Diesen Ausschnitt so aus dem Zusammenhang zu reißen, schreibt sie, sei barbarisch, rassistisch und misogyn. Deutsche Medien hätten ihren strukturellen Rassismus noch immer nicht überwunden, wenn sie, als Opferanwältin, die sie nun einmal sei, so angegangen werde. Sie habe diesen verfickten Nico überführt, diesen Schwachmaten, der noch immer fröhlich weitersenden dürfe, dem nichts, aber auch gar nichts passiert sei. Aber sie werde hier als Frau und Angehörige einer Minderheit von der Mehrheit geradezu gesteinigt, das zeige, wo dieses Land stehe. Es schütze weiße Faschisten wie Nico und lynche die Schwächsten wie sie.

Am Abend, seine Frau ist mal wieder bei einem Hühnerabend – so nennt Hans-Peter das, wenn sie sich mit ihren Prosecco-Freundinnen zum Gackern trifft –, sieht Hans-Peter fern. Das Politmagazin hat er verpasst, aber dafür ist er jetzt bei der anschließenden Talkshow voll dabei. Dort sitzt mal wieder eine von diesen grünen Weibern, deren Doppelnamen er sich nicht merken kann, weil sie alle gleich aussehen, gleich reden und gleich riechen. Gut, er hat noch nie an einer von denen gerochen, aber mutmaßlich ist es so. Genau wie mit den koksenden Bossen in seiner Firma.

Der Grünen in der Talkshow purzelt das übliche grüne Gutmenschengeschwätz aus dem Gebiss, und Hans-Peter, jetzt schon den einen oder anderen Drink mit der einen oder anderen Umdrehung intus, googelt ihre Mailadresse und schreibt ihr, welch eine gottverdammte F***e sie doch sei und dass man Weiber wie sie doch einfach mal von vorne und von hinten durchf****n sollte – und zwar gleichzeitig, aber nicht von ihm, sondern von richtigen N****-Schwänzen.

Kurz danach kommt seine Frau nach Hause, jetzt endlich muss ihm gelingen, was ihm am Morgen bei seinem Chef wieder nicht gelingen wollte: Wenigstens ihr muss er nun die Wahrheit ins Gesicht sagen. Er ist ein wenig aufgeregt und wartet kurz, nimmt noch einen Schluck aus der Whiskey-Flasche und legt los: »Seit Jahren hasse ich alles an dir, alles hängt an dir, alles labbert und sabbert, du bist wie Pudding, nicht einmal wert aufgekratzt zu werden, wenn du am Boden liegst.« Er sagt ihr, er habe sich eine jüngere Freundin gesucht, straff statt schlaff. Gut, ja, dass er das heute, an ihrem Hochzeitstag, gesagt hat, war vielleicht ungeschickt. Aber diese Wahrheit, die er hier einmal ausgesprochen hat, gilt ja nicht speziell für den Hochzeitstag, sondern weit darüber hinaus, eigentlich immer. Außerdem soll sie doch froh sein, dass er seit Jahren zum ersten Mal was Originelles macht an ihrem gottverdammten Hochzeitstag.

Schabracken mit schlecht gemachten Titten

Die Bilanz dieses Tages kann sich sehen lassen: Hans-Peters Frau will sich scheiden lassen, eine dumpfbackige Grüne will Geld, weil sie sich als Opfer fühlt, und seine Firma hat ihn wegen Verleumdung verklagt, weil er es gewagt hat, die Wahrheit zu sagen. Ist das diese liberale Demokratie, in der angeblich jeder alles sagen darf? Na, dann gute Nacht, Bananenrepublik Deutschland. Was er, Hans-Peter, als Mann in diesem angeblich freien Land alles ertragen muss, weil er ein einziges Mal an einem einzigen Tag seine Meinung sagt, das geht auf keine Kuhhaut – wie seine designierte Ex-Frau es zu formulieren pflegte.

Bevor er sich auf dem Sofa zum Schlafen legt, sieht Hans-Peter auf Facebook eine Frau, die nun mehrfach an ihm vorbeigerauscht ist, immer wieder kommentiert von Freunden; eine, die irgendwas plappert von Islamisten, die keine Frauen vergewaltigen, weil das nur Deutsche täten. Irgendwas von Tätern und Opfern und dieser Anna, die da vergangene Woche von diesem Terroristen umgebracht worden ist. Er sucht die Facebook-Seite dieser Helen und heftet einen Kommentar an ihre Pinnwand: Sie sei eine Kinderschänderin, schlimmer als Hitler, und dass man Leuten wie ihr das Gehirn wegballern solle. Schade, dass sie kein Hirn habe. Für sie sei ihm sogar die Munition zu schade. Dann legt er sich hin.

Zwei Tage später sieht Hans-Peters Welt schon wieder besser aus. Die Wut gegen seine Firma ist auch einem TV-Redakteur in die Timeline gespült worden. Der Fernsehmann lädt ihn als Gast in seine Sendung im öffentlich-rechtlichen Hauptabendprogramm ein. Thema: »Zensur, Tugendterror, Cancel Culture – dürfen wir bald wirklich überhaupt gar nichts mehr sagen?« Dort, wo noch vor wenigen Tagen die grüne Gutmenschen-Gundel gesabbert hat, soll nun er sitzen, Hans-Peter.

Man wolle sie einladen, nach allem, was so los war in den vergangenen Tagen, sagt die freundliche Stimme am anderen Ende von Helens Smartphone. Gerade noch gefeiert für ihren Kampf gegen Rassismus, Klassismus und Misogynie, jetzt schon wieder gestürzt, weil sie einen islamistischen Vergewaltiger und Mörder geschützt habe. Sie solle über all diese Themen diskutieren mit einem anderen Gast, der auch für Schlagzeilen gesorgt und bereits zugesagt habe, er heiße Hans-Peter. Helen sagt, sie wolle darüber nachdenken.

Am nächsten Abend, als die Sendung läuft, hat sie sich mit einem alkoholfreien Bier auf die eigene Couch gesetzt. Sie legt sich eine Decke über die Beine und schaltet den Fernseher ein. Eigentlich wollte sie sich diesen strukturell beschissenen Quatsch nicht ansehen, aber sie hat es nicht geschafft. Sie muss bei diesem Unfall einfach dabei sein, nicht, weil sie ihn sehen will, sondern, weil sie nicht wegsehen kann. Sie muss live erleben, wie sich dieser Hans-Peter endgültig unmöglich macht.

Eine sogenannte Insel haben sie ihm und seiner Kontrahentin gebaut, die Leute vom Fernsehen, weit weg von den halbprominenten Plappermäulern im Panel. Es ist eine Art Betroffenensofa ohne Betroffenheit und Sofa, also eher ein Podest, in Hans-Peters Welt ein Pranger. Man wollte hier, in einer Sendung, in der darüber geredet wird, was man alles nicht mehr sagen darf, mal jemanden einladen, der das sagt, was man nicht sagen darf, und den man vielleicht mit diesem Auftritt vor dem Abschied aus der Mehrheitsgesellschaft bewahren könne, wie die Moderatorin zu Beginn mit verlogen betroffenem Blick in die Kamera spricht.

Dass er bewahrt werden muss, ist Hans-Peter zwar neu, aber was soll's. Das ist jetzt genauso wurscht wie die Tatsache, dass er die Moderatorin bei Facebook schon mal als »Schabracke mit schlecht gemachten Titten« tituliert hat – ist denen vom Fernsehen aber nicht aufgefallen. Typisch Staatsmedien! Jedenfalls hat er jetzt seine zwölf Minuten im öffentlich-rechtlichen Lügenfunk, um einmal die Wahrheit zu sagen. So ganz genau kennt er sie zwar selbst nicht, diese Wahrheit, aber für die Show hier reicht es. Er sagt dann was von Maulkorb und Gleichschaltung und dass man aufpassen müsse, weil man sonst rausfliege aus dem Job, der Ehe und allem, wo man sonst noch so drin war.

Man sehe es ja an ihm – nach nur einem Tag in Freiheit stehe er vor dem Ruin. Das Leben ein einziger Schleudersitz. Von der abgehalfterten Kuh neben ihm, mit der er diskutieren soll, lässt er sich nicht stören. Er redet einfach weiter, wenn sie ihn zu unterbrechen versucht. Ab und zu muss er sie reden lassen, und manchmal hat sie dann sogar ganz gute Ansichten, da kann er nur nicken und zu seiner eigenen Überraschung auch mal »genau!« rufen. Man hat eine alte frustrierte Feministin mit schiefen Zähnen neben Hans-Peter gesetzt, eine, die früher mal ein großer Name war, verdienstvoll ohne Zweifel, aber mittlerweile über 80, wahlweise gegen verschleierte Frauen oder gegen rasierte Muschis hetzt, weil sich beide unterschiedslos dem Patriarchat andienen. Er genießt es, dass sein Applaus von der falschen Seite sie stets kurz zusammenzucken lässt wie leichte Stromschläge.

> Sie müssen Bundeskanzler werden!

Auf der guten Seite der Welt, bei Helen, wird der Schock minütlich größer. Sie kann es nicht fassen: »Deutsches Fernsehen 2021«, twittert Helen. »Alter weißer Mann und alte weiße Frau machen Hetzjagd auf Marginalisierte. #strukturellerrassismus #kannnurnochkotzen«. Sie weiß, dass eigentlich sie dort sitzen könnte. Sie hätte nicht nur alles anders gemacht als die zahnlose Feministin, nein, sie hätte es auch besser gemacht. Aber sie ist einfach zu gut, zu schlau und zu groß für diesen Bullshit. Gut, dass sie abgesagt hat. Auf mehrmalige Nachfragen der Redaktion hatte sie wiederholt abgewunken: Mit Rassisten wie Hans-Peter setze sie sich in keine Sendung. Um mit solchen Leuten zu reden, sei ihr die Zeit zu schade. Wenn man wie sie einmal so bedingungslos auf der richtigen Seite angekommen ist, muss man sich diesen Idioten nun wirklich nicht mehr aussetzen.

Nach der Show schreiben Hans-Peter viele Menschen Mails, in deren Betreffzeile Sätze stehen wie »Endlich sagt's mal einer!« und »Sie müssten Bundeskanzler werden!«. Letzteres will er sich überlegen, schreibt er zurück, aber das Interview mit diesem einen Typen bei YouTube, den er schon so oft bei WhatsApp gesehen hat in irgendwelchen Ausschnitten, die ihm Leute geschickt haben, das will er machen. Es ist der Typ, der immer sagt, dass Deutschland kein souveräner Staat sei und der 2+4-Vertrag nicht gelte. Solche Leute braucht das Land, die mal die Mistgabeln auspacken und mal reinstechen in den Sauhaufen hier! Warum sollte man einen Vertrag unterschreiben, der 2+4 heißt, wenn man nicht einmal in der Lage ist zu wissen, dass 2 +4 =6 ist? Und das Buch über Meinungsfreiheit, das ihm dieser komische Verlagsheini angeboten hat, das wird er auch schreiben. Oder schreiben lassen. Mal gucken. Auf jeden Fall steht ihm die Welt jetzt offen in einem Land, in dem man einfach nichts mehr sagen darf.

»Stück Scheiße!« rufen – aber sachlich, bitte!

Das Gute an Hans-Peter und Helen ist, dass es sie nicht gibt. Das Schlechte an ihnen ist, dass es sie gibt. Tausendfach. Vielleicht steckt in jedem von uns ein kleiner Hans-Peter oder eine kleine Helen. Er zählt zum Typus Märtyrer und kämpft in der ersten Reihe für die Meinungsfreiheit. Sie zählt zu den Inquisitoren, ist auf dem hyperkorrekten Moralticket unterwegs, empfindlich, sentimental, wenn es um die eigene Befindlichkeit geht, den Pranger stets im Handgepäck, wenn es um die Feinde geht, die sie überall wittert.

Hans-Peter und Helen sind Extremfiguren einer Debatte, die groteske Züge angenommen hat. Hells Angels und Bandidos der Debattenkultur. Beide stehen dabei für die ironische Paradoxie, dass sie sich jeweils selbst für die Unterdrückten halten und aus dieser Position heraus glauben, zuschlagen zu dürfen, ja zu müssen – ohne Rücksicht auf Verluste auf der anderen Seite. Beiden tut die Aufmerksamkeitsökonomie den unbezahlbaren Gefallen, sie nach ganz oben zu spülen.

Ist die Meinungsfreiheit nun in Gefahr? Die Frage ist so apodiktisch wie die Hans-Peters, die andauernd rufen: Das wird man ja wohl noch sagen dürfen! Ich möchte den Begriff *noch dürfen* in diesem Zusammenhang hier vermeiden, weil er mir suggestiv erscheint: Würde ich ihn benutzen, wäre ich a priori schon parteiisch, ich wäre ein heimlicher sich von Verboten umstellt fühlender Hans-Peter, der sich aber noch nicht outen möchte, sondern noch ein wenig Verstecken spielen will. Ebenso parteiisch wäre ich, wenn ich fragen würde: Was *müssen* wir noch aushalten? Dann wäre ich eine heimliche von Zumutungen umgebene Helen. Ich würde beide Fäden aufnehmen und paradox zusammenführen in ein zunächst irritierendes Pärchen von Fragen: *Was wollen wir noch aushalten? Was wollen wir noch sagen?* Mein Wunsch wäre, dass uns diese Frage herausholt aus dem beleidigt-destruktiven *Noch-Dürfen-Noch-Müssen* hin zur Aktivität, zur Souveränität und zur freien Entscheidung.

Bei der Arbeit an diesem Buch habe ich immer wieder Menschen die gleiche Frage gestellt: Können wir heute noch alles sagen? Oder ist es schwierig geworden, und wenn ja, wo? Oder besser: wo nicht? Die Frage wirkt wie eine Colaflasche, die man öffnet, nachdem man sie ausgiebig geschüttelt hat. Menschen erzählen, ohne Punkt und Komma: »Endlich fragt mal einer!«

An einem Abend mit drei Betriebswirten aus London, Anfang 30, Absolventen einer Privatuni, selbstbewusst ohne Arroganz. Sie arbeiten an der Schnittstelle von Digitalisierung und Finanzwesen. Sie werden gebraucht, es geht ihnen gut. Sie sind gefragt. Natürlich dürfe man nicht mehr alles sagen, sagt einer der drei. Auch nicht im Bankensektor. Zum Beispiel, dass Frauen bei Einstellungen bevorzugt und Männer benachteiligt werden, weil bei gleicher Qualifikation die Frau den Job bekommt. Auch in der Finanzwelt, die in Sachen Konservatismus mit dem Vatikan mithalten kann, sei das neuerdings üblich. Werden Frauen aber auch bevorzugt, wenn sie geringer qualifiziert sind? Hm. Die drei zögern. Das könnten er so nicht sagen. Möglich sei es schon. Was würde passieren, wenn er das sagte? Nachteile auf jeden Fall. Welche, wisse er nicht. Aber Nachteile, so viel steht fest. Was er sich wünschen würde? Dass Leistung zählt, nicht Geschlecht. Der Mann ist kein Revanchist, er ist kein Macho, kein Chauvi, kein Hans-Peter, er lässt sich ein. Und dennoch wäre er, sähe er Helen und Hans-Peter im Fernsehen, wohl er auf seiner Seite.

Das Gespräch mit einer Frau, Anfang 40, ergibt, man könne nichts mehr sagen, ohne in eine Schublade einsortiert zu werden. Die Genderei nerve sie, sei aber nötig, damit Frauen überhaupt gesehen würden. Sie selbst finde das schrecklich, aber es gehe wohl nicht anders. In ihrer Nachbarschaft gibt es sehr nette Türken, »Gemüsetürken«, aber eben auch schlimme, die »Dreckstürken«. Sie dealen, auch vor ihrer Haustür, sie machen ihr Angst mit ihrem kriminell-machohaften Auftreten. Sie nennt sie dann Dreckstürken, aber nur im Affekt und unter Vertrauten. Wenn das jemand höre, am Nebentisch oder durch Zufall, im Moment der Erregung, so werde sie wahrgenommen als Rassistin, aber das sei sie nicht. Darum müsse man aufpassen. Es ist brutal, das zu hören, und dennoch fällt es mir schwer, sie zu verurteilen. Wenn sie spricht, drückt sich selbst beim Wort Dreckstürke keine Aggression aus, auch kein Groll. Es klingt eher so, wie wenn Österreicher schimpfen, bei denen man ja häufig auch bei den schlimmsten Beleidigungen das Gefühl hat, dass es eigentlich nett gemeint sei. Aber macht es das besser?

Zwei Beispiele unter vielen, so zufällig wie repräsentativ, so einmalig wie verbreitet, so besonders wie durchschnittlich. Viele von uns kennen dieses Gefühl, nicht mehr wirklich alles sagen zu können, irgendwie auf der Hut sein zu müssen, lieber nicht mit ganzem Fuß aufzutreten, selbst wenn wir gar keine Radikalinskis sind. Dieses mulmige Gefühl, dass es keinen Resonanzraum mehr gibt für die eigenen Meinungen, das Vorläufige, das Diffuse, das Unentschlossene, manchmal auch das Wütende, Impulsive, Spontane. Jedes Wort kann eines zu viel sein, und schon geht der Abgrund auf, in den wir geworfen werden – oder stürzen wir uns selbst dort rein? Ist vielleicht schon das Gefühl, nicht alles sagen zu können, eines, das uns verrät – als Ewiggestrige kurz vorm Überlaufen ins Lager von Hans-Peter?

Unterschiedliche Meinungen können heute Freundschaften zerstören, Familien trennen und Kollegen zu Feinden werden lassen. Weihnachten und andere Hochämter des familiären Beisammenseins gleichen oft einem Tanz im Minenfeld. Es geht dann darum, welche Themen bitte nicht angesprochen werden sollten, solange Oma, Papa oder der Schwippschwager mit am Tisch sitzen. In vielen Familien gibt es mittlerweile derart viele heiße Eisen, dass per Bullshit-Bingo entschieden wird, ob der Abend schon vor dem Apéro oder erst nach der Vorspeise beendet wird. Und all das nur, weil die Leute, die man zu kennen glaubte, nun plötzlich Mythen über jüdische Weltverschwörungen verbreiten oder Pandemien leugnen oder wenigstens meinen, dass alles, was die Medien sagen, gesteuert, gelenkt und gefaked sei und dass die wahre Wahrheit nur noch bei Telegram zu finden sei. Worte, Witze und Wendungen, die jahrelang zum guten Ton gehörten, sind plötzlich sexistisch, werden klassifiziert und dann kassiert, und diejenigen, die sie aussprechen, werden statt der Weihnachtsgans gegrillt.

Ist die Meinungsfreiheit also am Ende, weil wir uns nicht mehr zuhören oder weil es immer mehr Verrückte gibt, denen wir nicht zuhören müssen? Oder weil wir nur noch hören wollen, was wir sowieso schon wussten? Oder weil nur die gehört werden, die brüllen und nur die Lauten zitiert werden, während die Leisen, Vorsichtigen und Zweifelnden gar nicht mehr durchdringen? Auch wenn schon viele eifrige Nachrufe auf die Meinungsfreiheit geschrieben worden sind: Vielleicht müssen wir sie noch nicht beerdigen, sondern schauen uns die Umfragen an, die emsige Meinungsforschungsinstitute im Minutentakt auf den Markt werfen.

Privater und öffentlicher Raum – wo ich rede, bin ich zu Hause!

So kam eine Allensbach-Umfrage aus dem Juni 2021 zu dem Ergebnis, dass 45 Prozent der Befragten den Eindruck haben, ihre Meinung nicht mehr frei sagen zu können – genauso viele sagen das Gegenteil, die verbleibenden zehn Prozent hatten noch nie eine Meinung. Dennoch ein Negativrekord seit Beginn der Umfrage in den 1950er-Jahren.[19] Zwei Jahre zuvor[20] kam dasselbe Institut zu einem noch aufschlussreicheren Ergebnis: Mehr als 80 Prozent der Deutschen fühlten sich bei ihren Meinungsäußerungen im öffentlichen Raum nicht so frei wie im privaten. Mein Eindruck war, dass dieses Resultat zwar häufig zitiert, aber in seiner Aussagekraft nur bedingt verstanden worden ist.

Entscheidend sind die Worte *öffentlicher* Raum und *privater* Raum. Wir alle spielen unterschiedliche Rollen: Ich bin anders, wenn ich im öffentlichen Raum agiere, wenn ich wie hier ein Buch schreibe oder wenn ich auf einer Bühne stehe. Ich bin wiederum anders, wenn ich eine private Mail oder eine private Nachricht schreibe. Mit Freunden spreche ich anders als mit Kollegen. Mit engen Freunden spreche ich über andere Themen als mit entfernten Bekannten. Kurz: Es gibt also einen Unterschied zwischen privatem und öffentlichem Raum. Ich gehe ja auch nicht im Schlafanzug und mit Pantoffeln ins Büro. Weil ich weiß, dass dies ein öffentlicher Raum ist. Warum also sollte ich draußen im Café dieselben Schimpfwörter für den Kellner benutzen, die ich zu Hause der Familie an den Kopf werfe?

Die Umfrage zeigt: Wenn die Befragten das Gefühl haben, sie könnten im öffentlichen Raum nicht so frei sprechen wie im privaten, so deutet das darauf hin, dass diese so wichtige Unterscheidung verloren gegangen ist. Wir wollen also überall so sprechen, wie wir es zu Hause tun?

Aber ist das Umfrage-Ergebnis tragfähig vor dem Hintergrund, was auch gerichtsfest so alles sagbar ist? Hier hat das Berliner Landgericht bei der Grünen-Politikerin Renate Künast ganz neue Maßstäbe gesetzt. Sie durfte von den Richtern lernen, dass sie als Politikerin hinnehmen müsse, auf Facebook als Drecksfotze, Schlampe und »Ferck du Drecksau« beschimpft zu werden. Nach dem Einspruch Künasts gingen dieselben Richter noch einmal in sich und verkündeten, dass die Beleidigungen doch ehrherabsetzend und nicht von der Meinungsfreiheit gedeckt seien.[21] Lediglich »Stück Scheiße« dürfen Sie weiterhin zu Renate Künast sagen. Der Nachsatz in dem Post des »Stück Scheiße«-Autors, »Überhaupt so eine Aussage zu treffen zeugt von kompletter Geisteskrankheit«, stelle einen Sachzusammenhang her. Weder die Sache noch die Sachlichkeit, noch der Zusammenhang mag mir hier einleuchten, aber vielleicht bin ich da auch ein wenig von gestern.

Möglicherweise ist die Meinungsfreiheit also doch nicht in

Gefahr, sondern quicklebendig und putzmunter? Zugleich aber gibt es doch die Opfer der sogenannten Cancel Culture – also Leute, die verbannt und ausgeschlossen werden sollen, denen jede Aufmerksamkeit zu entziehen ist – und zwar möglichst sofort. Ein paar Beispiele:

Die Opfer der Cancel Culture – Zeit für eine Gedenktafel?

In der Nähe von Zürich las eine Lehrerin mit ihren Schülern das Buch eines Autors, der Polizisten darin als Arschlöcher bezeichnete. Mehrere Politiker organisierten eine Kampagne gegen sie, ein Lobbyist schrieb einen Leserbrief in der Zeitung, in dem stand, die Lehrerin impfe ihren Schülern Gift gegen die soziale Marktwirtschaft, gegen die Landesverteidigung und gegen das Christentum ein. Der Hintergrund: Es war herausgekommen, dass sie ehemaliges Mitglied der kommunistischen Progressiven Organisation war. Daraufhin wird sie abgewählt, obwohl ihre fachlichen Qualitäten einwandfrei sind, und ihr wird die Wohnung gekündigt. Das war 1977.[22]

Fast zehn Jahre später schaltete sich der Bayerische Rundfunk aus der Kabarett-Sendung »Scheibenwischer« aus. Einen Monat zuvor war Tschernobyl in die Luft geflogen, in der Sendung gab es einen Sketch über einen verstrahlten Großvater, der im Rollstuhl vier Stunden lang im Regen vergessen worden war. Die Frage nun: Muss er als Sondermüll entsorgt werden? Das sei dem bayerischen Publikum nicht zuzumuten, entschied der Sender, zog den Stecker und sendete lieber weiter gewöhnlichen Sondermüll.[23]

1989 veröffentlichte Madonna einen ihrer größten Hits, ›Like a prayer‹. Im Video dazu befreit sie einen schwarzen

Christus aus einem Gefängnis und küsst ihn leidenschaftlich. Ein glühendes Manifest gegen Rassismus. Für die religiöse Rechte in den USA war sie nun die schwarze Bestie, der Papst persönlich war auf der Palme und nicht mehr runterzukriegen – er rief zum Boykott gegen Madonna auf, Sponsor Pepsi verabschiedete sich aus ihrer Tour.[24]

Der Aktionskünstler und Leiter des »Zentrums für Politische Schönheit«, Philipp Ruch, sollte 2019 bei einem Kongress der Bundeszentrale für politische Bildung diskutieren über »Kunst als Politik und politische Bildung«. Doch dann lud ihn die Bundeszentrale hektisch wieder aus. Kurz zuvor hatte das Zentrum mit der Aktion »Soko Chemnitz« eine Öffentlichkeitsfahndung nach Chemnitzer Nazis inszeniert. Mit Erfolg: Ruch und seine Leute konnten dem BKA nach eigenen Angaben die Daten hunderter Nazis und ihrer Netzwerke übergeben. Das Innenministerium ließ Ruch daraufhin ausladen, eine Sprecherin teilte mit, die Aktion trage dazu bei, »der Spaltung der Gesellschaft Vorschub zu leisten«.[25] Erstaunlich: Ich dachte immer, Nazis trügen zur Spaltung der Gesellschaft bei. Aber was weiß ich schon.

Lange Zeit waren es die Hans-Peters, moralistische Reaktionäre, die mit erhobenem Zeigefinger Progressive cancelten – und sie tun es bis heute. Wer sich auf die Seite der Gecancelten schlug, war lange cool, gegen den Mainstream und für die Meinungsfreiheit. Das ist heute anders.

Als der ehemalige Nationaltorhüter Jens Lehmann den Spieler Dennis Aogo in einer fehlgeleiteten privaten WhatsApp-Nachricht als »Quotenschwarzen« bezeichnet hatte, folgten die Sanktionen auf dem Fuß: Mehrere Geschäftspartner wollten eilig nichts mehr mit Lehmann zu tun haben, darunter Hertha BSC, der ihn von allen Ämtern entband, unter anderem als Aufsichtsrat. Und das, obwohl Lehmann sich entschuldigt hatte, bei Aogo persönlich und öffentlich. Letzteres erst etwas halbherzig (»es ist ein Eindruck entstanden!«, immer schlecht, wird als Nicht-Entschuldigung gewertet), später noch einmal deutlicher (»bedauere zutiefst!«).[26] Aogo, der die Entschuldigung angenommen hatte, geriet danach selbst in einen Shitstorm, als er als Experte beim Pay-TV-Sender Sky von »Trainieren bis zum Vergasen« sprach.[27] Dafür verlor nun auch er seinen Job. Und zu guter Letzt mischte sich auch noch Tübingens grüner Oberbürgermeister Boris Palmer ein – der Unvermeidliche, wenn's um garantiert deplatzierte Provokationen geht. Auf Facebook schrieb er in offenbar satirisch-ironischer Absicht: »Der Aogo ist ein schlimmer Rassist. Hat Frauen seinen N****schwanz angeboten.«[28] Bilanz der virtuellen Massenkarambolage: Zwei Leute (vorerst) ohne Job, einer (noch) mit. Für alle drei gilt: Einfach den Mund halten wäre auch eine Lösung gewesen. Und Satire ist was für Profis, nicht für Palmers.

Hochschulen sind spätestens seit 1968 Orte, an denen sich die Probleme der künftigen Massengesellschaft seismographisch zeigten: Als AfD-Gründer Bernd Lucke seine erste VWL-Vorlesung nach langer Pause im Wintersemester 2020 an der Hamburger Uni halten wollte, waren Antifa und Asta eilig zur Stelle. Sie besetzten den Hörsaal, brüllten Lucke nieder und beschimpften ihn als »Nazischwein«. Lucke, der die Märtyrerrolle aus seinen Politikerzeiten noch einwandfrei draufhatte, ließ sich unter Polizeischutz mit unschuldigem Blick vom Campus führen und eilte zu »Maischberger« ins Studio. Antifa und Asta war es gelungen, den Job ihrer Gegner zu machen und Lucke und seinen braunen Fans in die Karten zu spielen.

Was die Protestierenden nämlich mehr oder weniger absichtlich übersahen, war, dass Lucke hier als Hochschullehrer auftrat, nicht als Politiker. Das Wissen, dass ein Mensch unterschiedliche öffentliche Ämter bekleiden und Rollen einnehmen kann, sollte bei Studierenden vorausgesetzt werden können. Aber vielleicht erwarte ich zu viel: Wenn es schon schwer zu vermitteln ist, dass es zwischen öffentlichem und privatem Raum einen Unterschied gibt – wie soll dann erst der Switch vom Politiker zum Professor für Volkswirtschaftslehre zu vermitteln sein? Das hätte die Erkenntnis zur Folge, dass Bernd Lucke in der Vorlesung gar nicht seine politische Meinung äußern, sondern über Makroökonomie sprechen wollte. Und das soll er doch dürfen, solange er nicht behauptet, dass diese ausschließlich aus den Zahlen 33, 45 und 88 besteht. (Ganz abgesehen davon dass ich die Vorlesung aus zwei Gründen nicht besuchen würde – wegen Lucke und wegen Makroökonomie.)

2018 wurden die Zeilen »Alleen / Alleen und Blumen / Blumen / Blumen und Frauen / Alleen / Alleen und Frauen / Alleen und Blumen und Frauen und / ein Bewunderer« von der Fassade der Berliner Alice Salomon Hochschule getilgt.
Ein Gedicht des Lyrikers Ernst Gomringer.
Für die empfindlichen Inquisitoren klang die Kombination aus Alleen, Blumen und Frauen nach Bordsteinschwalben, Prostitution, Escort Service, Mansplaining und allem, was das Zusammenleben der Geschlechter sonst noch problematisch machen kann. In meinen Augen handelt es sich hier um eine überaus ambitionierte Gedichtinterpretation, in welcher die blühende (sic!) Phantasie der Interpreten auf jeden Fall größer sein wollte als die des Autors. Aber reicht das, um sie

ein Gedicht von einer Fassade verschwinden zu lassen? Ich finde zum Beispiel auch Jumbo-Jets, Kakteen und Kirchtürme potenziell sexistisch – sind ja schließlich auch Phallus-Symbole. Muss ich jetzt den Kölner Dom persönlich einäschern? Oder rufe ich besser beim Dschihadisten meines Vertrauens an?

Gomringers Zeilen hingen dann am Axel-Springer-Hochhaus. Aufgehängt von der »Bild«-Zeitung, die sich so billig als Haus der Kunstfreiheit in Szene setzen wollte. Für den Lyriker Gomringer muss das fast so schlimm wie abgehängt sein.

Madonna ist auch wieder da: 2018 trat sie bei den MTV Awards auf. In einem zu lang geratenen Monolog erzählte sie von den Gemeinsamkeiten zwischen Aretha Franklin, die gerade verstorben war, und ihr: Beide kamen aus Detroit, beide hatten harte Jahre dort mit brutaler Plackerei. Ihre Stirn war bei MTV geschmückt mit blonden Zöpfen. Dieses Mal schwieg der Papst, dafür warfen sich zahlreiche woke Helens ins Zeug. Ihr Vorwurf: Madonna habe sich mit ihren »afrikanischen Zöpfen« der kulturellen Aneignung schuldig gemacht. Sie habe also eine Frisur getragen, die sonst nur Afroamerikanerinnen tragen, und sich mit Aretha Franklin, einer Person of Color, verglichen, obwohl sie als Weiße privilegiert sei. Das bedeutete Höchststrafe in der Sekte der woken Erwachten.[29] Man kann Madonna nur gratulieren, dass sie es geschafft hat, sich im Lauf ihrer Karriere den Hass aller fundamentalistischen Inquisitoren zuzuziehen – den der Katholiken und den der Helens.

Zwischenfazit: Hans-Peter und Helen, Märtyrer und Inquisitoren, dämonisieren und canceln sich in einem immer wiederkehrenden Kreislauf sehr verlässlich gegenseitig. Heute fällt vor allem die empfindlich-beleidigte Inquisitoren-Fraktion, die Helens, die mit erhobenem Zeigefinger drohen und mit Moralgesetzbüchern unterm Arm als Sprach- und Denkbürgerwehr durch die Straßen patrouillieren. Was beide verbindet: Es entscheidet nicht die Kraft ihres Gedankens oder ihres Arguments ohne Ansehen der Person, sondern ihr Opferstatus, ihr Betroffensein darüber, was sie wo sagen dürfen. Sie gehen von sich aus, von ihren Befindlichkeiten, und legitimieren alles damit. Das ist als Fundament einer Debattenkultur ein Armutszeugnis.

Rassismus? Nee! Nur bei den anderen

Ich lebe ja in Berlin, im Prenzlauer Berg. Und natürlich bin auch ich im Herzen eine Helen, aber eben netter. Ich bin grün und links. Das ist gar nicht so leicht hinzukriegen beides, aber ich schaffe das. Wir trinken Chai-Tea-Latte nach dem Tai-Chi und haben Tattoos. Wir sind so gesund, dass wir unsere Kinder mit Chia-Samen zeugen.

Das einzig Schlimme bei uns sind diese Machos aus dem Süden, die sich bei uns ausbreiten. Ganz schlimme Clanstrukturen, Typen, die auf Testosteron laufen. Horden von denen fallen bei uns ein. Wir sind wirklich tolerant, aber diese Leute haben nichts bei uns verloren. Das ist auch eine andere Kultur, das ist historisch eine andere Epoche, in der diese Leute stehen geblieben sind, das ist mit unseren westlichen urbanen Werten nicht zu vereinbaren. Die meisten sind ja nicht mal bereit, richtig Deutsch zu lernen. Was wollen wir auch erwarten? Wenn Sie Ihr halbes Leben in Bietigheim-Bissingen verbracht haben, diesem Pjöngjang des Südens, sind Sie verratzt. Und wissen Sie, woran man diese schwäbischen Machos erkennt? Sie nennen alle Frauen »Schbätzle«.

An jeder Ecke lassen sie sich nieder, die Schwaben, ganze Viertel nehmen sie ein und verpesten die Luft mit ihrer Linsensuppe, ihren Saitenwürschtle und ihren Maultaschen – das ist nicht Kulinarik, das ist ein Verstoß gegen die Menschenrechtskonventionen. Es gibt ja Leute, die behaupten, Schwaben gehörten zu Deutschland. Aber nein, ich möchte nicht, dass meine Kinder später mal Schwäbisch lernen müssen. Und dann rasen sie ja auch so in ihren Daimlers und Porsches und was sie da unten alles produzieren. Kaum sind sie raus aus ihrem Polizeistaat, geht's los: Mit 220 durch den Prenzlauer Berg. Lebensgefahr für uns Lastenradfahrer mit drei bis vier Kindern und anderthalb Hunden drin. Zumal da auch noch eine derart unübersichtliche Kreuzung ist bei uns, an der es sowieso schon ständig knallt.

Wir haben darum jetzt eine Initiative gegründet: Unsere Straße soll schöner werden. Wenn zum Beispiel einer dieser Deppen zu schnell gefahren ist, müssen wir verhindern, dass Notärzte dem Idioten auch noch helfen. Deshalb werden wir im Zuge des Masterplans Migration in Krankenhäusern sogenannte Intensivzentren einrichten, dort wird innerhalb von 48 Stunden beschlossen, ob ein Unfallopfer behandelt wird oder nicht. Je nachdem, was die Auswertung der Fotos ergeben hat. Hier kriegt der Begriff Videobeweis eine ganz neue Bedeutung. Und wenn dann rauskommt, dass der Wahnsinnige schuld ist, dann wird er sofort ans Kreiskrankenhaus Backnang überwiesen. Sollen die ihn doch zusammenflicken!

Wenn wir anschließend rausfinden, dass ein Fahrer gerettet wurde, obwohl er gerast ist, dann zeigen wir die Sanitäter an. Wegen Beihilfe am versuchten Mord an unseren Frauen und

Kindern. Wir haben auch schon mal überlegt, die Feuerwehr bei Unfällen einfach mal zu blockieren, so dass sie erst gar nicht mehr losfahren kann. Da stellen sich drei Nachbarn mit ihren SUVs vor die Feuerwehrausfahrt, und schon ist Schluss mit Tatü-tata.

Ich habe die vorige Passage so ähnlich einmal in einem Bühnenprogramm erzählt. Spannend dran war die Reaktion des Publikums. Nach der Show kamen viele Zuschauer zu mir und sagten, das Stück über die Schwaben sei das Beste gewesen an diesem Abend. Freudestrahlend erzählte man mir von ähnlichen Erfahrungen bei Verwandtenbesuchen und dass diese Leute genau so seien, zum Teil noch viel schlimmer, und ob ich das auch in Schwaben vortragen würde oder ob ich dort Personenschutz habe, weil die Leute dort ja nun wirklich absolut keinen Spaß verstünden. Ich kann an dieser Stelle beruhigen: Tatsächlich kam ich jedes Mal ohne Blessuren aus dem schwäbischen Raum wieder hinaus. Gefahr war nie im Verzug, im Gegenteil. Die Reaktion lautete oft: »Des mit de Schwobe war subber – genauso isch mei Nachbar au!«

Das hat mich immer wieder nachdenklich gemacht. Mein Ziel war ja zu zeigen, wie leicht es ist, mit genau dem begrifflichen Besteck, mit dem die gemeinhin verachteten Rechtspopulisten ihren Araber filetieren, auch andere Gruppen zum Fraß vorzuwerfen. Es reicht, mit einer minimalen Akzentverschiebung in den Worten eine ähnliche Hetze zu betreiben, nur eben im Namen des Guten, was es nicht besser macht.

Das frenetische Bejubeln eines absichtlich wenig originellen Schwaben-Bashings, das schon 1998 eher halbcool war, zeigt, dass wir dazu neigen, rassistische und diskriminierende Denkmuster immer nur bei anderen zu erkennen, nie bei uns selbst. Die Überzeugung, zu den Guten zu gehören, war schon immer der Türöffner für die schlimmsten Verbrechen. Je größer die moralische Selbstgewissheit, desto größer die Bereitschaft, Andersdenkende oder Andersmeinende oder anderweitige Irrläufer zu zerstören. Erneut ein Punkt, an dem sich Hans-Peter und Helen abklatschen können.

Ab und zu kamen auch Leute, die sagten, in dieser Weise über Schwaben zu sprechen, sei doch auch rassistisch. Erst recht von einem Badener! Ich erwiderte dann: Von den Schweizern werde ich als »Sauschwob« beschimpft. Ich bin also auch nur Opfer! Und als Opfer darf ich das!

Die Afrikaner – ich liebe sie!
Sie sind so musikalisch!

Dennoch ist es eine spannende Frage: Wo fängt Rassismus an? Das ist wichtig, um den Begriff weder durch inflationären Gebrauch zu entwerten noch Hass auf andere Menschen heimlich zu akzeptieren, weil Rassismus ja nur einen kleinen Kreis betrifft.

Was also ist Rassismus genau? Der Historiker Ibram X. Kendi definiert ihn als »jegliche Vorstellung, die eine bestimmte ethnische Gruppe als einer anderen ethnischen Gruppe unterlegen oder überlegen betrachtet«.[30] Das würde bedeuten, dass ich mich nicht rassistisch gegenüber Schwaben geäußert habe, weil sie ja keine andere Ethnie sind, auch wenn ihre Sprache das suggeriert. Ich habe sie vielleicht diskriminiert, aber nicht rassistisch beleidigt. Der europäische Rassismus aber ist über viele Jahrhunderte gewachsen und bedeutet: In der westlichen Welt sind weiße Menschen die besseren Menschen. Sie sind oben, Schwarze sind unten. Es geht um Macht. Damit auch dies gesagt sei: Es gab und gibt auch Rassismus gegen Weiße – der Antisemitismus ist nur das prominenteste Beispiel. Selbst der halb totgerittene »alte weiße Mann« fällt unter diese Kategorie, schlicht, weil er in dieser Formulierung nach Hautfarbe und Alter bewertet wird. Dieser Aspekt wäre dann ein eigenes Thema wert.

Insofern kann ich als linksgrüner Prenzlberger sagen: Ich bin nicht rassistisch. Punkt. Ich habe sogar Beweise: Ich wähle die Geschäfte, in denen ich einkaufen gehe, mittlerweile nach Migrationsanteil aus: Ich gehe nur noch dorthin, wo ich die Schrift über dem Laden garantiert nicht lesen kann. Wenn ich zu SATURN komme und es kommt ein Deutscher auf mich zu und fragt mich: »Was kann ich für Sie tun?«, dann sage ich: »Hau ab, gib mir den Türken!« Wenn ich einen Berliner Busfahrer frage: »Fahren Sie zum Hauptbahnhof?«, bekomme ich als Antwort: »Bin ick die Auskunft oder wat?« Wenn mein Lieblings-Afghane mich in meinem Stamm-Späti mit »Na, alte Sausack« begrüßt, dann weiß ich: Hier bin ich zu Hause.

Ähnlich authentisch sind nur die Senegalesen und die Menschen aus Ghana. Alle Menschen, die ich kenne und dorther kommen, sind toll. Also alle beide. Das sind die zwei, die mir die Amazon-Pakete bringen. Und musikalisch sind diese Afrikaner, unglaublich. Ich finde es auch gar nicht schlimm, wenn sie kein Deutsch können. Für mich gehört das irgendwie dazu. Wenn sie alle so Deutsch könnten wie wir, dann bräuchten wir sie ja nicht, denn dann wären sie ja wie wir, und wir sind ja schon da. Damit wir bunt sein können, müssen wir auch unterschiedlich sein. Das andere als das andere anerkennen und nicht etwa, das andere sich selbst unterwerfen unter dem Vorwand der Integration. Ein Gespräch mit Händen und Füßen, wenn keiner kapiert, was der andere will, das ist für mich gelebte Toleranz.

Bin ich nun wirklich aus dem Schneider? Keineswegs. Was ich hier gesagt habe, war höchst rassistisch. Selbst wenn ich Menschen feiere, weil ich so offen und kosmopolitisch bin, behandle ich sie nicht gleich, sondern mache erneut einen Unterschied. Noch schlimmer: Ich unterstelle, dass Menschen aufgrund ihrer Herkunft bestimmte Prädispositionen haben – etwa die, dass Menschen aus Zentralafrika rhythmischer sind als andere. Wir kommen also auch dann aus dem Rassismus nicht heraus, wenn wir glauben, wir seien es.

Ich kenne Leute, die gerne in Berlin-Neukölln leben und sich trotzdem unsicher fühlen, wenn sie mehreren Schwarzen oder Menschen mit muslimischem Migrationshintergrund auf der Straße begegnen: Das Aggressive, das Testosteron, die toxische Männlichkeit, überhaupt, das Bedrängende, das von ihnen ausgeht, wenn sie mehrere sind. Nicht von allen, aber von einigen. Umgekehrt kenne ich Schwarze, die erzählen, wie verletzend es für sie ist, wenn sie auf der Straße anders, befremdeter angeguckt werden als Weiße, wenn sie sehen, wie jemand seine Tasche zu sich zieht neben ihnen in der U-Bahn; das erleben Männer, die der toxischen Männlichkeit unverdächtig sind genauso wie schwarze Frauen, auch dann, wenn sie gefragt werden, ob sie denn auch Deutsch sprächen und woher sie eigentlich genau kommen.

Zugegeben: Ich stelle die Frage nach der Herkunft auch, ich stelle sie sogar oft, und zwar weil mich interessiert, woher Menschen kommen, was ihre Geschichte ist. Reicht die Intention, das unschuldige Interesse, um nicht in Verdacht zu geraten? Oder ist die Absicht egal und es zählt nur die Frage, welche die Betroffenen tausendmal schon gehört haben. Auch ich gestehe zu, dass der erste Gedanke, wenn ich eine Hijabi sehe, der ist, was sie wohl zu Hause erleiden muss, wie krass sie wohl von ihrem Mann unterdrückt wird. Und ich gebe zu, dass ich auch schon überrascht war, wenn sie dann auch noch sehr gutes Deutsch sprach.

Selbstverständlich würde ich mich als weißer mittelalter ungeheuer aufgeklärter Cis-Mann mittleren Alters hier gerne freisprechen, beweisen, wie weit entfernt ich bin von diesen Verhaltensweisen, Denkstrukturen und Stereotypen, dass ich das hinter mir habe, elegant drüberstehe. Das tue ich aber nicht. Ich bin gefangen wie alle und glaube, besser zu sein als alle. Vielleicht ist es ein erster Schritt, mir das einzugestehen, dass ich nicht frei bin von diesen Mustern und dass es zu einfach ist zu sagen: Ich bin doch tolerant, Rassismus ist ein Problem der anderen.

In den USA ist der Rassismus ziemlich genau dokumentiert: Gefängnisstrafen fallen für schwarze Frauen mit dunkler Haut durchschnittlich länger aus als für Schwarze mit hellem Hautton.[31] Schwarze verdienen weniger als Weiße, zahlen mehr, wenn sie über den Preis eines Autos verhandeln, Ärzte verschreiben ihnen weniger Schmerzmittel, und Immobilienmakler zeigen ihnen schlechtere Häuser und Wohnungen. Selbst wenn man aus der Statistik die größere Armut, das niedrigere Bildungsniveau und die höhere Kriminalitätsrate der schwarzen Bevölkerung herausrechnet, gilt das.[32]

In Deutschland ist die Lage anders: Hier unterscheiden Statistiken erst gar nicht nach Herkunft oder Hautfarbe. Das tun sie nur im Fall von Kriminalität. Es gibt noch nicht einmal Zahlen, wie viele schwarze Menschen hier wirklich leben – wahrscheinlich mindestens eine Million. Sie bleiben im Dunkeln. Es mussten also erst Polizisten in Minneapolis George Floyd quälen und töten, um auch hierzulande einer breiteren Öffentlichkeit zu verdeutlichen, wie groß das Problem ist. 8 Minuten und

46 unerträgliche Sekunden lang – immer wieder den Satz rufend: »I can't breathe.« Corona brachte den bislang unbekannten Trend Händewaschen nach Deutschland – George Floyd den bis dato ebenso unbekannten Trend Rassismusdebatte.

Im internationalen Rassismus-Ranking muss sich Deutschland gerade in den vergangenen Jahren nicht verstecken: Wir hatten Hakenkreuze auf Gedenktafeln und Grabsteinen, wir hatten den NSU, der mordend durchs Land zog und dessen Opfer unter dem Namen »Döner-Morde« wie heimliche Täter beäugt wurden – und wir hatten einen Verfassungsschutz-Chef, der Hetzjagden in Chemnitz leugnete. Wir hatten Alexander Gauland, der meinte, die Jahre 1933 bis 1945 seien nur ein Vogelschiss, wir hatten Franco A., den rechtsradikalen Bundeswehrsoldaten, der sich als islamischer Flüchtling tarnen wollte, um einen Terroranschlag zu verüben, der aussehen sollte wie ein islamistischer. Franco A. war nur die Spitze eines rechtsextremistischen Netzwerks, das sich unter den Namen Hannibal und Nordkreuz quer durch Polizei und Bundeswehr zog. Wir hatten Polizeibeamte, die Drohbriefe an türkischstämmige Anwältinnen und Künstlerinnen schickten, und wir hatten den Mord an CDU-Politiker Walter Lübcke und den brutalen Terroranschlag von Hanau.

Auch zum Thema Racial Profiling gibt es Erhellendes aus anderen Ländern: Studien aus Großbritannien zeigen, dass Schwarze sechsmal häufiger von der Polizei kontrolliert werden als Weiße, in New York waren sie in über die Hälfte aller Polizeikontrollen involviert, obwohl sie nur ein Viertel der Bevölkerung ausmachen. Eine Studie aus Frankreich, die an Pariser Bahnhöfen durchgeführt wurde, zeigt, dass das Entscheidungskriterium für eine Kontrolle der Kleidungsstil insbesondere junger Männer war.[33]

Gut, Wissenschaft ist ohnehin überschätzt. Siehe Klimawandel. Da sieht man doch, wie anstrengend es wird, einfach so weiterzumachen wie bisher, wenn man erst mal Fakten hat! Diese Fakten muss man dann nämlich leugnen. Da ist es doch besser, lieber erst gar keine zu erheben.

Kant, Kolumbus und Konsorten: Ab in den Giftschrank!

Die Geschichte des Abendlandes ist eine rassistische und kolonialistische Geschichte, es ist die Geschichte weißer Vorherrschaft, da sich Weiße hervorragend darauf verstanden, überall hineinzumarschieren, wo es etwas in Beschlag zu nehmen gab. Die Frage, die also heute umso drängender wird, lautet: Wie gehen wir um mit den Ahnen, mit denen, die dieses Denken und das damit verbundene Handeln salonfähig gemacht haben? Wer darf bleiben, wer muss gehen? Wen wollen wir noch sehen, hören und lesen? Wer hat sein Anrecht auf einen Platz in den Bibliotheken und Archiven verwirkt und muss in den Giftschrank? Und wie verfahren wir mit den ambivalenten Gestalten der Geschichte, die sich so penetrant weigern, uns den Gefallen der sehnsuchtsvoll erwarteten Eindeutigkeit zu tun?

In der rassistischen Lehre gehen deren Anhänger davon aus, dass Menschen durchaus die gleiche Abstammung haben, aber unterschiedlich weit entwickelt seien. Alle Menschen seien vollkommen – also nach westlicher Lesart weiß – auf die Welt gekommen, hätten sich dann aber immer weiter von diesem Ursprung entfernt. Einer von diesen Denkern war auch Immanuel Kant, was umgehend zu der Frage führte, wie nun mit ihm zu verfahren sei. Sind also seine strenge Ethik, seine revolutionären Prinzipien wie der kategorische Imperativ wertlos? Müssen wir Kant ganz neu bewerten oder direkt auf die Müllhalde der Geschichte werfen?

Wenn Kant den rassistischen Teufel in sich von der Kette lässt, geht der Punk ab. So heißt es in den ›Beobachtungen über das Gefühl des Schönen und Erhabenen‹:

»Die Negers von Afrika haben von der Natur kein Gefühl, welches über das Läppische stiege. (…) Die Schwarzen sind sehr eitel, aber auf Negerart und so plauderhaft, dass sie mit Prügeln müssen auseinandergejagt werden.«[34]

Beim ersten Lesen war ich unsicher, ob hier Kant spricht oder doch Clemens Tönnies? Oder Gloria von Thurn und Taxis, die gleich noch was mit Schnackseln hinterherschleudern wird. Zu seiner Verteidigung lässt sich sagen: Hier ist Kant noch in seiner vorkritischen Phase – das ist die Spätpubertät des Philosophen – und noch lange nicht bei seinen epochalen Ansätzen der Hauptphase angekommen. Hier wird er Prinzipien aufstellen, die unendlich viel klüger, zwingender und logischer sind als diese hier. Was wir ihm zur Last legen können, ist, dass es auch 20 Jahre später nicht besser wird. In ›Über den Gebrauch teleologischer Prinzipien‹ sind dann entsprechend auch die amerikanischen Ureinwohner »rote Indianer, (…) zu schwach für schwere Arbeit, zu gleichgültig für emsige und unfähig zu aller Cultur«.[35]

Nach den üblichen, leicht kalkulierbaren Mustern gibt es dazu heute zwei vorhersehbare Lager, die bestimmen möchten, wie sich zu der dunklen Seite Kants zu verhalten sei: die empörten Märtyrer – Umfeld Hans-Peter –, die ihren Kant verunglimpft sehen und für ihren Meister unverzüglich in die Bresche springen und diese Sätze in den Keller der Bedeutungslosigkeit verbannen wollen, während sie die Entdecker dieser Passagen als Überbringer der schlechten Nachricht in genau dem Maße als lektüreunfähige Banausen abstempeln wollen, wie sie ihren Kant heiligsprechen.

Die empfindlichen Inquisitoren – Umfeld Helen – fordern ebenfalls sofortige Verbannung aus dem Kanon, am besten des gesamten Werks einschließlich der Person, Hauptsache raus aus sämtlichen Seminaren, Bibliotheken und Museen. Beide Seiten wollen canceln. Nur eben Verschiedenes.

Aber wir sollten gerecht bleiben: Kant schrieb die inkriminierten Sätze lange vor Charles Darwins Evolutionstheorie und der Erkenntnis, dass es menschliche Rassen schlicht nicht gibt. Vor Gericht bekommen Straftäter, die aus schwierigen sozialen Verhältnissen kommen, oft mildere Strafen. Wer von den sozialen Regeln abweicht, sollte nicht dafür bestraft werden, dass er sie nie richtig kennengelernt hat. Vor dem moralischen Gericht heute müssen Menschen, die vor 300 Jahren nie aus Königsberg herausgekommen sind, geradestehen für Werte, die es damals gar nicht gab und die sie entsprechend auch nie kennenlernen konnten.

Was wir von Kant im Lichte seiner eigenen Dunkelheit lernen können, ist etwas anderes: Kant zeigt, dass auch die Größten enttäuschen, auch die Weisesten unter ihr Niveau gehen und auch die größten Idealisten hinter ihren Idealen zurückbleiben. Was also tun? Den empörten Märtyrern folgen und Rassismus verschweigen und als nicht so ganz ernstzunehmende Verkehrsunfälle genialer Köpfe in einem schwindelerregenden Gedankengebäude reflexhaft abwehren? Oder den Inquisitoren folgen und alle, die problematische Sätze gesagt haben, aus den Archiven werfen?

Die Antwort lautet: weder noch. Denn mit ihren unsäglichen Thesen und kruden Behauptungen bieten uns die Philosophen blendendes Anschauungsmaterial: Ihr Scheitern ist unsere Chance. Wir können sie an sich selbst messen und mit ihnen gegen sie über sie hinausdenken; ihre Stärken nehmen und von ihnen lernen und ihre Schwächen überwinden. Sie bieten uns die Chance, uns mit dem Rassismus in uns selbst zu konfrontieren, mit den Schattenseiten unserer eigenen Existenzen, mit unseren eigenen Vorurteilen und festgefügten Bildern. Sie sind der Spiegel unserer Verpanzerungen, das Schockmoment unseres Selbstverständnisses. Schon dafür müssen wir ihnen dankbar sein. Zugleich beschenken sie uns in den unzweifelhaften Teilen ihrer Texte mit dem Werkzeug, diese, ihre Fehlleistungen und Irrtümer, erst zu verstehen und dann zu überwinden. So müssen wir ihren Schwachsinn wachhalten, statt ihn einzuschläfern – weder durch ignorante Leugnung noch durch Rückzug in safe Spaces, um sich nichts mehr auszusetzen, was uns irritieren könnte.

Wie wollen wir umgehen mit den Ahnen unsrer rassistischen oder kolonialen Vergangenheit? Müssen wir wirklich grundsätzlich aufräumen? Eine neue Generation an Bilderstürmern hat vorgemacht, wie es gehen kann:

Als im Juni 2020 in Bristol Demonstranten die Statue des Sklavenhändlers Edward Colston ins Hafenbecken warfen, war die Empörung groß. Welch eine barbarische Art, mit einem Sklavenhändler umzugehen! In London schlugen andere Demonstranten Christoph Kolumbus den Kopf ab. In Hamburg kippten Demonstranten blutrote Farbe über die Statue von Otto von Bismarck.

Ist es nun richtig, Denkmäler früherer Helden einfach zu stürzen? Ist das die Bedingung der Möglichkeit neuer Helden, der Anfang eines Gesprächs, wem wir in Zukunft Girlanden flechten möchten? Oder zeigt sich hier ein tugendterroristisches Neobarbarentum, das sich sprachlos der Macht der Bilder überlässt?

Was Fridays for Future und PEGIDA gemeinsam haben

Dafür sollten wir zunächst einen Blick auf den Protest als zugespitzte Form der Meinungsäußerung werfen. Ich meine, Protest ist nur dann erfolgreicher Protest, wenn er über Grenzen geht, unbeugsam ist und ungeduldig. Protest braucht den Ehrgeiz der revolutionären Weltveränderung, um überhaupt Protest zu sein. Das ist die anarchisch-unschuldige Seite des Protests – sein aufrüttelndes Moment, seine Chance. Der Protest lebt vom Bild, nicht vom Wort; vom schnellen Zugriff, nicht vom abwägenden Urteil; vom klaren Nein, statt vom zweifelnden Ja-aber. Er lebt von genau der Vereinfachung, die er sonst gerne der Gegenseite vorhält.

Damit sind wir bei der Schwäche des Protests: Er ist selbstgerecht, weil er glaubt, im Besitz einer höheren Wahrheit zu sein, die im Gegensatz zu den funktional ausdifferenzierten gesellschaftlichen Institutionen von der Beweis- und Begründungspflicht entbunden ist.[36] Außerdem lebt Protest auch immer von der Endzeit-Stimmung, vom Untergang, der Apokalypse. Das verbindet so unterschiedliche Bewegungen wie Fridays for Future und PEGIDA. Bei den einen ist es der Weltuntergang durch den Klimawandel, bei den anderen der Untergang des Abendlandes durch die Invasion der Moslems – mit dem Unterschied: Der Klimawandel ist Realität und wird unser Leben radikal verändern, wenn wir nicht handeln, der

Bevölkerungsaustausch Europas durch den Islam ist keine Realität, steht auch nicht bevor und ist nichts weiter als ein Verschwörungsmythos.

Protest will Eindeutigkeit, er hält keine Ambivalenzen aus. Er flirtet mit dem radikal anderen Leben, mit dem Ausnahmezustand, in dem alle geltenden Regeln aus den Angeln gehoben sind. Es ist ein Ritt auf dem Tiger. Die Radikalität und Übertreibung des Protests sind sowohl seine größte Stärke als auch seine größte Schwäche.

Vor dieser Folie sollten wir nun noch einmal einen Blick auf die modernen Bilderstürmer werfen. Ihr Ziel ist es, mit großer Geste die Symbole der Vergangenheit zu vernichten. Es würde ihrem Selbstverständnis radikal zuwiderlaufen, würden sie anfangen zu verhandeln: Wie sehen Alternativen aus? Wer sollte hier auf den Sockel gehoben werden, und wie entscheiden wir das? Das ist der Job der Bürokratie-Gremlins, von denen sich Protestbewegungen gerade absetzen wollen.

Die vollständige Löschung dessen, was war, ist nur leider eine schwierige Angelegenheit, wie wir aus der IT wissen: Daten auf einem Computer, die wir mit einem entspannten Druck auf die Esc-Taste löschen, werden eben nicht von der Festplatte gelöscht, lediglich der Verweis auf den Speicherort wird entfernt. Die Daten sind also weiterhin da – bis der Platz überschrieben wird. Wollen wir Daten wirklich dauerhaft löschen, können wir sie nur schreddern. Dafür gibt es spezielle Programme, und diese hat in vielen westlichen Demokratien wie Deutschland nur der Verfassungsschutz – dieser aber vernichtet Beweise für Rassismus nur, um Rassisten zu schützen.

Der Kolonialismus der Vergangenheit und der Rassismus der Gegenwart sind die Trojaner unter den Programmen unserer Festplatten – sie tarnen sich als Anwendung, installieren aber nur die schlimmsten Schadprogramme, um unser Betriebssystem fernzusteuern. Denkmäler stürzen ist also lediglich ein hektisches Strg+Alt+Entf drücken – und auch wer in den Task Manager geht und mittels Sturz von Statuen den Neustart erzwingen will, wird ihn nicht los, denn der Trojaner überlebt jeden Neustart.

Denkmäler könnten auch Mahnmale sein, um an das zu erinnern, was sich nicht wiederholen darf. Eine hektisch ausradierte, scheinbar (weit) entfernte problematische Vergangenheit wird sich eher wiederholen als eine bewusst eingeordnete, erklärte und auf diese Weise behutsam wachgehaltene – und das nicht nur an Gedenktagen, dem andächtig-verlogenen Buß- und Bettag des säkularisierten kleinen Cis-Mannes.

Der Denkmalsturz mag also eine machtvolle Geste sein, bleibt aber auf halber Strecke stehen, selbstverliebt in die eigene Wirkmächtigkeit, ohne über sich hinauszuweisen.

Auch wenn es unangenehm, schockierend und leider manchmal verletzend ist: Wir sind nicht nur Archivare des Edlen, Hilfreichen und Guten, wir sind auch die Archivare des Schreckens. In einer weißen Mehrheitsgesellschaft, die noch immer und wieder stärker anfällig ist für Rassismus, – in der Nazis von Neuseeland bis Hanau Moscheen, Synagogen, Shishabars überfallen und mordend durchs Land ziehen – in dieser Weltgesellschaft gibt es kein wichtigeres Gegengift als die klare Benennung unser eigenen Abgründe. Insofern vertrete ich die These, dass die möglicherweise verletzende Konfrontation mit Rassismus gerade den Opfern von Rassismus und den Traumatisierten nutzen kann, weil sie helfen kann, neuen Rassismus zu verhindern. Zumal das Bewusstsein, ein

Opfer zu sein, auch ein Durchgangsstadium sein könnte, hin zu kraftvollen, emanzipativen Bewegungen des Empowerments – ein Ideal, das leider für viele Marginalisierte noch immer nicht bis schwer erreichbar ist.

Daneben fallen auch Angehörige der weißen Mehrheitsgesellschaft auf, die sich mit zunehmendem Selbstbewusstsein abschotten und unter dem Vorwand eines omnipräsenten Verletzungsrisikos überhaupt nicht mehr auf die argumentative Autobahn einbiegen. Empfindlichkeit ist kein Rezept gegen Konfrontationspflicht mit der Wirklichkeit. Entsprechend halte ich es mit denen, die dafür votieren, das N****-Wort heute nicht mehr auszusprechen und nicht mehr auszuschreiben, es aber in allen Texten der Vergangenheit, egal welchen Genres, stehenzulassen. Ich meine, es ist wichtig, dass wir die Datensicherung des Negativen betreiben.

Setzt euch auseinander – und wieder zusammen

Gefangen in einer Schleife von Empörung und Empfindlichkeit wiederholen sich auf allen Seiten die immer gleichen Effekte: Auf den empörten Tritt in die Magengrube des Gegners folgt auf dessen Seite Verletzung und der Rückschlag in neue Empörung. Entgegen einem weit verbreiteten Vorurteil kann ich mitteilen: Aufregung über Leute, von denen man sonst immer sagt, sie hätten es nicht verdient, dass man sich über sie aufregt, macht diese hörbarer und mächtiger, nicht leiser und zurückhaltender. So greifen die Extreme immer wieder ineinander und spielen erkenntnisfreies Pingpong.

Die Lösung unserer Problemlage scheint mir darum in erster Linie in der Auseinandersetzung zu liegen. Sie allein könnte aus der Schleife von Empörung und Empfindlichkeit herausführen. Was meine ich mit Auseinandersetzung? Wenn ich mich auseinandersetze, bedeutet das zunächst, mich in der Begegnung mit einer anderen Position mit dieser zu beschäftigen, sie ernst zu nehmen, zu verstehen zu versuchen. Viel wichtiger wäre aber, und nun kommt der dialektisch-idealistische Teil: in einem nächsten Schritt mich von mir selbst zu entfernen, mir selbst ein anderer zu werden, mit Abstand auf mich und die eigenen Selbstverständlichkeiten zu schauen, um mich danach wieder zusammenzusetzen, erweitert durch das, was stört und irritiert – das Produktive am Fremden integrieren und den Rest so zu verinnerlichen, dass ihm besser zu widerstehen und zu widersprechen ist. Das könnte lebendige Debattenkultur ausmachen.

Ist also die Meinungsfreiheit in Gefahr? Nein, das ist sie nicht. Ich kann in Deutschland provokante, populistische, politisch inkorrekte und sogar rechtsextreme Positionen vertreten. Ich darf sagen, dass der Nationalsozialismus ein Vogelschiss gewesen sei, dass in Berlin ein Denkmal der Schande steht, ich kann mich auch in den Bundestag stellen und von »alimentierten Messermännern und sonstigen Taugenichtsen« schwadronieren. Und ich kann als Hans-Peter meine Ehe ruinieren, meinen Chef beleidigen und in eine Talkshow eingeladen werden. Problematisch wird das ganze Unterfangen nur, wenn ich für all das Beifall erwarte.

Beunruhigend ist einzig die wachsende Bereitschaft, Menschen nicht mehr für ihre manchmal abstrusen Meinungen oder Positionen zu stellen, sondern sie gleich hängen zu wollen. Rausschmeißen, absetzen, stilllegen! Dieser Wunsch nach Vernichtung der ganzen Person, der unerbittliche Wunsch nach lebenslanger Haft, nach dem sozialen Tod, der sofortigen roten Karte ohne Verwarnung hilft nur der Selbstbestätigung des eigenen vermeintlichen Gutseins. Ihre Kehrseite ist die versteinerte Härte, die nicht einordnen und nicht verzeihen kann und es vielleicht auch gar nicht möchte, basierend auf nichts weiter als dem Gefühl, im Besitz des einzig richtigen Denkens und der höheren Wahrheit zu sein.

Wo die geistigen Wagenburgen aufgebaut sind, können wir die Argumente in der Pfeife rauchen. Wenn die Moral an die Stelle des Streits gestellt wird, werden wir die Spiegelbilder derer, die wir sonst lautstark verurteilen. Insofern ist nicht die Meinungsfreiheit in Gefahr, sondern die gesellschaftliche Beweglichkeit, die Lebendigkeit und Neugier des Erkennens, Lernens, Wachsens. Statt mit strotzender Selbstgewissheit ins einschläfernde Selbstgespräch zu taumeln, könnten wir Friedrich Nietzsches vitales Diktum »Nichts ist wahr, alles ist erlaubt«[37] reanimieren und könnten diesem Wort, das heute gerade von Rassisten so häufig pervertiert realisiert wird, seine Ehre zurückgeben: Seine lustvoll-neugierige, amoralisch-spielerische Kraft, in der wir uns gerade nicht jeden menschenfeindlichen Irrsinn zu eigen machen, sondern die Schöpfer unseres Lebens sind, in der wir entscheiden, was wir aushalten möchten. Damit wäre ein Anfang gemacht, um zu einer lebendigen Dialektik aus Versuch und Irrtum statt Empörung und Empfindlichkeit zurückzukehren.

Dabei ist das Schöne an der Meinungsfreiheit doch gerade zweierlei: Sie ist die Freiheit, eine Meinung zu haben. Das bedeutet entlastend im Umkehrschluss: Ich kann eine Meinung haben, ich muss das aber gar nicht. Sonst hieße der Grundgesetz-Artikel auch Meinungspflicht.

Wenn Sie aber eine Meinung haben und diese äußern, sollten Sie damit rechnen, dass Widerspruch kommt. Viele von denen, die glauben, es gebe keine Meinungsfreiheit mehr, wollen eigentlich Widerspruchsfreiheit, und zwar die Freiheit *von* Widerspruch. Das aber ist das Ende jeder Kommunikation, bevor sie überhaupt begonnen hat.

Mit Highspeed ins Mittelalter – Meinungsfreiheit im Internet

Warum ich das Internet hasse

Ich möchte diesen Teil mit einem Geständnis einleiten: Ich hasse das Internet. Abgrundtief. Es ist die dümmste Entwicklung der Menschheitsgeschichte, die unmenschlichste, barbarischste. Es ist eine technizistische Pandemie. Jeder will hier Virus sein, viral gehen, global, weltweit. Und das kann auch noch jeder Idiot! Das Internet ist das Corona unter den Medien. Corona ist ja die Krone, die der König auf dem Kopf hat. Das Internet setzt den Deppen die Krone auf! Der Kranz, der uns seine Dornen ins Hirn bohrt!

Die Herrschaft des Wahnsinns kam durch und über das Netz. Es ist ein Fake, ein Betrug, das hohle Versprechen eines besseren, egalitäreren Lebens, das uns nichts gebracht hat außer der totalen Kontrolle durch Konzerne und der vollständigen Überwachung durch Regierungen. Und ich weiß gar nicht, was von beidem schlimmer ist. Irgendwann werden sie alle zusammenarbeiten und austauschen, was sie über uns wissen. Dann gnade uns Gott! Und wir haben es auch nicht anders verdient mit unserer infantilen Begeisterung für Facebook, Twitter, Instagram.

Ich kann das Geschwätz von mehr Information auch nicht mehr hören. Ja, ich habe mehr Informationen denn je, aber es ist zu viel. Ich kann das alles nicht mehr filtern. Ich habe auch noch ein Leben und einen Beruf. Gut, ich bin Komiker, das ist kein Beruf, das ist eher Selbstverwirklichung mit viel Tagesfreizeit unter Vortäuschung gesellschaftspolitischen Interesses.

Ich hasse auch YouTube. Das ist ist nicht einmal die Raucherecke des Internets, es ist die Pissrinne des Schulklos, an der sich die Dümmsten treffen, um sich einen drauf runterzuholen, dass sie am weitesten pissen können.

Wenn ich schon das Wort Reichweite höre, wird mir übel. Eine Zahl von Leuten, die mir folgt, eine anonyme Masse, die irgendwann mal auf einen Button geklickt hat, aus Versehen oder aus geistiger Umnachtung, jedenfalls im irrigen Glauben, damit Sympathie zu bezeugen. Nein, noch nicht einmal Sympathie. Zustimmung. Billiges Kopfnicken. »Jawoll!« »Genau meine Meinung! Dem folge ich!« Bleibt mir doch alle weg damit!

Eine Weile habe ich mich über Onlinemedien informiert, bis ich festgestellt habe, dass die auch keine Sau braucht. Sie leben von Schlagzeilen, die versprechen, was sie nie halten. »Wie lebt Humphrey Bogart heute?«, heißt es da. Dann klicke ich, um hinter die Paywall zu kommen, und erfahre für ein 5,98 €-Abo am Tag: »Humphrey Bogart lebt gar nicht mehr. Er ist nämlich tot.« Verarschen kann ich mich selber! Medien im Internet wollen Clicks, verbreiten Gerüchte, wollen mich schockieren und beschämen, aber garantiert nicht informieren, geschweige denn aufklären. Aufklärung – welch klangvolles Wort aus der Vergangenheit! Das Internet hat die Aufklärung, hat den Journalismus getötet, das ist die Wahrheit!

Auf Twitter, diesem Siffkanal der heulenden und keifenden pseudo-wichtigen, in Wahrheit aber zutiefst niederträchtigen Agendasetter-Betroffenheits-Onanisten, diesem Heim der geistigen Gulag-Aufseher, habe ich so viele Idioten kennengelernt wie sonst nirgends. Rechthaberische Schreihälse, die reflexhaft in 280 Zeichen kotzen. Die Kunst des Aphorismus ist hier zu Tode gehetzt worden. Mit wenigen Worten einen Gedanken kunstvoll auf den Punkt bringen, das können diese Applaus heischenden Einpeitscher gar nicht. Wie auch? Ein Tweet ist ja immer nur so gut wie die Zahl seiner Likes. Hier werden 280 Zeichen genutzt, um zu beleidigen, zu hängen und zu lynchen. Das Mittelalter ist mitten unter uns! Ein Bekannter sagte einmal: Leute auf Twitter sind wie Menschen hinterm Steuer: Sie pöbeln, schimpfen und schreien, aber wenn sie ausgestiegen sind, dann sind sie klein und bucklig und hässlich und stammeln vor sich hin, weil sie sich nicht mehr hinter ihrem Amok-Lenkrad verstecken können. Aber sie müssen erst aussteigen, um ihre vielleicht noch vorhandene menschliche Seite zu zeigen. Soziale Netze deformieren aber nicht nur; sie hinterlassen, wie Autounfälle, Menschen mit Totalschaden.

Der schlimmste Unfall von allen ist Facebook. Orthographie übersetzt man dort mit Rechtschreibschwäche. Gut, das heißt Legasthenie, brauchen Sie dort aber keinem zu erzählen. Da wird geteilt, was das Zeug hält. Sharing Economy – auch so ein Netz-Rotz! Teilen, das bedeutet etwas abgeben, mit weniger klarkommen. Als St. Martin seinen Mantel geteilt hat, war die Hälfte des Mantels eben weg. Bei Facebook werden keine Mäntel geteilt, da werden die Mäntel der Mitmenschen angezündet – und zwar mit den Menschen drin! Teilen heißt, anderen etwas zu geben, was sie brauchen oder haben wollen. Der Niedergang unserer Sprache geht einher mit dem Siegeszug dieses Gegackers und Gegrinses namens Emojis. Man sollte die Menschen zum Schweigen bringen, zum Zuhören zwingen, zum Nachdenken statt Nachplappern. Wer nicht hören will, muss fühlen, heißt es. Nein, wer nicht fühlen kann, muss reden, und wer nicht denken kann, muss senden. Im Netz. Wo alle senden – und warum? Weil sie's können! Aber wer nimmt auf? Keiner nimmt auf! Aufnehmen, das bedeutet, etwas in sich aufzunehmen, nicht sich aufzunehmen. Etwas in sich aufnehmen, das setzt voraus, dass da drinnen ein Raum ist, ein Resonanzraum, der empfangen kann, und nicht wie bei den meisten Menschen ein Hohlraum, in dem nur das widerhallt, was sie selbst an bedeutungslosem Schwachsinn hineinsagen.

Aber die wirkliche und wahre Hölle ist noch immer Instagram. Dieses Paradies der Nutzlosen. Menschen fotografieren sich selbst, Tag und Nacht, der Inbegriff des Narzissmus: Ich kann ein Handy richtig rum halten, darum bin ich wer! Und wer selbst dafür zu blöd ist, dem dreht das Smartphone das Bild richtig rum! Nichts ist langweilig genug, um nicht ein anspruchsloses Publikum in quiekendes Klatschvieh zu verwandeln.

Noch mehr als Instagram hasse ich nur Influencer. Gut aussehen, keine ganzen Sätze formulieren können, aufgespritzte Lippen, künstliche Fingernägel und Nagellack, den sie anpreisen können – fertig ist die Influencerin. Meist sind es ja Frauen. Eine Ohrfeige für jede feministische Idee. Ich will niemand sein, der Werbung macht für ein Produkt, mit dem er sich voll und ganz infizieren kann. (Ja, ich weiß, es heißt identifizieren, aber Influencer sind zu dumm für diese Unterscheidung.) Influencer sind Rand- und Inselbegabungen, denen das Internet den Gefallen tut, die Karriere als vollgesoffene Dschungelcamp-Bewohnerin um ein paar Jahre aufzuschieben. Influenza ist die Grippe, aber Influencer sind die Pest!

Warum ich das Internet liebe

Damit zu meinem zweiten Bekenntnis: Ich liebe das Internet. Ich halte es für eine großartige Errungenschaft, einen großen zivilisatorischen Fortschritt, ein zutiefst demokratisches Prinzip, das uns allen mehr Teilhabe und Gleichheit gebracht hat. Endlich können auch marginalisierte Gruppen barrierefrei kommunizieren! Alle können alles sagen und kein selbsternannter Gatekeeper kann es verhindern. Persönlich profitiere ich auch sehr vom Netz. Beispiel Pornos: Als ich ein pickeliger Teenager war, musste ich mich in eine Videothek schleichen, um einen Porno auszuleihen. Es war immer eklig, sich vorzustellen, durch wie viele ungewaschene Wichsgriffel die VHS-Kassetten schon gewandert waren.

Heute gibt es Porno im Netz – ganz clean und ganz schnell. Ich kann gar nicht so viel wichsen, wie ich gucken will. Aufgegeilt nach Alter, Größe, Dicke, Dünne, Herkunft, Praktiken und Brüsten – alles wohlsortiert, alle Minderheiten gleichberechtigt an Bord, besser geordnet als manch eine von meinem Steuergeld finanzierte Stadtbibliothek.

Wir haben also mehr Auswahl denn je und mehr Informationen denn je. Wir können sie für uns filtern, sortieren und ordnen. Das gilt neben ernsthaften Pornos auch für unseriöse Medien wie »Bild« und »FAZ«. Aber die lese ich sowieso nicht mehr – ich habe Facebook und YouTube, das sind die wahren Heimstätten der Meinungsfreiheit.

Minütlich werden dort neue Stars geboren. Neue Stars, die es nur hier gibt, weil es das Internet gibt; weil es ein Raum ist, in dem schräge Gestalten ein Publikum finden können, wachsen und gedeihen können wie sonst nur seltene Pflanzen. Hier sind Leute, die mehr wollen als das, was klassische Medien uns vorgaukeln mit ihrem einzigen Ziel: der Bevormundung. Hier, bei YouTube und Co, hier dürfen wir noch selbst denken, weil es eben nicht ein Verlag oder ein Sender ist, der uns das abnimmt und uns sagt, was wir zu denken haben, und wahlweise uns oder sich zensiert – aus Angst und vorauseilendem Gehorsam, weil alles Zwei- oder Mehrdeutige sofort suspekt ist und herausoperiert werden muss wie ein entzündeter Blinddarm.

Ich bin auf Twitter, Facebook und Instagram. Aus Liebe und Begeisterung. Ich poste dort mit Leidenschaft. Ich habe mittlerweile Fans im sechsstelligen Bereich, es ist großartig. Ich bekomme unmittelbares Feedback. Ich sehe sofort, was funktioniert und was nicht. Darauf stelle ich mich voll ein: Nach einer Stunde mit zu wenigen Likes, zack, löschen, den Post. Weg damit. Der User ist König, für ihn arbeite ich. Je eindeutiger das ist, was ich schreibe, desto mehr Leute faven und liken und teilen und flippen aus. Ein schneller, zackiger Tweet mit Empörungspotential, angereichert mit einer ordentlichen Prise moralischer Selbstvergewisserung und wohldosierter Rechthaberei, schon drückt meine Bubble bei Pornhub auf Pause und bei mir auf Like!

Gedanken, Assoziationen entlasse ich in die digitale Zwischenwelt in Erwartung von Reaktion. Welche, ist mir fast wurscht. Jede Reaktion ist willkommen, denn sie schüttet irgendwas aus in mir, irgendein Hormon, ich spüre es immer in mir aufsteigen. Und das ist es doch, worum es im Internet geht: um mich und meine Gefühle. Egal ob Porno oder Politik – Hauptsache Gefühle!

Mit einem Pseudonym auf einer Plattform kann ich noch viel weiterkommen. Ich kann so tun, als sei ich ein Nerd mit verrücktem Hobby – zum Beispiel Papageienimitations-Imitatorenzüchter. Also ein Züchter von Menschen, die Papageien so imitieren, wie Papageien Menschen imitieren. (Das ist übrigens auch eine schöne Beschreibung des Internets. Denken Sie mal drüber nach!) Garantiert werde ich irgendwo eine Community finden, die mich 24/7 mit den neuesten Nachrichten, Infos und Gossip aus der Papageienimitations-Imitatorenzüchter-Szene versorgt. Ich kann einfach Anschluss finden und niemand guckt mich schief an, weil ich ein Meinungsführer in der Community bin. Am Schluss habe ich das beruhigende Gefühl, diese Welt besteht ausschließlich aus Papageienimitations-Imitatorenzüchtern.

Das Internet ist der unmittelbare Demokratiebeschleuniger. Es macht kleine Stimmen groß und lässt große klein erscheinen. Gut und Böse werden wieder klar unterscheidbar. Lügner werden gestellt und müssen sich erklären, rechtfertigen, um Verzeihung bitten. Korruption, Missbrauch, Hass. Alles, was bislang verdeckt war, kommt ans Licht, wird beleuchtet und durchleuchtet. Wir stürzen alles vom Sockel: Prominente, Führer, Manager, Priester und Leute, die nie auf dem Sockel gestanden haben. Das macht am meisten Spaß! Wer braucht noch Gerichte, wenn er Twitter hat?

Soziale Medien: Liebe und Hass – Gut und Böse – Gute Nacht?

Und damit kommen wir zu meinem dritten Bekenntnis, in dem ich in bester dialektischer Tradition die beiden ersten widerrufe. Sie sind so wahr wie erlogen, so richtig wie falsch. Sie sind absichtlich übertrieben und punktuell angemessen. Die polemische Ablehnung aller Fortschritte und Möglichkeiten des Netzes auf der einen Seite und die naive Digitalisierungs-

Hörigkeit, die im Internet den Messias sieht, die Lösung aller Probleme, auf der anderen Seite. Beide Haltungen bringen uns keinen Schritt weiter.

Soziale Medien sind Emotionalisierungsmaschinen. Sie sind so angelegt, dass wir nur wählen können zwischen Zustimmung und Ablehnung, Liebe und Hass, Gut und Böse. Zugleich bekommen sie Zulauf. Facebook als größtes aller Netzwerke hat mit 2,8 Milliarden Nutzern im letzten Quartal 2020 doppelt so viele Mitglieder wie China Einwohner.[38]

Soziale Medien sind offensichtlich attraktiv, und damit in erster Linie nicht das Problem, sondern ein Ort, den sehr viele Menschen für eine Lösung halten. Mit sozialen Medien verbindet sich das Ideal einer ungestörten, zensurfreien Meinungsfreiheit, in der wirklich alle alles sagen können, und im besten Fall lieben oder loben andere Zeitgenossen sie dafür. Auf der anderen Seite missbrauchen einige User diese Freiheit vorsätzlich, indem sie Shitstorms anzetteln, Hass verbreiten, mit Gewalt drohen – und sie allzu oft auch anwenden – oder einfach missliebige Personen verschwinden lassen wollen. Hauptsache, meine Meinung und meine Wahrheit setzt sich durch.

Auf der Suche nach einer Erklärung für die Faszination der sozialen Medien fiel mir auf, dass die einflussreichsten Posten in den viralen Kommandozentralen des Silicon Valley besetzt sind mit Leuten, die eine Ausbildung sowohl in Informatik als auch in Psychologie haben: Facebook-Chef Mark Zuckerberg studierte Informatik und Psychologie, Kevin Systrom, der Gründer von Instagram, arbeitete in Stanford an der Schnittstelle zwischen Informatik, Psychologie, Linguistik und Philosophie. Der aktuelle Papst des Valley ist Nir Eyal, ein Mann, der auch in Stanford angewandte Konsumenten-Psychologie studiert hat. Ein Buch hat er auch geschrieben, es heißt: ›Wie Sie Produkte erschaffen, die süchtig machen‹.

Diese Beobachtung brachte mich auf den Gedanken, dass es vielleicht tatsächlich einen Zusammenhang zwischen beidem gibt: dass die Art und Weise, wie wir in Netzwerken sprechen – direkt, unzensiert, authentisch –, mit einer unheimlichen Komplizenschaft von Technik und Psychologie zu tun hat. Ich schlage darum eine andere Lesart der vergangenen Jahrzehnte vor, die das Aufkommen des authentischen psychologischen Sprechens, das die subjektiven Bedürfnisse, Ansprüche und Rechte des Ich nach vorne stellt, als Voraussetzung und Antreiber der Digitalisierung in den Fokus nimmt. Anschließend werde ich auf die Bedeutung einzelner Netzwerke für die Meinungsfreiheit eingehen. Zugleich möchte ich damit einen Hintergrund beleuchten, der uns hilft, die Aufgeregtheit und die Erhitzung unserer Debattenlage besser zu verstehen. Darum möchte ich Sie mitnehmen ins Jahr 1964.

Allen eine Stimme! – Die gefährliche Geburt des Silicon Valley

Ein Mann namens Mario Savio, 22 Jahre alt und Student der Philosophie, zieht seine Schuhe aus, klettert auf einen Polizeiwagen und hält eine Rede. Er stottert schon sein Leben lang, er ist der Letzte, den sie sich hier als charismatischen Anführer einer Bewegung vorstellen können. Um ihn herum sitzen mehrere hundert Studierende. Es geht um die undemokratischen, bürokratischen Zustände an der Uni, ein Spiegel des US-Establishments, das stillsteht und sich kaum noch entwickeln kann. Die Polizei ist von der Universitätsverwaltung in

Berkeley gerufen worden, um einen Büchertisch zu verbieten. Ein Student war festgenommen worden und nun sitzen die anderen hier. Savio nimmt das Mikrofon und ruft den Polizisten zu: »Sie sind Familienväter. Sie müssen Ihren Beruf ausüben. Wie Adolf Eichmann.«[39] Die Situation eskaliert, erst nach 32 Stunden einigen sich Uni und Studierende.

Zwei Monate später. Dieses Mal steht Savio auf dem Campus, er gilt jetzt als Revolutionär. Nachdem die Universitätsleitung ihren Studierenden jede politische Aktivität untersagt hat, ruft er seine Kommilitonen auf, das Verwaltungsgebäude der Uni gewaltfrei zu besetzen. Wieder spricht er. Nach einigen Stunden endet die Besetzung, die Polizei nimmt 800 Sympathisanten in Gewahrsam. Es ist die größte Massenverhaftung in der Geschichte Kaliforniens. Und es ist die Geburtsstunde des Free Speech Movements, der großen Bewegung für Meinungsfreiheit. Eine Sternstunde der Bürgerrechtsbewegung in den USA, obwohl die Studierenden nur das fordern, was die US-Verfassung vorsieht: freie Meinungsäußerung. Sie stehen auf, bzw. setzen sich hin zum Sit-in – und zwar gegen eine Verschulung der Hochschule, für Bildung statt platte Ausbildung.

Diese neuen Radikalen der kalifornischen Bay Area in San Francisco waren Pioniere einer neuen politischen Bewegung, die sich später in der ganzen Welt verbreiten sollte – wir kennen sie heute unter dem Label 1968. Nur lag der wahre Ursprung früher, hier in Berkeley im Jahr 1964. Sie wollten der Enge der Nachkriegsära entkommen, kämpften gegen sexuelle Diskriminierung, für Umweltschutz, freie Rede und eine liberalere Drogenpolitik. Am anderen Ende der Bay, im sogenannten Silicon Valley, trafen dann tatsächlich um das Jahr 68 Anhänger des Free Speech Movements aus Berkeley auf Hippies. Diese wiederum auf Gruppen, die an Studien über die Wirkung von LSD teilnahmen und den Körper ohnehin eher als Versuchslabor auf zwei Beinen wahrnahmen.[40]

Alles war getragen vom Geist der Selbstverwirklichung, von Leuten, die sich auf der Suche nach der spirituellen Erleuchtung befanden, bevorzugt durch fernöstliche Religionen. Dann waren da noch die jungen technikaffinen Unternehmer, die ursprünglich aus dem militärisch-industriellen Komplex kamen. Das Silicon Valley war damals noch nicht das, was wir heute damit verbinden, aber auf dem Weg dahin. Es war vor allem das Forschungs- und Strategiezentrum der Rüstungsindustrie. Man könnte meinen, hier trafen unversöhnliche Gegensätze aufeinander – Militär-Nerds auf Esoterik-Nerds. Das stimmt, aber wichtiger war, dass sie sich hier eher miteinander verbanden als abstießen: Was alle einte, war der bedingungslose Glaube an die Kraft der Technik. Mit ihrer Hilfe sollte eine Art elektronischer Agora entstehen, »ein virtueller Platz, auf dem jeder ohne Angst vor Zensur seine Meinung äußern kann«, wie die Soziologen Richard Barbrook und Andy Cameron es später beschreiben werden.[41] Der Säulenheilige dieser Verschmelzung aus Hippie- und Unternehmertum, aus spiritueller Suche und technologischer Erlösung war ein Mann, »der morgens zunächst meditierte, dann Physikvorlesungen in Stanford besuchte und nachts bei Atari arbeitete und davon träumte, eine eigene Firma zu gründen.«[42] Sein Name war Steve Jobs.

Was die unterschiedlichen Gruppen mindestens so sehr einte wie ihre Anbetung der Technik, war eine fulminante Staatsskepsis bis hin zur Staatsfeindschaft. So setzte sich im Silicon Valley eine Haltung durch, dass die Regierung ihre Arbeit schlecht oder gar nicht mache. So glaubten erleuchtete

Esos und Rüstungsfreaks, sie selbst müssten die Technik für das nutzen, was wichtig sei. Politik und ihre komplexen Verfahrensweisen waren Zeit- und Ressourcenverschwendung. Wenn schon die Natur des Menschen schwer bis gar nicht zu verändern sei, dann doch sein Verhalten. Wer dieses ändern wolle, müsse sich statt mit Politik besser mit Werkzeugen befassen, so die Überzeugung der Technikjünger: »Neue Werkzeuge schaffen neue Gewohnheiten. Und bessere Werkzeuge, bessere Gewohnheiten«, wie es der damalige Aktivist Steward Brand beschrieb.[43]

Ich meine, hier zeigt sich schon eine erste Spur dessen, was wir heute im Netz beobachten: Beständig versuchen Konzerne wie Facebook und Google unsere Gewohnheiten zu verstehen, um sie zu verändern und zu manipulieren – und zwar, indem sie unsere Wünsche voraussehen. Das kennen Sie von Amazon: »Kunden, die ein Parfum von Dior kauften, interessierten sich auch für einen Schlüpfer von Lacoste.« Der Ursprung dessen, was heute unser Leben bestimmt bis zur Manipulation, liegt hier, in der analogen Phase des Menschen. Eine Phase, in der das heutige Internet mit all seinen Facetten noch nicht einmal auf den wildesten Trips der verrücktesten Visionäre vorgekommen wäre.

Möglich war all das nur, weil die spirituell erwachten LSD- und Meditations-Anbeter zusammen mit den Free-Speech-Kämpfern großzügig über so manch einen Widerspruch hinwegschauten, den vor allem die Nerds aus dem Rüstungssektor im Gepäck hatten: etwa die Tatsache, dass die Geschichte des Computers immer eng mit der Entwicklung von Massenvernichtungswaffen verbunden war: Schon im Zweiten Weltkrieg wollten die USA die Flugbahnen von Granaten und Geschützen genauer berechnen. Mit der Rechenmaschine ging das in zehn bis zwanzig Minuten – Menschen brauchten bis zu zwölf Stunden.[44] Auch IBM produzierte den ersten digitalen Computer erst, als sie vom Pentagon im Zuge des Koreakrieges den Auftrag bekamen.[45] Viele weitere Computergenerationen förderte das US-Verteidigungsministerium ebenfalls – direkt oder indirekt.

Zur Erinnerung: Eigentlich ging es doch darum, einen Marktplatz der virtuellen freien Meinungsäußerung zu errichten. Wenn ich mir angucke, warum viele Leute heute auf diesem Marktplatz – soziale Medien genannt – ihre Tastatur mit einer Pumpgun verwechseln, beschleicht mich der Verdacht: Genau darum ging es von Anfang an. Effiziente Kriegsführung war immer das Ziel des Internets – nicht sein Kollateralschaden. Und wirklich frei war es wohl auch nie. Es war stets in den Händen von Leuten, die handfeste manipulative Interessen hatten.

Das Arbeiten im Silicon Valley war schon damals so divers wie die Leute, die sich dort trafen: Es diente der Selbstverwirklichung und war doch zugleich dem freien Unternehmertum verpflichtet. Künstlerische Arbeitsverhältnisse in der Tradition des Hippietums verschmolzen mit Formen der klassischen Festanstellung, die traditionell die Geste der Unterwerfung unter einen Arbeitgeber forderte, der geradezu mönchische Identifikationsleistungen erwartete. Das Neue war: Die Unterwerfung sollte sich jetzt wie größtmögliche Freiheit anfühlen. Mitarbeiter durften sich so fühlen, als gehörten sie zu einem Kreis von Auserwählten. Das macht die Arbeit bei Google, Apple, Facebook und vielen anderen bis heute aus: Man ist nicht Teil einer Firma, sondern einer Religionsgemeinschaft.

Gut, dass wir drüber geredet haben – wie uns die Psychologie das freie Reden beigebracht hat

Die Pflicht zur Selbstverwirklichung strahlte aus ins Private, das nun das Politische war. So wollten es die Spontis und ihre Slogans. »Zeig mir, wie du lebst, und ich sage dir, wer du bist« – und wo du stehst. Sex, Ehe, Kindererziehung – alles wurde zum Zeichen für eine politische Dimension: Eine Frau, die heiratete, Kinder bekam und sich als Mutter verdingte, stand unter Verdacht, doch nur das Patriarchat zu stützen. Das galt als so rückschrittlich, sie hätte sich auch direkt ein Kopftuch überziehen können. Die neuen Befreiungs-Kampfzonen waren also erstens die Geschlechterverhältnisse, zweitens die Sexualität – als Transmissionsriemen, mit dessen Hilfe sich vor allem Frauen aus den autoritär geprägten Geschlechterverhältnissen befreien sollten – sowie drittens Drogenerfahrungen als eine Art Brückentechnologie hin zu spiritueller Erfüllung.

Als Dach über all diesen Verschiebungen stand die Psychologie: Sie bot die Sprache und damit das Handwerkszeug, mit dessen Hilfe sie den Menschen in die Lage versetzen sollte, sich selbst mit neuen Begriffen zu beschreiben. Es ist schwer vorstellbar, aber bis zur Mitte der 1940er-Jahre war psychologische und therapeutische Arbeit beschränkt auf die Armee, Unternehmen und sogenannte Geisteskranke – und einige wohlhabende Inhaber von First-World-Problems, die sich eine mehrjährige Psychoanalyse als Selbstzahler leisten konnten.

Nach und nach kamen auch Durchschnittsmenschen in den Status potentieller Patienten. Indem die Psychologie in der Masse ankam, forderte sie auf breiter Basis authentisches Sprechen: Unmittelbarkeit und Direktheit, offenes Gefühl statt verkopftem Gelaber, das im Verdacht stand, eher zu verdecken, als aufzudecken. Über die eigenen ambivalenten, widersprüchlichen Gefühle zu sprechen war das Ziel. Und es gab viel zu besprechen damals, denn all die angebliche Offenheit jener Jahre forderte ihren Tribut. Ein Bekannter, der in dieser Zeit in seinen Zwanzigern war, sagte mir einmal halb verstohlen: »Wir waren wahninnig gut darin, über freie Liebe zu reden, sie zu idealisieren und über sie zu theoretisieren, aber wehe, ich guckte mal wirklich länger einer Frau nach oder machte auf einer Party rum, da war ganz schnell Schluss mit der spielerischen Offenheit und wir landeten in Vorwürfen und schlechtem Gewissen. Genau wie unsere Eltern.« Bedrohliche Ängste, unausgesprochene Wünsche, uneingestandene Eifersucht. Der ganzen Klaviatur des seelischen Chaos endlich eine Sprache geben, darum ging es. Nur wer tief in sich hineinschaut, kann wirklich bei sich ankommen. Die psychologische Sprache war eine Art privates Free Speech Movement – Befreiung des Ich durch Sprache, durch subjektives Erzählen der eigenen Geschichte. Das Ich stand jetzt im Mittelpunkt seiner eigenen Betrachtungen.

Die Psychologisierung ging mit der Feminisierung einher: Indem die Psychologie die Menschen aufforderte, hauptsächlich über ihre Gefühle zu sprechen, forderte sie von ihren Klienten intensive Selbstbeobachtung. So erwartete sie vor allem von Männern eine Veränderung des eigenen Sprechens und Denkens – und dann hoffentlich auch Handelns. Männer sollten reflektierter, artikulierter und emotionaler werden, Forderungen, die lange nur an Frauen ergangen waren.[46] »Samstags gehört Vati mir«, proklamierte ein Gewerkschaftsslogan der Wirtschaftswunderzeit. Die Familie, das waren die durchgefütterten Anhängsel, um die sich Mann am Wochenende kümmerte. Was alle Beteiligten einte: Sie waren froh, wenn wieder Montag war. Wirklich frei sprechen hatte der Mann nie gelernt. Von Geburt an distanziert, rational und kühl. Großteile der Vätergeneration waren entweder aus dem Krieg nicht heimgekehrt oder blieben emotional tot; schwiegen über alles, was damals war – die eigene Rolle, die eigenen Erfahrungen, die Traumata. Der Zugang zu offener, auch unsicherer Sprache, besonders über Gefühle und alles, was sich der Kontrolle entzog, blieb hier streng verschlossen wie in einer Asservatenkammer. »Ein Indianer kennt keinen Schmerz«, »Mund abwischen und weitermachen« waren die stählernen Sätze eines Lebens, das in eigene Gefangenschaft geraten war.

Die Doktrin, von der sich Frauen verabschieden sollten, war das Heimchen am Herd, das kocht und wäscht und wischt und dem Manne dient, zuständig für den (Gefühls)haushalt. Von Geburt an mütterlich, empathisch und warm, so, wie es die Natur eben wollte.

Die Psychologie und ihre Angebote wandten sich in dieser Zeit zunächst vor allem an Frauen. Das hatte zur Folge, dass emotionale und sexuelle Erfüllung zunächst zur Pflicht, schnell aber auch zu einem Recht wurden, das vor allem Frauen in Anspruch nehmen konnten, nein sollten. Mit dem Recht auf private Erfüllung, das eingefordert werden konnte und ermöglicht werden musste, wurde zugleich »unser Selbst in den Mittelpunkt unseres moralischen Universums« gestellt, wie die US-Juristin Mary Ann Glendon schrieb.[47] Selten habe ich eine schönere Definition für Instagram, Twitter und Facebook gelesen – und das lange, bevor es sie überhaupt gab. Damit privatisierte das psychologische Sprechen den öffentlichen Raum ein weiteres Stück und entpolitisierte ihn weiter. Die egozentrische Frage, »was diese Person, dieses Ereignis für mich bedeuten«[48] wurde zur einzigen Richtschnur und trug unter dem Mantel der Selbstbefreiung zu einer neuen *Tyrannei der Intimität* bei.

Heirate dich – sonst tut es keiner: Der Selbsthilfe - Irrsinn

Einen Boost bekam der Fokus auf die Selbstwahrnehmung mit der steilen Karriere der Authentizität – einem der schlimmsten Wortgeschwüre. Schon Rudi Dutschke sprach 1968 von der Etablierung »authentischer Verhältnisse und davon, dass die Trennung des Arbeiters von seinem Betrieb aufgehoben und Bürokratie zerstört werden müsse«[49], und lieferte damit eher eine Definition des als neoliberal verschrienen Unternehmertums der 1980er-Jahre, das bis heute wirkmächtig ist. Mit dem Blick aus der Wirklichkeit des Jahres 2021 lässt sich sagen, dass aus der großen linken Idee der Gleichheit aller eher eine (neo) liberale Realität geworden ist, die sich als tausendmal disruptiver, erschütternder und zerstörerischer erwiesen hat als alles, was die fernöstlich inspirierten Kämpfer auf dem LSD-Trip von damals sich jemals hätten träumen lassen.

Wer überall authentisch ist und überall ganz er oder sie selbst sein muss (wer ist das eigentlich, »ich selbst?«), der ist auch immer haftbar, da er weder Rollen spielt noch Funktionen einnimmt. Den Kellner im Restaurant kann ich kritisieren, weil er mir dreimal ein Essen gebracht hat, das ich nicht bestellt habe. Ich kann das mehr oder weniger höflich tun, aber ich kritisiere ihn stets in seiner Rolle als Kellner. Ob er vielleicht private Probleme hat, weswegen er heute unkonzentriert ist, ist vollkommen egal. In einer Welt aber, in der ich mich stets als authentischer, ganzer Mensch einbringen muss, erfülle ich keine Funktionen mehr. Ich bin immer nur ich – schutzlos, nackt. Das Private ist nicht mehr das Politische, sondern das Öffentliche. Dieses verquere Verständnis von Authentizität, die eigentlich Distanzlosigkeit bedeutet, ist eine der Quellen für die fatalen Wirkungsweisen sozialer Medien heute, die quasi Kloaken der Authentizität geworden sind, in denen alle alles für eine legitime Meinung halten, sofern sie nur authentisch wirkt.

Der Siegeszug des psychologischen Zeitalters zeigt sich in fast allen Sphären der westlichen Gesellschaften: Jugendarbeit wird zentral, ebenso soziale Arbeit. Wer aus der Gesellschaft herauszufallen droht oder schon herausgefallen ist, bekommt die Chance zur Umkehr im Dialog. Selbstreflexion wird zur Tugend, der Sozialpädagoge als stets zugewandter, allseits zu positiver Verstärkung bereiter Bewährungshelfer für die Rückkehr in den Schoß der Gemeinschaft. Wer sich freisprechen will, sollte frei sprechen können, seine Fehler einsehen und zur Läuterung bereit sein, damit Vergebung möglich werde.

Für die Bewohner der gesellschaftlichen Mitte ohne Eintrag im Vorstrafenregister kam dann in der beschriebenen Epoche der Einstürze nach 1989 die Selbsthilfe-Literatur hinzu. Von ›Heirate dich, sonst tut es keiner‹ über ›Männer kommen von rechts, Frauen von links und beide können zwischen Mars und Venus nicht einparken‹ bis zum Prinzip ›Garantiert reich, ohne einen Finger krummzumachen‹ war alles dabei, was schnelle Hilfe bot – und schnelle Hilfe bedeutete: Du bist wie du bist, und so wirst du auch bleiben, also versuche erst gar nicht, allzu viel zu ändern, sondern werde verdammt nochmal glücklich! Wenn du das nicht schaffst, selbst schuld, du unfähiger Idiot! Bücher, die genau die Depressionen erst erzeugten, deren Linderung sie versprachen. In den USA stieg ihr Absatz zwischen 1991 und 1996 um fast hundert Prozent.[50] Die gesamte Selbstverbesserungsindustrie mit Büchern, Seminaren, Audio- und Videoformaten ist seither ein Milliardenmarkt.

Technisch betrachtet war das die Zeit, in der Schreibmaschinen massenweise entsorgt wurden, weil sich der Personal Computer im elektrifizierten Mainstream durchsetzte. In derselben Phase kamen Psychotechniken wie das Neuro-Linguistische Programmieren auf, das versprach, dass durch ein entsprechendes mentales Training Denk- und Verhaltensmuster umprogrammiert werden können. Der technizistische Silicon-Valley-Weltgeist zeigte sich jetzt auch verstärkt in den Selbstermächtigungsprogrammen der Psychologie, deren Ziel ist, die Gewohnheiten und Verhaltensweisen zu ändern – und schon ist der Weg frei. In diesem mechanistischen Weltbild mit schier unerreichbarem Ziel – diesem sogenannten Glück – ist der Mensch entlastet von sämtlichen Wahrheits- und Sinnfragen.[51] Stattdessen nähert er sich in seiner Funktionsweise und permanenten Selbststeuerungsfähigkeit eher der Maschine aus dem Valley an. Er hat einen Knacks, einen Defekt, der zack-zack zu beheben ist.

Am verhängnisvollsten war dabei wohl die Wirkung der sogenannten Positiven Psychologie. Schon der Name verrät die Spur des Blödsinns. Wenn es positive Psychologie gibt, wie sieht dann negative aus? Hier, in der Hölle des Positiven, ist das erfüllte Leben einzig dasjenige, das nach der oben beschriebenen Einmaligkeit sucht, allerdings in seiner primitiven, privatistischen Schrumpfform. Getragen vom Glauben, dass allein das Glück zählt, glaubt die Positive Psychologie, dass alles Negative und Pessimistische dringend auszuradieren sei.

Dabei ist das Quark. Untersuchungen zeigten, dass Methoden der Positiven Psychologie wenig bis gar nicht wirken: etwa die in der Szene sehr beliebte Übung »Drei gute Dinge im Leben«, bei der Studienteilnehmer über mehrere Tage hinweg Erlebnisse aufschreiben sollten, die an diesem Tag gut waren. Wie darf ich mir diese Poesiealben des Alltäglichen vorstellen? »Am Morgen geduscht – aber nur warm.« »Mittags auf die Uhr geguckt. Gesehen: Es ist ein Uhr.« »Sonne schien den ganzen Tag – Regenschirm ganz daheimgelassen.« In Metastudien zeigte sich – Surpise, Surprise – dass die Effekte minimal waren, bei Depressiven gingen sie gegen null.[52] Umgekehrt erwies sich, dass Menschen mit leichten Depressionen sogar eine höhere Lebenserwartung hatten als angeblich gesunde Menschen, die eher zu Selbstüberschätzung neigten.[53] Positive Psychologie ist der Like-Button der Lebenshilfe-Szene. Eine Art Psycho-Globuli: Wer nur lange genug dran glaubt, dem hilft's auch.

Die Anbetung des Guten und des Glücks führt seine dunkle Seite stets mit sich: Je mehr wir das positive Leben anbeten, desto stärker schließen wir das Negative aus und desto lauter meldet sich dieser weggesperrte Teil und fordert seinen Platz. Er äußert sich dann durch Depression, Erschöpfung oder Hass und Wut im Netz, die schnell auch in der Offline-Welt konkrete Anwendungsfelder finden, wie allein schon die weltweit auftretenden Amokläufe – und -fahrten zeigen. Wer das rein Positive will, ist mitverantwortlich für die Ausflüsse des Negativen.

So setzte sich in den vergangenen Jahren ein immer technischerer Blick auf den Menschen durch: Je mehr es um Selbstverwirklichung und Authentizität geht, desto schneller kann ich an diesen Ansprüchen scheitern, was wiederum die Psychologie mit Rat und Tat auf den Plan ruft. So entsteht ein Kreislauf aus authentischer Selbstverwirklichung, die Leid hervorruft, das wiederum nur die psychologische Intervention beheben kann.

Ich liebe mein Leid – warum wir alle Narzissten sind

Damit sind wir mitten im binären Weltbild der sozialen Netze – es gibt nur Like oder Dislike, Liebe oder Hass, Gut oder Böse. Entsprechend kommunizieren wir im Netz: Entweder gesund, also begeistert, euphorisiert und selbstsicher in unserer Meinung und unserem Bild von uns selbst – oder eben krank mit vollkommen irren und bekloppten Haltungen. Flexibel einzig darin, die Kategorien von krank und gesund nach unserem Gusto einzuteilen: Richtig und gesund ist, was ich dazu sage und wer all das teilt und liked. Krank ist, wer nicht versteht, weswegen ich recht habe. Das heißt in der Konsequenz: Die problematische Seite der Psychologie, die doch gerade heilen und den Einzelnen selbstermächtigen will, hilft dabei, den Menschen über seinen Status als Opfer zu definieren.

Damit wird sie auch zum Handlanger, um die Grenze zwischen privat und öffentlich weiter verschwimmen zu lassen: Ich kreise in erster Linie um mein authentisches Selbst, um meine Probleme und Widrigkeiten. Ich kreise um mich als eine Person, die leidet und Opfer geworden ist. Zugleich aber beanspruche ich den öffentlichen Raum, indem ich in der Lage bin, diese Probleme zu beschreiben und damit im besten Fall – zu objektivieren. Dies jedoch scheint immer seltener das

Ziel: Spätestens mit den Talkshows der 1990er-Jahre ging es gerade nicht mehr darum, das Private in eine öffentliche Verkleidung zu packen, eine Essenz dessen zu bilden, was mich beschäftigt und geprägt hat und wie ich es vielleicht teilweise überwinden konnte oder könnte.

Stattdessen ging es nun um jenes angeblich authentische Sprechen, das umso höher bewertet wird, je reflexionsbefreiter es auftritt. Es ging darum, Opfer über ihren Opferstatus unmittelbar sprechen zu lassen, möglichst echt, nah und unverstellt. Ein weiterer Schritt in der Privatisierung des öffentlichen Raums. Je näher das Leid, desto größer die Aufmerksamkeit. Das Ich, die eigene Identität soll sich eindeutig zeigen; Ambivalenzen, Zweifel und Unschärfen, die zum Bereich des Emotionalen gehören wie der Wildwuchs zum Garten, müssen leider draußen bleiben. Die Inszenierung und Ausstellung des Authentischen – ein Widerspruch in sich – ist das Ziel und führt die Idee des Authentischen vollends ins Absurde. Je eindeutiger sich das Opfer als Opfer zeigt, desto besser.

Ergänzend zu Talkshows wie der von Oprah Winfrey in den USA und Hans Meiser, Arabella Kiesbauer oder Pfarrer Jürgen Fliege in Deutschland, entstand eine Literatur, die in den USA *mis lit*, also *misery literature* genannt wird – zu deutsch: Elendsmemoiren. Ein im besten Falle halb- bis dreiviertelprominenter Protagonist erzählt, warum er auch auf dem Höhepunkt seiner Karriere noch immer leidet und dieses sein Leiden nun schildern muss. Es ist die Erzählung des Antihelden, der auch nur ganz authentisch und menschlich ist und Probleme hat, wie wir sie alle haben. Sein Weg führt nicht mehr »Vom Tellerwäscher zum Millionär«, er führt »Vom Millionär zum Leidenswäscher«.

Vom Glück, ein Opfer zu ein

Das eigene Leid wird immer und immer wieder vor der Öffentlichkeit ausgewaschen, am besten mit der Hand, genüsslich wird es gewaschen und anschließend ausgewrungen und auf die Wäscheleine gehängt, damit möglichst viele Leute dabei zugucken können und es auch garantiert in Erinnerung bleibt. So wird Leid und Opferstatus zur Währung, mit der bezahlt wird, letztlich zum Kennzeichen der Identität. Das Internet hat diese Form der Betroffenheitsprosa und Geständnispoesie marktkompatibel gemacht, kostenlosen Applaus durch Likes und Beileid durch Kommentare inklusive. Virales Leiden ist doppeltes Leiden. Soziale Netze sind darum der maßgeschneiderte Echoraum für den grassierenden Schmerz- und Verletzbarkeitszwang. In ihrer Unmittelbarkeit und bei glücklicherweise völliger Abwesenheit regulierender Kräfte wie Zweifel oder Widerspruch hat heute jeder die maximale Freiheit der authentischen Selbstverwirklichung im Netz. Je emotionaler, desto besser.

Das Free Speech Movement der Zwanzigerjahre des 21. Jahrhunderts in seiner viralen Form fordert also vor allem das Recht ein, Opfer zu sein und ungestört öffentlich leiden zu dürfen, mindestens aber emotional laut sein zu dürfen. Das bedeutet auch ein großes Maß an Bequemlichkeit: Denn die eigene Geschichte als Schicksal erzählt, entbindet von jeder Begründungs- und Beweispflicht. Sie ist wahr, einfach, weil sie ist. Sie ist sinnvoll, weil ich sie als sinnvoll beschreibe. Sehr beliebt ist dabei die Pervertierung der berühmten Ich-Botschaften: »Bei mir kommt das aber irgendwie ganz anders an, also ich empfinde das schon auch ein Stück weit so, aber irgendwie auch nicht und trotzdem auch doch wieder, also irgendwie so beides, aber auch dazwischen.«

Es liegt jedoch der Verdacht nahe, dass wir mit unseren Befreiungselogen der vergangenen Jahrzehnte viel weniger den Durchbruch zu einer authentischen Identität geschafft haben als vielmehr zu einer narzisstischen. Ich gebe zu, dass ich zögere, diesen bunten Vorspeisenteller aus der Küchenpsychologie hier aufzutischen, der nun wirklich auf keiner halbgaren Psychodiagnosen-Speisekarte fehlen darf. Es ist ein Kaugummibegriff, der inflationär gebraucht wird. Mein Eindruck ist, er wird sofort in Anschlag gebracht, sobald ein Mensch wahlweise zu arrogant oder zu ignorant, zu schüchtern oder zu aufdringlich ist oder sich bei anderen sozialen Ordnungswidrigkeiten erwischen lässt. Vom Ghosting bis zum Stalking – stets ist der Narzissmus schuld. Mir geht es darum auch weniger um eine individualpsychologische Diagnose, für die ich weder kompetent noch zuständig bin. Wen sollte ich auch diagnostizieren? Mich selbst? Das kann nur schiefgehen, denn die gefährlichsten Narzissten sind noch immer diejenigen, die leugnen, es zu sein. Und ich bin definitiv keiner!

Ich meine, dass wir mindestens in der westlichen Welt in einer tiefgreifenden narzisstischen gesellschaftlichen Struktur leben. Die Psychoanalyse als Mutter des Begriffs geht davon aus, dass Narzissten die Welt konzentrisch um ihr eigenes Ich gruppieren: Nur ihre Wahrnehmung, nur ihre Meinung zählt. Das Fremde existiert nur in Bezug auf sie und ihr System. Sie trennen die Außenwelt in Freund und Feind. Freund ist dafür zuständig, ihren Größenwahn zu nähren. Aus Freunden können schlagartig Feinde werden, wenn diese ihre bedingungslose Gefolgschaft verweigern und die Drogen Bewunderung und Aufmerksamkeit entziehen. Dann drohen Wut, Rache und Vergeltung.[54]

Menschen mit narzisstischen Charaktermerkmalen können dabei durchaus gewinnend, sensibel, empathisch, ja sogar unterwürfig wirken – sofern es ihnen nutzt. Sie sind zugleich unfähig, eine Rolle zu spielen, die außerhalb ihres eigenen, für authentisch gehaltenen Ichs liegt, das sie absolut setzen und für ihre Identität halten. Da oft innere Leere herrscht, handelt es sich nur um eine Schimäre der Identität, die in ihrer Fragilität umso brutaler verteidigt werden muss gegen alles, was nicht bedingungslose Zustimmung und Bewunderung darstellt.

Das narzisstische Ich kann also nur aus der eigenen Unmittelbarkeit heraus sprechen. Es unterstellt bei allem, was es sagt, sieht oder hört, eine eindeutige Absicht – bei sich und beim Gegenüber. Das hat zu einem Verständnis von Meinungsfreiheit geführt, in dem die Position des Sprechenden höher steht als das, was der Sprechende sagt. Die Macht des persönlichen Erlebens bleibt dabei der Doppelmoral verschwistert: Sie möchte mit der einen Hand alte Privilegien vom Tisch fegen – die Stimmen derer, die ohnehin schon immer das Sagen hatten –, schafft aber mit der anderen Hand neue, indem sie festlegt, wer nun aufgrund welcher Disposition oder Erfahrung noch sprechen darf und wer zu schweigen hat.

Warum Schwäche auch Stärke sein kann

Ich nutze zur Illustration in selbstironischer Absicht ein Beispiel, das mich ins Zentrum setzt und genau darum lediglich paradigmatische Züge hat. Es geht mir hier weniger um das Argument und seine Stichhaltigkeit, dafür mehr um zwei Argumentationsstrategien, die ich damit verdeutlichen möchte. Sie können mich im folgenden Absatz nach Belieben durch fast jede Gruppe oder Einzelperson ersetzen, die sich denken lässt.

Im ersten Argument sage ich: Ich fürchte mich vor einem Rechtsruck in Deutschland. Darum bin ich der Auffassung, dass Menschen wie Alice Weidel in der Öffentlichkeit nicht stattfinden sollten, mindestens nicht in großen Foren wie Talkshows, weil ich meine, dass man diesen Menschen keine Bühne bieten sollte, um ihre Lügen zu verbreiten. Der Populismus siegt immer gegen das differenzierte Argument. Wenn sie erst an der Macht sind, werden sie unsere freiheitlich-demokratische Grundordnung sukzessive abschaffen und in eine Autokratie verwandeln – so, wie es Viktor Orbán in Ungarn getan hat. Es wird keine Meinungs-, keine Presse- und auch keine Kunstfreiheit mehr geben. Und wir werden es sein, die daran mitgewirkt haben, indem wir diese extremistischen Flitzpiepen haben öffentlich sprechen lassen.

In der zweiten Argumentation sage ich: Satiriker und Künstler waren in allen Diktaturen die Ersten, die mundtot gemacht und getötet wurden. Und weil das erwiesenermaßen so war, zittere ich und weine regelmäßig, sobald ich den unerträglichen Unsinn sehe, den Alice Weidel verzapft. Oft kann ich nicht schlafen, liege lange wach und habe Panikattacken bei der Vorstellung, dass sie mich und mein Leben gefährden, einschränken und es vielleicht beenden werden. Ich habe Angst um Familie und Freunde. Wenn sie an der Macht wären, müsste ich fliehen, in die Schweiz, für die mir das Geld fehlt, oder sonst wohin. Darum fordere ich vollständiges Redeverbot für AfD-Leute in Talkshows! Sie gefährden mich und meinen Beruf und tun mir weh. Sie verletzen mich. Ihr, die

TV-Sender, verletzt und gefährdet mich mit jeder Show, in der diese Spacken sitzen. Lasst die Scheiße, verdammt nochmal!

Was habe ich getan? Im ersten Fall versuche ich, die realen Gefahren eines Rechtsrucks darzustellen. Damit lade ich ein zu einer Diskussion darüber, welchen Raum extreme Kräfte in der Öffentlichkeit bekommen sollten und öffne zugleich die Tür zu meiner sehr individuellen Situation, ohne sie zum Zentrum zu machen. Ich stelle mein eigenes Schicksal hinter andere, mutmaßlich dramatischere Schicksale.

Die zweite Argumentationsweise ist Leidkommunikation, wie sie in sozialen Medien alltäglich ist. Hier gehe ich von mir, meinem privaten Leid aus und führe von dort aufs scheinbar gesellschaftspolitische Feld. Das zweite Argument ist, obwohl es unzweifelhaft historisch korrekt ist, fast so populistisch wie die Populisten selbst. Es nimmt dem Gegenüber so gut wie alle argumentativen Waffen, erpresst eine Empathie mit mir und zwingt es auf meine Gefühlslinie.

Im Grunde ist diese Strategie narzisstisch, eitel und selbstbezogen und darum apolitisch und vollkommen ungeeignet, das zu erreichen, was sie vorgibt: Anerkennung des eigenen Standpunktes und der eigenen Situation und daraus resultierende Teilhabe. Die Strategie ist eine, die aus Ohnmacht Macht werden lässt – und trotzdem ohnmächtig bleiben kann. Das Ziel ist nie Selbstreflexion, sondern primitive Rache – in sozialen Medien meist durch die aggressive Forderung nach Abschaltung und Absetzung der Person, die meine Kreise gestört hat: »Das verletzt mich, das muss weg!«

Alternativ geht auch der Kniefall durch die nachdrückliche Bitte um Entschuldigung. Bußformen, die dann jedoch die Gedemütigten, die längst Richter und Henker in einer Person sind, zumeist als formal ungenügend oder sachlich unzureichend ablehnen. Schließlich ist Vergebung weder erwünscht noch vorgesehen. Es würde das eigentliche Ziel – konsequente Komplexitätsverweigerung, die Kultivierung der eigenen Ohnmacht und die daraus resultierende Rache um der Rache willen – schwer erreichbar werden lassen.

So wendet sich das psychologische Zeitalter im Moment seiner technischen Realisierbarkeit mit seinen eigenen Mitteln gegen sich selbst: Aus emotionaler Befreiung durch die Kraft freier, auf Gefühle gerichteter Rede ist das Diktat emotionaler Autokratie geworden – nach Nietzsche: »Ich leide – daran muss irgend jemand schuld sein.«[55] Aus dem Geist der vitalen Aktion wurde passive-aggressive Reaktion: »Eine andere Person hat mich verletzt, gekränkt etc. und darum muss ich alles dürfen!« So entsteht eine gefährlich gallige Mischung aus kalt kalkulierender Aufrechnung und toxischer Empfindlichkeit.

Ich betone dies deshalb so, weil ich meine, dass der beschriebene Weg genau an dem Ziel vorbeigeht, das zu erreichen doch so wichtig wäre: Anerkennung und Teilhabe von Gruppen, die so lange geschwiegen haben, schweigen mussten oder einfach nicht gehört wurden. Marginalisierte Gruppen, deren Stimmen so wichtig sind und die in der Lage sind, unsere Gesellschaften in großen Schritten voranzubringen – von denen wir lernen können, wenn wir ihnen zuhören – und vor allem mit ihnen sprechen und in den Austausch kommen.

Zusätzlich stimmt mich traurig, dass die Psychologie sich hier so selbstverzwergt und hinter ihren Möglichkeiten bleibt. Ich bin aus eigener Erfahrung ein ausgesprochener Befürworter psychotherapeutischer Interventionen und habe mich für die noch immer notwendige Enttabuisierung von Psychotherapien ausgesprochen. Ich bin diesen Weg selbst gegangen, als ich den Eindruck hatte, mit mir selbst nicht mehr weiterzukommen. Anfangs hatte ich Angst, der Therapeut würde mich zu einem durch und durch reinen Menschen ohne Ecken, Kanten und Widersprüche machen – kurz: Ich fürchtete, die Welt rosarot zu sehen und am Ende zwar voll in meiner Mitte, mit mir versöhnt, aber berufsunfähig zu sein. Ich habe den Eindruck, dass die Sorge unbegründet war. Psychotherapie ist vielmehr in einem Raum wertschätzender Begegnung geeignet, Vergangenes als Gewordenes stehenzulassen und zu verabschieden und zugleich Freiheit und Verantwortung für das eigene Leben im Jetzt und in der Zukunft an den Einzelnen zu übergeben. Es ist eine Reise – eine Reise ins Ich, zu sich selbst, in die eigene Geschichte. Reisen können äußerlich sein, sie führen den Reisenden dann an die Enden der Welt – Neuseeland, Kambodscha, ins Zentrum des radikal Fremden. Therapeutische Reisen leisten Verwandtes – aber die Reise geht nach innen, in die Konfrontation mit dem eigenen Fremden, zu den Grenzen in sich. Konfrontation mit der eigenen Geschichte. Ich meine, wir könnten vom therapeutischen Sprechen die entscheidende Lektion noch lernen: ins Gespräch zu kommen in einem Raum ohne Schuld, ohne Moral, ohne Täter, ohne Opfer. Ein Raum, in dem sich das Selbst- und Weltverhältnis verwandeln kann in Freundschaft mit sich selbst, die weder sich noch die Umwelt mit der Geste des Verdachts verurteilen muss, noch sie mit der Geste der Verteidigung erhöhen muss. Von diesen Haltungen ein kleines bisschen zu übernehmen, könnte der Anfang eines Gesprächs sein, das derzeit so weit entfernt erscheint.

Instagram, Facebook und Twitter: Meinungsfreiheit im Dienst der Weltherrschaft

Instagram oder: Wollt Ihr die totale (Selbst)kontrolle?

Ein verbreiteter Irrtum unserer Zeit ist, die Meinungsfreiheit auf Wörter zu reduzieren. Ich bin der Auffassung, dass es heute darum geht, die Inszenierung der Bilder, ihrer Aussage, ihrer scheinbaren Eindeutigkeit, stärker zu würdigen. Darum möchte ich kontraintuitiv zunächst einen Blick auf das angeblich so oberflächliche Foto- und Selfie-Museum Instagram werfen, einer Art anwendungsbasiertem Sonderforschungsbereich der Positiven Psychologie. Auch Instagram ist längst ein Meinungsmedium geworden, wenngleich unter ganz anderen Bedingungen mit ebenso überraschenden Folgen.

Instagram ist unter allen sozialen Medien das sympathischste. Es ist, im Vergleich zu Facebook und Twitter, recht frei von Hate Speech. Auf Twitter dominiert die herablassende Besserwisserei, auf Facebook das Gemecker. Auf Insta dagegen sind die meisten User in der Lage, sich mit zu freuen. Es herrscht plüschig-rosafarbener Poesiealbums-Charme.

Das liegt an der Struktur von Instagram: Im Gegensatz zu Facebook und Twitter können Nutzer ihre Inhalte hier weder teilen, noch können sie im klassischen Sinne viral gehen. Sie können liken und kommentieren, aber sie bleiben im eigenen

Mikrokosmos. Es ist ein Treibhaus der Schnuckeligkeit, das aus zusammengeklauten Funktionen besteht: Die Insta-Story ist von Snapchat, die Direktnachrichten-Funktion ist von der Idee des WhatsApp-Messengers übernommen. IG TV für die längeren Videos wiederum ist der Versuch, Instagram zu einem neuen YouTube zu machen. Die Reels schließlich, kleine schnelle Videos mit allerlei verrücktem Bearbeitungs-Bohei, ist eine Kopie des chinesischen Konkurrenten TikTok. Letztlich ist Instagram die Angela Merkel unter den sozialen Medien: die Ideen der Konkurrenz im richtigen Moment okkupieren und als die eigenen verkaufen.

Instagram heiligt in doppelter Hinsicht das Zeitalter der Eindeutigkeit: Durch die Ruhe vor der Hölle des Teilens und durch seine Bildlogik: Das Bild ist seiner Natur nach eindeutig, es sei denn, der Fotograf bemüht sich, bewusst zu faken oder das fotografierte Objekt ins Zwielicht zu setzen und mehrdeutig werden zu lassen. Instagram aber fordert und fördert Schönes in all seinen Gestalten und Selbstdarstellungen – im besten Fall eine Kombination aus beidem – also schöne Selbstbildnisse. Ich benutze im Folgenden übrigens die Kurzform Insta – und zwar aus zwei Gründen: Erstens aus Faulheit und zweitens um more native und gefühlt zwanzig Jahre jünger zu erscheinen. Und drittens, um meine Karriere als Influencer hier vorzubereiten, was quasi die notwenige Konsequenz aus den ersten beiden Gründen ist.

Unter Teenagern heute ist Influencer ein Berufstraum, für die Älteren ein Berufstrauma. »Influencer werden« ist das neue »Topmodel werden«, was zuvor das neue »Fußballer werden« war, was wiederum vorher das neue »Hollywood Star werden« war. Influencerinnen sind Profis darin, schöne Bilder zu produzieren – und zwar mit sich in der Bildmitte.

Das Einzige, was neben ihnen bestehen kann, ist das, was bei den meisten Menschen die Ausnahme darstellt, hier aber der Alltag sein muss: Urlaub, Sport, schöne Klamotten.

Der klassische Alltag, an dem sich Normalsterbliche abrackern, ist ausgeblendet vom weichzeichnenden Filter der App. Es gibt keine Arbeit, keine Geldsorgen, keine Enttäuschungen, keinen Frust und keine Tränen, keine schwierigen Liebesbeziehungen, keinen Neid und keine Wut und erst recht kein Scheitern. Einmaligkeit und Eindeutigkeit treffen sich in ihrer höchsten und doch zugleich abgründigsten Form: Das Leben ist einmalig, es ist immer zauberhaft – und zugleich ist alles eindeutig, indem jede Ambivalenz, jede Angst, jeder Bruch und jeder Zweifel tabuisiert sind. Damit wird das Private und das Öffentliche auch hier zu einer Einheit: Influencerinnen posten aus ihrer Küche, ihrem Wohnzimmer, aus dem Urlaub. Alles Private ist öffentlich und dieses Private ist rein, keimfrei und aseptisch.

Ein Grund, warum die Mehrheitsgesellschaft Influencerinnen so leidenschaftlich verabscheut, ist die Tatsache, dass sie Werbung machen müssen oder wollen. Sie packen in sogenannten Hauls ihre Drogerietüten aus, halten Parfums in die Kamera oder führen neue Bikinis vor, die flinke Kinderhände am anderen Ende der Welt zusammengeflickt haben. Dafür bekommen sie Geld – die Top-Influencerinnen sogar richtig viel: Mittlere fünfstellige Honorare sind da schon drin bei über einer halben Million Followern. Zudem wohnen sie in Fünfsternehotels und Luxusmarken bewerfen sie mit Schmuck und Schnick und Schnack.

Klar, Prominente haben schon immer Werbung gemacht. Aber sie waren eben Testimonials, die mindestens im Verdacht standen, schon einmal eine Leistung jenseits der schick inszenierten Kamerapose erbracht zu haben. Sie sind Fußballer wie Manuel Neuer oder genauso eine Wurst wie die, für die sie werben (da fällt mir jetzt leider kein Name ein). Niemand weiß oder muss wissen, ob Ottfried Fischer jemals in dem Baumarkt eingekauft hat, den er jahrelang voller Inbrunst angepriesen hat. Harald Schmidt, der eine Weile für »Nescafé« geworben hat, brachte die gesund gelebte Nicht-Identität von privater und öffentlicher Person im Medium Werbung einmal wunderbar auf den Punkt: Auf die Frage, ob er privat auch Nescafé trinke, sagte Schmidt: »Ich habe mir fest vorgenommen, bald mal einen zu probieren.«

Influencerinnen aber sind Influencerinnen, weil sie Influencerinnen sind. Bei ihnen verschwimmen die Grenzen zwischen Meinung, Information und Werbung. Produkt und Person werden eins. Beide werden identisch und wollen authentisch verkauft sein. Dafür werden auch Partner und Kinder hemmungslos vor die Kamera gezerrt, alles wird veröffentlicht, denn wer zu lange offline ist und nichts postet, kriegt schnell ein Problem mit den Werbepartnern. Emotional voll auf der Schiene der Positiven Psychologie – alle sind happy, alle sind dankbar –, in der Arbeitsweise zwar weisungsgebunden unter die Wünsche und Ansprüche eines Unternehmens, dennoch selbständig und nur der eigenen Identität verpflichtet. Influencerinnen – die Uber-Fahrer unter den Models.

Das ist auch ein fundamentaler Unterschied zum Fernsehen: Hier war irgendwann klar, dass selbst all die Schwiegermütter und die Bauersfrauen, so verzweifelt gesucht wie selten gefunden, eben Teil eines gescripteten Formats, einer Inszenierung, waren. Es war ein Fake, der als Fake bekannt war und den man als Fake voyeuristisch genoss – im vollen Wissen, dass eben nichts echt war. Das machte Öffentlichkeit eigentlich aus – wissen, dass etwas gerade nicht authentisch ist, und es darum genießen. Belogen werden in einem positiven Sinn. An der Beobachtung der Inszenierung Freude haben – so wie Sie einen Clown im Zirkus ja auch anschauen, obwohl Sie wissen, dass er das nur in diesem Moment ist und abgeschminkt, faltig und privat, mutmaßlich wenig clowneske Ambitionen hat.

Das ist der wesentliche Unterschied: Das Medium Fernsehen schaffte eine *Fernnähe*, das Fernste und Fremdeste konnte plötzlich im eigenen Wohnzimmer nah erscheinen – im Wissen, dass es dennoch als inszenierte Kunstwelt weit weg war. Mit Protagonisten und Prominenten, die darum eine Aura der Autorität oder der scheinbaren Unerreichbarkeit und Unnahbarkeit hatten. Instagram erreicht das Gegenteil: Es entsteht eine *Nahferne*. Alles erscheint unmittelbar, direkt und distanzlos, dabei ist es unendlich weit weg. Es steht damit sinnbildlich für das Internet: Es lässt Autoritäten, Idole und Vorbilder implodieren.

Insta ist insofern eine gefährliche Lüge. Was so sanft und hübsch und durch den feinen Filter geschmeidig gemacht, daherkommt, ist in Wahrheit ein ziemlich grausames Zeitdokument, das ich kurz aus unserer Umgebung herauslösen möchte, um es dann für unsere Frage wieder scharf zu stellen:

Schieß dich ab! – Die brutale Seite von Instagram

Werfen wir einen Blick zurück in die angeblich so ausgelassenen 1920er-Jahre, jenes Jahrzehnt, auf dessen burlesken *Babylon Berlin*-haften ausschweifenden Hedonismus in diesen Tagen so viele warten. Die Goldenen Zwanziger waren geprägt von den epochalen Erschütterungen eines Nachkriegsjahrzehnts, das Tanzen jener Zeit war vielleicht eher ein Taumeln. Es war ein Jahrzehnt, in dem die Kamera in verwandter Weise im Fokus der Aufmerksamkeit stand. 1925 kam die erste Leica auf den Markt – erstmals waren sogenannte Schnappschüsse möglich. Der Schriftsteller Ernst Jünger beschreibt das Sehen als »einen Angriffsakt«, die Fotografie als »das Werkzeug dieser Eigenart. Sie hält eben sowohl die Kugel im Fluge fest wie den Menschen im Augenblick, in dem er von einer Explosion zerrissen wird.« Jünger resümiert: »Die Fotografie ist also ein Ausdruck der uns eigentümlichen, und zwar einer grausamen Weise, zu sehen.«[56]

Analog zu den Insta-Filtern heute ging es darum, klare Grenzen des Wahrnehmbaren zu zeigen: Weiche Ränder, Übergänge und Zweifel sollten verschwinden, indem der Fotograf sie wegschneidet oder auslässt, alle fließenden Bewegungen galt es zu unterbrechen und in Momentaufnahmen erstarren zu lassen – so, wie die Kamera, wenn sie den berühmten Schnappschuss macht, diesen spontanen und doch so eindeutigen Schuss. Diese harten, scharfen Bilder setzen sich ab gegen das impressionistische Sehen, in dem es kaum noch Konturen gibt: Bilder der Dämmerung und des Übergangs, manchmal auch des Nebels – Einmaligkeit ohne Garantie für Eindeutigkeit – das ist die Lehre des nach innen geleiteten Impressionismus. Er muss verschwinden, ist Ausdruck des Liberalismus, den es hinter sich zu lassen gilt. Der Medienphilosoph Vilem Flusser wird einige Jahrzehnte später – lange nach dem Krieg und noch vor dem Internet – davon sprechen, dass »der Fotoapparat kein Werkzeug, sondern ein Spielzeug«[57] sei – aber ein gefährliches, denn der spielende Fotograf ist wie der »Jäger in der Tundra«[58], dem es darum geht, das Wild, also das Objekt, zu erlegen.

Die Ästhetik der Influencerinnen setzt genau hier an: scharf geschnittene Bilder, perfekt, hart, eindeutig – aber leblos wie die erjagte Hirschkuh. Diese Ästhetik strahlt naturgemäß ab auf die Mehrheit der Menschen heute. Ich habe weiter oben davon gesprochen, dass wir uns heute selbst vergöttlichen – und zwar in doppelter Hinsicht: geistig mit dem, was wir unsere Meinung nennen, die wir häufig wie eine Trutzburg um uns aufgebaut haben – und physisch über unseren Körper. Letzteres ist nun hier am Platz. Wer seinen Körper ins Bild bringt und damit im Griff hat, wer ihn kontrolliert, hat Macht über sich und über das Leben. Wir haben die totale Kontrolle. Der Körper ist beherrschbar und kontrollierbar vom allmächtigen Ich. Wenn es also um Styling geht, um Fitness und Sexyness und das ganze Plingpling, so steckt dahinter vor allem der Wunsch nach Sicherheit durch Kontrolle – über sich, den eigenen Körper und seine Wirkung. Die Likes verschaffen die Anerkennung, die dann wiederum zur Sucht werden kann.

Die Rolle der Sprache dabei: noch mehr scheinbare Nähe in der unendlichen Ferne erzeugen: In den Captions, dem Text unter den Insta-Bildern, stellen Influencerinnen den Kontakt zu den Usern her. Egal wie perfekt gestählt der Body ist, egal wie romantisch verzaubert der Urlaubsort oder wie aufgeräumt die Luxus-Suite – hier ist authentische Nähe gefragt: »Geht es euch nicht auch so?«, »Habt ihr auch schon mal versucht, euch mit links zu schminken?« sind die existentiellen Fragen dieses Universums, das Interaktionen auslösen soll. Oder es wird geschmeichelt, bis die eigene Schleimspur zum Ausrutschen gefährlich wird: »Ihr seid so süß!« Manchmal reicht auch schon ein Jauchzen wegen überraschender kalendarischer Besonderheiten: »TGIF. Thank God it's Friday!«[59]

Wenn dabei auch mal nackte Haut, also Körperteile, auf

Bildern zu sehen sind, so geht es eben gerade nicht um den Flirt mit dem Pornografischen oder Sexuellen, im Gegenteil: Das Sexuelle wäre unrein, wild, dreckig, unvorhersehbar, ekstatisch, es bedeutete Öffnung ins Ungewisse. Hier geht es gerade um das Reine, das Makellose, das Gute – der Körper, der sich zeigen kann, ist der definierte und damit eindeutige Körper. Im Grunde eine zutiefst prüde, verspießerte Veranstaltung. Entscheidend ist das asketische Moment.

»Sinnfluencer«: Instagram goes Politik –
oder das, was es dafür hält

Vielleicht erinnern Sie sich noch ans Komasaufen, vor rund fünfzehn Jahren hektisch zum Generationenproblem hochgeschrieben – heute ein Wort für die Geschichtsbücher. Jugendliche trinken heute weniger und rauchen weniger, werden seltener als Teenager schwanger, haben so wenig sexistische, rassistische oder homophobe Einstellungen wie keine Generation vor ihnen, sind verantwortungsbewusst, setzen sich für Klimaschutz ein, für Nachhaltigkeit und alles, was sonst moralisch geboten sein könnte. Daran ist zweifellos alles richtig, achtungswürdig und sehr wertvoll. Aber mir geht es hier um eine Akzentverschiebung hin zu einem anderen Punkt, der ergänzend – nicht ersetzend – hinzutreten soll.

In all den Nachhaltigkeits- und Achtsamkeitsüberbietungswettbewerben zeigt sich auch die Spur einer neuen Askese, die zu verfolgen mir fruchtbar erscheint. Diese Askese sagt: Erlöse dich selbst, sonst tut es keiner für dich! Sie hat mit der religiösen Idee der Askese, der Reinigung als spiritueller Praxis, rein gar nichts mehr zu tun. Dort ging es um Welt-Entzug, um so durch Selbstdisziplin in die Nähe einer schöpferischen

Allmacht zu kommen. Diese Nähe ist heute obsolet, denn wer selbst Gott ist, braucht keine Nähe mehr zu ihm. Heute ist Askese nur noch die Demonstration von Makellosigkeit und Anstand, von Leistung und Exzellenz.

Das zeigt sich besonders im neueren Phänomen der Sinnfluencer – also Influencerinnen mit Inhalt, die hart an sich gearbeitet haben und nun umgeschult haben von Beauty und Fitness auf Relevanz und Politik. Sie tun Letzteres mit den Mitteln des Ersteren: Das kann bedeuten, dass sich die Influencerin als Gesicht des Finanzministeriums buchen lässt wie zuletzt Diana zur Löwen, zugleich aber Politiker wie Philipp Amthor interviewt – diesen aber eher so, als sei er ein Beauty-Produkt, das nun bestaunt und gefeiert werden muss. Zugegeben: Gerade bei Amthor eine schwierige Vorstellung.[60]

Auf dem Insta-Kanal Insta.Politik durfte Gesundheitsminister Spahn auf der Plattform hemmungslos Werbung in eigener Sache machen. Ohne jeden Bezug zur damaligen Realität behauptete er mitten in der zweiten Pandemie-Welle im Herbst 2020, »wir wissen, wie es geht« und dass es zum zweiten Mal gelungen sei, »die Welle zu brechen«. Beides entbehrte jeder Grundlage. Auf kritische Nachfragen verzichteten die beiden Moderatorinnen großzügig. Ein Politiker ist eben auch nur eine weitere Supermarkt-Tüte, mit der die Influencerin gerne eine Einheit bildet. Sie wollten »kuschelig mit allen« sein, war stattdessen die Erklärung der beiden Moderatorinnen.[61] Im Brackwasser der Authentizität verschwimmen also auf dramatische Weise auch Journalismus und Politik-PR.

Viele Sinnfluencer plagt ein weiteres Problem: Wer sich für Nachhaltigkeit einsetzt, hat auch zügig eine strenge Followerschaft an der Hacke: Urlaub geht nur an Orten, die zu Fuß oder mit dem Zug erreichbar sind – also eine überschaubare

Zahl an Zielen. Mit dem Flugzeug geht es nur heimlich, oder die Sinnfluencerin muss auf Reiseflughöhe mit erheblichen Turbulenzen durch Shitstorms rechnen. Ganz anders als in den 1960er-Jahren gedacht, ist das Private nun wirklich das Politische und das Politische darum das Moralische: Ich entsage, also bin ich. Die letzte Lust ist die Lust an der Lustfreiheit – die Freiheit von der Lust. Was bleibt, ist das unstillbare Verlangen nach Verboten, verbunden mit moralischer Selbsterhöhung. Selbstverliebter Narzissmus und asketischer Furor werden eins. Ein Puritanismus der Säuberung greift um sich. Zielgenau wird beschämt und gedemütigt, bis der Zeigefinger eingeklappt werden muss, da der Mittelfinger ausgefahren wurde. Was Eltern ihren Kindern abzugewöhnen versuchen, ist unter hochmoralischen Erwachsenen an der Tagesordnung: mit dem Finger auf alle zeigen, die nur halb so einwandfrei sind, wie sie selbst es von sich glauben wollen.

Moral macht sämtliche politischen Probleme zu Problemen des Einzelnen, dem sie statt Verantwortung für sein Handeln die Last der Schuld auf die Schultern legt – die Schuld dafür, dass die Welt noch immer nicht so perfekt ist, wie sie auf Insta erscheint. Moral ist die Religion der Narzissten. Wer sich selbst zum Zentrum der Welt erklärt und sie von dort aus in Freund und Feind, Zustimmung und Ablehnung trennen will, kann dies in der Moral ganz bequem fortsetzen, die ebenso willkürlich bleibt, weil sie – im Gegensatz zur Ethik – keine allgemeingültigen Prinzipien suchen muss, auf denen sie ihre Prämissen gründen kann.

Eine spannende Gegenbewegung zur Insta-Prüderie ist seit vergangenem Jahr bei TikTok zu beobachten. Eine Plattform, auf der sich vor allem sehr junge Leute im Hormonüberschussdelirium der Teenager-Jahre tummeln. Das beliebteste Genre dort sind #whatiwouldwear-Videos, also Videos, die zeigen, was die Influencerin heute tragen würde – wenn sie einen Anlass hätte: Von »Alltäglich«, »Party« und »Zum Schlafen« über Charaktere in Filmen oder Serien wie »Harry Potter« sowie anderen Städten und Ländern bis hin zu früheren historischen Epochen wie den 1950er-Jahren ist alles dabei. Mode wird hier zum Medium einer Performance – es geht um das Bewusstsein eines Auftritts in einer fernen Welt, die sich dabei vollkommen von der eigentlichen privaten Welt abkoppeln darf und soll.

Es ist das Gegenteil zur glatten, narzisstischen Instagram-Welt: Nichts ist authentisch, nichts ist privat, alles ist Schein und Inszenierung. Die getragenen Klamotten können aus dem eigenen Kleiderschrank kommen, müssen das aber nicht. Keinesfalls sind sie von irgendeiner Modefirma gesponsert, die darum mitreden und Einfluss nehmen darf. Im Gegenteil: Der heilige Ernst von Instagram wird hier gebrochen durch eine sehr selbstironische Kommentierung der Videos, oft durch entsprechende Musik. Alles Ganze, mit sich Identische und scheinbar Sichere wird so spielerisch ins Schweben gebracht. Je vielschichtiger, desto besser, je verspielter, desto überzeugender. In Sekundenschnelle wechseln Kleidungsstücke die Körper, werden durch Kamerasprünge und Schwenks getauscht und variiert. Aus dem Rollenspiel wird ein Rollentausch.

Es ist zu früh, um zu fragen, welche Bedeutung dieser Trend noch haben wird, dafür ist er zu jung, und auch die Mehrheit der User ist es. TikTok ist eine Plattform für und mit Leuten, die auf der Suche sind – für die Kostümierung immer auch zur Identitätssuche gehört. Dennoch könnte sich hier ein anderes, nicht authentisches Rollenverständnis ausdrücken. Es könnte an die Rollenspiele des 19. Jahrhunderts anschließen und sich dennoch entkoppelt von dem damals wiederum engen und latent starren Verkleidungs-Korsett zeigen, das zugleich immer an starre Rollen-Erwartungen geknüpft war. Es gab dann Berufskleidung, Sonntags- oder Kirchenkleidung. Auf TikTok spielen der soziale Stand und ähnliche einengende Konventionen nur eine untergeordnete Rolle – entscheidend ist allein das Spiel mit den fluiden möglichen Identitäten. Es ist das radikale Gegenteil der Meinungs- und Haltungs-Trutzburgen, die wir sonst in sozialen Medien um uns errichten.

Es wäre wundervoll, wenn hier eine Generation auf die Bühne träte, die das hochachtungswürdige ethische – und manchmal auch überspreizende moralische Engagement verbände mit einem starken leichten und spielerischen Moment.

Teile und herrsche – das Fürstentum Facebook

In meinem engeren und weiteren Bekanntenkreis beobachte ich seit einigen Jahren einen Trend: Er heißt Plattenspieler. Mit Stolz weisen Leute daraufhin, dass sie wieder Platten hören wollen. Inwieweit die angeschafften Plattenspieler dann schlicht Retro-Repräsentationsstücke der eigenen Geschmackssicherheit darstellen oder ob sie wirklich zum Einsatz kommen, kann ich nur bedingt beurteilen. Mein Verdacht ist: Häufig ist der Plattenspieler eher ein Distinktionsmerkmal antiquariatsaffiner Altbaubewohner als ein Objekt des täglichen Genusses. Der Plattenspieler als Kamin unter den elektronischen Geräten – angeschafft, um dann nicht genutzt zu werden. Was sich in diesem nostalgischen Akt zeigt, ist vor allem eines: Die Schallplatte hat trotz aller sicherer Todesankündigungen alles überlebt, was sie bedrohte – die Kassette, die CD und sogar die ungeheure Innovation namens Mini Disc – die Nerds werden sich an dieses Prunkstück digitaler Häutungen erinnern.

All den Tonträgern, die angetreten waren, die Platte vom Markt zu schubsen, gelang dies nicht. Sie schränkten sicher ihre Marktmacht ein, waren aber eher Erweiterungen als Ersetzungen. Das Geschäftsmodell der Plattenindustrie änderte sich, ohne ernsthaft gefährdet zu sein. Alles, was nach der Platte kam, waren *erhaltende Innovationen*. Die Digitalisierung bringt nun das Gegenteil: *Disruption*. Die Techies aus dem Valley wollten das, was war, immer zerstören und ersetzen, keinesfalls das Spektrum erweitern oder ergänzen.

YouTube möchte kein ergänzendes Fernsehen zum linearen sein, es möchte der einzige Sender werden und die alten abschaffen oder ihren Content mindestens originär auf die eigene Plattform zwingen. Amazon möchte kein Einzelhandel neben anderen Einzelhändlern sein, sondern das einzige Geschäft, in dem wir noch einkaufen. Erst wenn die letzte Innenstadt leer steht, ist das Ziel erreicht.

Spotify möchte alle Tonträger auf einmal ersetzen und dazu noch alle Radiosender abschaffen und das einzige Medium für Wort und Musik werden. Hörfunkwellen beschäftigten lange Zeit ganze Armeen von Musikredakteuren, die handverlesen die Rotation des Senders zusammenstellten. Zu diesem Zweck führten sie an ein paar ausgewählten Testpersonen Tierversuche am Menschen durch, indem sie die neuesten Kracher von »Ace of Base«, DJ Bobo und der »Kelly Family« wohldosiert verabreichten, um zu gucken, wie sie reagierten. Diese Tests wären wohl eher ein Fall für den Europäischen

Gerichtshof für Menschenrechte gewesen. Dank der Algorithmen ist Spotify hier mit seinem präzise auf den Usergeschmack zugeschnittenen Mix der Woche ein ganzes Stück humaner.

Facebook, Twitter, Instagram, TikTok und Co beanspruchen, die einzigen Räume unserer Meinungsfreiheit zu sein. Die Macht, die sie bei der Entscheidung, wer was sagen darf, haben, ist wesentlich bedrohlicher und unheimlicher als die Macht demokratischer Staaten, gegen die sich ihre Kritik und Feindschaft seit der ersten Stunde richtet. Ironischerweise sind es eben diese demokratischen Staaten, die ihnen ihre unheimliche Macht erst ermöglicht haben.

Der US-Kongress verabschiedete 1996 das bis heute wichtigste Internetgesetz der Welt, den Communications Decency Act. Im revolutionären Paragraphen 230 heißt es: »Kein Provider oder Nutzer eines interaktiven Computerdienstes kann für Inhalte eines anderen Inhaltlieferanten verantwortlich gemacht werden.«[62] Die Europäische Union übernahm die Regelungen kurze Zeit später mit minimalen Veränderungen.[63] Insgesamt bedeutet das eine weitere Privatisierung des öffentlichen Sprachraums, in dem es einen Unterschied gibt zwischen Verlagen, die eine Verantwortung für das tragen, was sie veröffentlichen, und Verteilern von Informationen – also den Plattformen wie Google, Facebook etc., die alles veröffentlichen können, ohne dafür haftbar zu sein, weil sie ja nur das verbreiten, was Urheber bei ihnen veröffentlichen.

Plattformen sind damit haftungsbefreite Makler – und wie wir aus dem Immobiliensektor wissen, sind diese meist die schlimmsten Raubfische. Zwar bezeichnet sich Mark Zuckerberg selbst als Verleger, wenn er sagt: »Facebook veröffentlicht mehr an einem Tag, als die meisten anderen Verlage es in ihrer ganzen Lebenszeit getan haben.«[64] Aber er haftet dafür so wenig wie der Betreiber einer Telefonleitung für die darüber geführten Gespräche – eine hochgefährliche, paradoxe Verschiebung von Verantwortung. Und wer verantwortlich ist für Content, veröffentlicht nicht, weil dies ja im Internet die Plattform tut. So wird jeder, der einen Account bei einem sozialen Medium hat und dort liked, teilt oder schreibt, auch zum privaten Publisher im öffentlichen Raum.

Der Inhalt ist egal!

Damit wird Meinung wichtiger als Information und auch wichtiger als Wissen. Wenn ich aber wenig bis gar nichts weiß, kann ich mir eigentlich auch keine Meinung mehr bilden, denn Meinung ist ja das Ergebnis von Information und Wissen. Es können zwar jetzt alle noch mehr noch schneller meinen, aber dieses Meinen läuft Gefahr, so substanzlos zu werden. In der Folge lösen sich Genregrenzen auf, und alle Botschaften werden zu einem indifferenten Gebräu namens *infopinion*, also einer wildwuchernden Mixtur aus ein bisschen Info und sehr viel Meinung. Da Information stets neutraler auftreten muss und Meinung zuspitzen, polarisieren und emotionalisieren kann und soll, startet die Meinung in der Poleposition der Aufmerksamkeit und wird erfolgreicher durchs Ziel fahren als ihre langweilig-ausgleichende Schwester Information. Entscheidend ist also einzig, was ich sage. Ob es gelogen ist oder ehrlich, aufrichtig oder niederträchtig, recherchiert oder einfach nur herausgeblasen, ist zweitrangig.

Diese Toleranz gegenüber Inhalten – oder sagen wir besser Gleichgültigkeit – ist der Grund, warum so viele User glauben, in sozialen Medien am letzten Ort der bedingungslosen

Meinungsfreiheit zu sein. Die Ignoranz gegenüber Inhalten ist der Kerngedanke des Silicon Valley. Der Medienwissenschaftler Herbert Marshall McLuhan, einer der Priester der Gegenkultur Ende der 1960er-Jahre, schrieb dazu: »Der Inhalt eines Mediums ist mit dem saftigen Stück Fleisch vergleichbar, das der Einbrecher mit sich führt, um die Aufmerksamkeit des Wachhundes abzulenken.«[65] Inhalte zu generieren wird zweitrangig, lenkt ab und stört. Reich werden die Makler aus dem rechtsfreien Raum, die Plattformen zur Verfügung stellen, damit andere dort für kein oder wenig Geld ihre Inhalte zu Markte tragen können.

Ich bin also ein Idiot, dass ich noch Bücher schreibe, statt eine neue Plattform zu erfinden, die das Bücherlesen auf mobilen Geräten noch besser und effektiver macht oder das Medium Buch einfach endgültig obsolet werden lässt. Wenn Inhalte so egal sind, ist auch gleichgültig, was Produzenten, die wir alle sind, auf den Plattformen publizieren. Das einzige Kriterium heißt Wirkmächtigkeit in der Aufmerksamkeitsökonomie – am schnellsten zu erreichen durch eine möglichst emotional rausposaunte Meinung.

Paragraph 230 geht sogar noch weiter, indem er den Plattformen erlaubt, »in gutem Glauben obszönes, unzüchtiges, laszives, schmutziges, exzessiv gewalttätiges, belästigendes oder in anderer Weise anstößiges« Material zu zensieren – ganz egal, ob dieses verfassungsrechtlich geschützt ist. Das bedeutet: Die Plattformen sind weder verantwortlich für das, was sie veröffentlichen, noch für das, was sie zensieren. Ausgerechnet der Staat billigt ihnen mehr Macht zu, als er selbst hat. Es kommt einer Bankrotterklärung gleich, wenn ein Staat sein höchstes Gut, die Entscheidung über den Umgang mit verfassungsrechtlichem Schutz, in die Hände privater Konzerne legt. Das bedeutet: Er gibt freiwillig das auf, was Demokratien gerade stark macht, und legt das Wertvollste, was er hat, in die Hände von Unternehmen, die alles, was ihn ausmacht, verachten – nämlich seine Verfassung.

Marc Zuckerberg – der fröhliche Großinquisitor

Im Sommer 2009 fügte Amazon George Orwells ›1984‹ auf seiner Plattform eine eigene Interpretation hinzu: Einige Käufer der Kindle-Edition vermissten die Ausgabe, die sie gekauft hatten, auf ihren Geräten. Der Grund: Amazon hatte sie von heute auf morgen aus der Bibliothek verbannt, weil der Konzern festgestellt hatte, dass er die elektronische Fassung von einer Firma gekauft hatte, der die Rechte an dem Text fehlten.[66]

Facebook löschte in Russland schon ein schwules Paar, das sich küsste, in der Türkei Bilder, die den Propheten Mohammed zeigten. Als Mark Zuckerberg den chinesischen Markt erobern wollte, löschte Facebook Bilder eines chinesischen Aktivisten, der nackt über die Straße gelaufen war. Das Massaker an der muslimischen Minderheit in Myanmar hatte Facebook ebenfalls befeuert.[67] Der hindu-nationalistische indische Präsident Narendra Modi war der erste Regierungschef der Welt, der bei Mark Zuckerberg eine Privataudienz im Silicon Valley bekam. Fünfzig Minuten sprachen die beiden darüber, wie toll und wichtig soziale Medien seien, tauschten ein paar sentimentale Tränen über ihre Mütter aus und gaben Anekdoten zum Besten: Zuckerberg etwa jene, wie er einmal in einer Facebook-Krise auf Anraten seines Mentors Steve Jobs eine spirituelle Reise nach Indien gemacht habe, die ihm beim Anblick eines Tempels schlagartig den Kopf frei gemacht habe.[68] Da sind sie noch, die spärlichen Überreste einer Zeit, in der schon ein Gedanke an den fernen Osten ein High auslösen konnte, wie es sonst nur chemischen Substanzen gelang. Keine Rede war bei dem Treffen übrigens von Arbeitslosenzahlen, Diskriminierung durch und innerhalb der indischen Kasten sowie dem Umgang mit Menschenrechten. Wenn es mit Facebook mal nicht mehr läuft, kann Mark Zuckerberg immer noch Präfekt der Glaubenskongregation im Vatikan werden. Den Job nannte man übrigens früher Großinquisitor.

Zuckerberg spricht es demgemäß offen aus, wenn er sagt, dass der Ansatz der Plattform darin besteht, »weniger auf Verbannung von Desinformationen« zu setzen, sondern darin, »zusätzliche Perspektiven und Informationen« zu gewähren – umgekehrt möchte Facebook unterschiedliche Meinungen einhegen: »Genauso wie es eine schlechte Erfahrung ist, unerwünschte Inhalte zu sehen, ist es eine schreckliche Erfahrung zu bemerken, dass man etwas nicht teilen kann, was man dem Gefühl nach für wichtig erachtet.«[69]

Dieser Satz ist in mehreren Dimensionen erstaunlich: Warum sollten unerwünschte Inhalte ausschließlich negativ behaftet sein? Es könnte doch auch sein, dass ich einen Inhalt sehe, den ich zunächst nicht sehen wollte, der mich aber irritiert oder auch schockiert und in mir einen Prozess in Gang setzt, der mich später einmal bereichern kann. Auch die negative Erfahrung kann sich nachrangig als gute Erfahrung erweisen. Diese Möglichkeit kommt in dieser Kultur, in der nur spontane Zustimmung und Bejubelung gut sein soll, überhaupt nicht vor.

Der zweite Aspekt, der spannend ist: Der Grund, etwas zu teilen, ist laut Zuckerberg »das Gefühl«. Das bedeutet: Wenn ich gefühlsmäßig etwas wichtig finde, so sollte ich dies die Welt wissen lassen. Nicht etwa, weil ich eine Einsicht oder eine Erkenntnis hatte, weil ich etwas verstanden habe oder mindestens den Wunsch hatte, dies zu tun – nein, es zählt einzig und allein mein Gefühl. Hier dockt der Psychologe Zuckerberg unmittelbar am psychologischen Zeitalter an. Die Selbstwahrnehmung des Einzelnen, der stets authentisch sein soll und für den nur noch wichtig ist, was seinen Gefühlshaushalt bewegt, findet hier ihren Anknüpfungspunkt in den sozialen Medien. Psychologie und Internet berühren sich.

Damit das gelingen kann, setzen die Netzwerke an den Schwachpunkten des Menschen an. Um dieses manipulative Vorgehen genauer zu verstehen, wage ich hier einen kurzen Exkurs: Der Psychologe Daniel Kahneman trennt die Funktionsweisen des menschlichen Gehirns in zwei Teile. System 1 »arbeitet automatisch und schnell, weitgehend mühelos und ohne willentliche Steuerung«. Es ist aktiv, wenn Sie aufgefordert werden, eine Grimasse zu ziehen oder zwei und zwei zusammenzählen oder mit dem Auto eine leere Straße hinunterfahren sollen.

»System 2 lenkt die Aufmerksamkeit auf die anstrengenden mentalen Aktivitäten, die auf sie angewiesen sind, darunter auch komplexe Berechnungen.«[70] Es ist am Zug, wenn Sie jemandem eine Telefonnummer nennen, zwei Waschmaschinen auf das bessere Preis-Leistungs-Verhältnis prüfen wollen oder Ihre Steuererklärung machen müssen. System 2 ist langsam, ineffizient und verbraucht Energie. Es lässt uns zweifeln, Zusammenhänge verstehen und hinterfragen und hilft uns, komplexe Urteile zu fällen und schwierige Entscheidungen zu treffen. Es sucht nach Fakten und Hintergründen.

System 1 dagegen ist schnell und effizient und bringt uns

gut durch den Alltag. Es hat archaische Züge, weil es Überleben sichert: Droht Gefahr? Muss ich fliehen oder angreifen oder kann ich einfach so die Straße entlanggehen? Es hat den Nachteil, dass es impulsiv, ungeduldig und assoziativer ist. Es lässt uns glauben statt zweifeln und führt häufig zu kognitiven Verzerrungen. Es sucht nach Geschichten, die stimmig sind. Wesentlich ist hier die Konsistenz einer Information, nicht ihre Vollständigkeit. Wenn die Geschichte, die wir hören, halbwegs plausibel ist, bemerken wir gewisse Unstimmigkeiten im Detail kaum noch.

Die Werbung arbeitet mit genau diesen Mitteln: Wenn der Käse zu 90 % fettfrei ist, werden Sie ihn eher kaufen, als wenn draufstünde: Käse mit 10 % Fett. Daniel Kahneman verweist darauf, dass Menschen, die müde sind, auch viel stärker dazu neigen, Werbebotschaften zu glauben. Wenn Ihnen ein Pilot in einer Maschine sagt, er fliege jetzt durch Turbulenzen, es werde aber »nicht schlimm«, wird Ihr System 1 das Wort schlimm lauter hören als die vorangegangene Verneinung. Wenn er aber sagt, die Turbulenzen werden »schnell vorbei sein«, werden Sie sich weniger Sorgen machen. Eine Verneinung wie »nicht schlimm« ist immer ein Umweg, ein sprachlicher Widerhaken, den System 2 erst übersetzen muss. Bis das geschehen ist, lässt System 1 die Alarmglocken längst läuten.

Kandidaten für politische Ämter, denen Teilnehmer in Experimenten Kompetenz zusprachen, hatten auf Fotos oft ein starkes, eckiges Kinn, das Dominanz ausstrahlte – meist verbunden mit einem leichten, selbstbewussten Lächeln, das Vertrauenswürdigkeit zeigte. Auch das ist eine archaische Resterampe, als es in dunkler Vorzeit darum ging, Freund von Feind schnell intuitiv zu unterscheiden. Es gibt keine Belege, dass Politiker, die Wähler als kompetent wahrgenommen hatten, später auch erfolgreicher in ihrem Amt sein würden. Menschen, die viel fernsahen und sich wenig mit Politik beschäftigten, glaubten dreimal so oft, dass das Aussehen eines Politikers etwas über seine Kompetenz aussage.[71] Je schneller und spontaner uns eine Information begegnet und je scheinbar eindeutiger sie ist, desto eher verleitet sie uns zu Fehlurteilen.

Nir Eyal, der eingangs erwähnte aktuelle Suchtberater des Silicon Valley, hat herausgefunden, dass Menschen aus zwei Motiven auf Facebook gehen: Langeweile oder Einsamkeit. Einmal auf der Site, sollen sie schnellstmöglich mit etwas konfrontiert werden, was ihr System 1 anspricht: einen Witz, den sie liken, oder etwas Empörendes, das sie kommentieren, oder ein süßes Bild, das sie teilen. Wichtig ist nur: Es muss emotionalisieren. Was emotionalisiert, wird verbreitet, und was verbreitet wird, kommt in den Timelines weiter nach oben und infiziert noch mehr User.

»Wenn man versucht, das Denken einer Person zu hacken, muss man ihre *kognitiven Verzerrungen* identifizieren und sie dann ausnutzen.«[72] So klar beschreibt es der ehemalige Cambridge-Analytica-Datenanalyst Christopher Wylie, der den dortigen Datenskandal aufdeckte, nachdem die Firma zuvor Millionen Facebook-Userdaten illegal genutzt hatte, um Trumps Wahlkampf zu unterstützen. So werden »Daten zur Waffe«.[73] Mit 70 Likes konnten die Analysten dieselben Leute besser einschätzen als deren engste Freunde.[74] Das bedeutet, Facebook weiß mehr über die meisten Menschen als diese über sich selbst. Mit 300 Likes kennt Facebook Sie besser als Ihr eigener Partner. Wenn Eheleute sich so gut kennen, ist meist die Scheidung fällig.

Wenn wir uns nun vor Augen führen, dass all dies auf Sie einströmt in einem mobilen Medium wie dem Smartphone, das Sie, wie die meisten Menschen, nebenbei nutzen – im Bus oder auf dem Klo oder während einer Zoom-Konferenz oder während Sie zugleich Netflix gucken oder einen Podcast hören, und wenn Sie zusätzlich noch in einem Zustand der Einsamkeit sind –, so ergibt das eine Melange, die katastrophal sein kann. Im Delirium der geteilten Aufmerksamkeit, die leicht erschöpft oszilliert zwischen unterschiedlichen Quellen, muss zwangsläufig ein wildes Sammelsurium aus Halbgelesenem, Viertelwahrgenommenem und Achtelverstandenem herauskommen. Was bedeutet das für die Meinungsfreiheit? Nichts Gutes. Soziale Medien sind Emotionalisierungsbeschleuniger und kognitive Verzerrungsoptimierer. Sie sprechen absichtlich und mit gemeinster Absicht unsere niederen Instinkte an, machen sie sich zunutze, okkupieren sie, um uns zum Instrument ihrer dunklen Pläne zu machen.

Nur ein besoffener User ist ein guter User

Wir müssen uns soziale Medien wohl wie Kneipen vorstellen. Die Herren Zuckerberg (Facebook) und Dorsey (Twitter) sind die Wirte. Ihre Rauschmittel sorgen für den Kick aus dem Gehirnareal, das zuständig ist für sofortige Belohnung. Likes sind das Speed und Shares das Kokain der sozialen Netzwerke. Ein weiterer Vorteil für Sie als Gast in der virtuellen Stammkneipe: Sie müssen für den ganzen Stoff, den Sie in sich reinkippen, noch nicht mal bezahlen. Sie sind ja auch nicht der Kunde, um den es geht, Sie sind das Produkt, das der Wirt verkaufen will. Das ist der Preis, den Sie zahlen, wenn

Sie nichts zahlen. Es geht um Ihre Daten, welche die Wirte gewinnbringend für Werbung und andere Kneipen, die sie noch hinzukaufen möchten, nutzen wollen. Sie sitzen in dieser Kneipe quasi nackt, der Wirt fotografiert Sie, und Ihre Bilder werden die ganze Zeit weiterverschickt an Leute, die Sie nicht kennen. Und weder die Tatsache, dass Sie nackt sind, noch die Verbreitung Ihrer Bilder bemerken Sie – auch wenn Sie alle Privatsphäre-Einstellungen angeklickt haben und sich also für Ihren Kneipenbesuch brav in Schale geschmissen haben.

Hinzu kommt: Die Barkeeper hinter der Theke haben ja auch Interesse an Ihren Daten, sie wollen schließlich noch genauer wissen, wie sie Sie morgen noch schneller noch besoffener machen können. Weil alles umsonst ist und die Wirte hinter der Theke mit ungeheurem Sachverstand für Ihren individuellen Geschmack zwar immer ähnliche, aber noch bessere Cocktails zusammenmixen; Cocktails, die Sie lieben, weil sie genau so sind, wie Sie eben Cocktails lieben, greifen Sie hemmungslos zu, so dass Sie in kürzester Zeit direkt im Delirium landen. Außerdem geht es den Wirten nur darum, dass Sie lange genug bei ihnen rumsitzen und dass sie Sie immer wieder neu triggern können. Und damit das passiert, ändern sie ständig die Salzstangen des Onlinestammtisches, genannt Algorithmen. Der Unterschied ist nur: In der Kneipe sagen Sie dann: »Oh, um mich herum dreht sich alles!« Und in den sozialen Medien sagen Sie: »Oh, alles dreht sich um mich!«

Wenn Leute in der Kneipe beschließen, mit Fackeln und Mistgabeln loszuziehen, um es »denen da oben« zu zeigen, dann wissen Sie in der Regel: So besoffen finden die weder die Mistgabeln, noch wissen sie, wie sie die Fackeln anzünden sollen. Der Rausch der Cocktails hier aber sorgt dafür, dass sie im Rausch zu allem fähig sind. Im Unterschied zur analogen

Kneipe gibt es hier nämlich keinen Barkeeper, der hart, aber beherzt einem Besoffenen nichts mehr ausschenkt und ihn vor die Tür setzt, bevor er sich übergibt. Nein, hier wird den Beklopptesten nochmal Hochprozentigeres ausgeschenkt, auf dass sie sich so richtig übergeben können. Dem Algorithmus-Absinth sei Dank! So hochprozentig, dass Sie sich eigentlich nicht wundern müssen, wenn's danach irgendwo brennt.

Unsere Wirte sind also umtriebige Gesellen. Die Drinks, mit denen sie uns kostenlos betrunken gemacht und die sie an uns ausprobiert haben, waren womöglich nur eine Einstiegsdroge – für sie genau wie für uns. Diese Wirte wollen nur expandieren. Sie sind skrupellos, denn im Grunde möchten sie die Weltherrschaft – mindestens. Sie marschieren dafür nicht in andere Länder ein und sie müssen noch nicht einmal töten oder die Absicht dazu haben – es reicht die vollständige Eroberung und Durchleuchtung unserer Intimsphäre.

Von Verteidigern der Meinungsfreiheit zu ihren Totengräbern

Im bedingungslosen Glauben an die Macht der Technik und der Psychologie haben es die Netzwerke geschafft, unser Leben zu verändern. Wenn es sein muss, machen sie auch mit dem bis heute so verhassten amerikanischen Staat Geschäfte. Erinnern wir uns daran, dass das Internet neben Hippies und Yuppies auch ein Kind der Rüstungsindustrie ist. Nach dem 11. September 2001 kam es zu einer bis dato einmaligen Zusammenarbeit zwischen Google und der NSA. »Es muss eine effektive Partnerschaft mit dem Privatsektor hergestellt werden, damit die Information schnell von öffentlichen zu privaten und von klassifizierten zu nicht klassifizierten Bereichen zirkulieren kann. ... Der Cyberspace kennt keine Grenzen, und unsere Verteidigungskräfte müssen entsprechend nahtlos funktionieren«, sagte der damalige NSA-Chef Mike McDonnell.[75] Hier wird ganz nebenbei ein weiterer öffentlicher Raum privatisiert – nämlich der staatliche durch die Fütterung mit privaten Daten von Nutzern, bereitgestellt von Privatunternehmen, die für sich in Anspruch nehmen, besser, schneller und kompetenter zu sein als der langsame Staat.

Es lässt sich zeigen, dass die Plattformen immer stärker wie Staaten agieren und versuchen, deren Rollen zu übernehmen. Allerdings nicht wie demokratische, sondern eher wie mittelalterliche Fürstentümer, die nach dem privaten Charakter ihrer Fürsten funktionieren – und diese wollen totale Herrschaft in allen Bereichen. Amazon hat eine Krankenversicherung gegründet und hat mit Alexa eine Box, die schon beim ersten Niesen medizinischen Rat gibt, welche Pillen anschließend über die 2018 von Apple gekaufte Internetapotheke Pillpack zur schnellen Genesung zu beziehen sind. Facebook entwickelte einen Algorithmus, der Posts der User daraufhin überprüft, ob sie Suizid-Absichten hegen. Falls der Algorithmus-Alarm anschlägt, kommt direkt die Polizei.[76] Bislang funktioniert das nur in den USA.

Die neueste Bastion, die es zu erobern gilt, ist der Finanzsektor: Die Konzerne wollen eigene transnationale Währungen etablieren und in Umlauf bringen. Es geht um die Zerstörung des kompletten Bankenwesens, wie wir es kennen – um das Ende des regierungsgesteuerten Finanzsystems hin zu einem marktgesteuerten. China und die USA stehen sich hier in nichts nach: Alibabas Alipay und Tencents WeChat Pay sind die chinesischen Äquivalente zu Apple Pay und Amazon Pay.

Facebook ist gerade dabei, mit Diem (ehemals Libra) eine

globale Kryptowährung zu etablieren. Eine hybride Konstruktion, die zwischen Bezahldienst, Investmentfonds, Bank und Währungssystem oszilliert und zunächst allen nationalen und überstaatlichen Kontrollinstanzen entkommt.[77] Knapp drei Milliarden Facebook-Nutzer weltweit sollen Versuchstiere eines von Staaten komplett losgelösten dezentralen Finanzsystems werden.

Betrachten wir dies vor der Folie, dass Facebook schon vor einigen Jahren mit Krankenhäusern über den Austausch von Patientendaten verhandeln wollte, um sie mit denen seiner Nutzer abzugleichen, sehen wir, wie brandgefährlich der Laden ist. Wenn erst klar ist, was Sie bei Facebook gepostet, geliked, geteilt oder kommentiert haben, mit wem Sie befreundet sind und wie gesund, krank, wohlhabend oder pleite Ihr Freundeskreis ist, so sind wir mit mehr als einem Fuß in einem Kontroll- und Sanktionierungssystem, das sich vom chinesischen nur darin unterscheidet, dass es demokratisch legitimiert ist – weil die betroffenen Länder den Weg fürs Fürstentum Facebook mit voller Kraft geebnet haben oder es in Form von unterlassener Hilfeleistung einfach haben gewähren lassen.

Insofern sind die angeblich so freien sozialen Medien wohl eher die Totengräber unserer Freiheit. Die angeblich staatsferne und restriktionsfreie Verteidigung der Meinungsfreiheit in den sozialen Medien könnte sich eines nicht allzu fernen Tages als die alberne Einstiegsdroge in ein neues totalitäres Kontrollsystem erweisen, das sich faschistoider Logiken eher anheischig machen wird als demokratischer. Wir fahren sehenden Auges mit High Speed zurück ins Mittelalter – und Fürstentümer sind meist nur dann Verteidiger der Meinungsfreiheit, wenn ihre Untergebenen das sagen, was sie hören wollen und welche sie zum öffentlichen Sprechen promoviert haben, weil sie das sagen, was die Herrschenden hören wollen. Genau diesen Weg sehen wir schon jetzt bei Apple, Facebook und wie sie alle heißen. Egal, wie viel die heutigen Fürsten einst meditiert und geraucht haben. Wir jedenfalls sind zu allem bereit, denn besoffen gemacht haben sie uns schon. Diesen Rausch werden wir so schnell nicht ausschlafen.

Donald Trump und das Ende der Meinungsfreiheit

Was haben Sie am 8. Januar 2021 um 10:44 Uhr gemacht? Wissen Sie das noch? Nein? Das ist enttäuschend, denn es gibt Tage, an denen alle wissen, was sie getan haben. Am 11. September 2001 zum Beispiel. Sie sollten Ihre Erinnerungslücke, was den 8. Januar 2021 angeht, dringend schließen, denn das war das 9/11 der Meinungsfreiheit. Es war der Tag, an dem Twitter den Account @realdonaldtrump stilllegte. Facebook folgte kurz danach. Zwei Tage nach dem Sturm aufs Kapitol hatten die Plattformen Trump sein Schäufelchen weggenommen – wenige Tage bevor er das Weiße Haus räumen musste. Derlei nannte Hans Magnus Enzensberger einmal »Gratismut«.

@realdonaldtrump war der private Account des ehemaligen US-Präsidenten, von dem aus er in den vorangegangenen zwölf Jahren fast 89 Millionen Follower um sich versammelte – Schätzungen zufolge sind rund zwei Drittel davon Bots, Fake- oder inaktive Accounts.[78] Dennoch landete Trump damit auf Platz sechs der meistabonnierten Personen – nach Christiano Ronaldo, aber vor Taylor Swift. Auf jeden Fall im

Show-Umfeld, wo auch sonst. Insgesamt 56 571 Tweets waren bis dahin von ihm zu lesen, davon hatte er fast die Hälfte als US-Präsident verfasst. Im Schnitt sendete er 30 Tweets am Tag in die Welt: Er drohte Feinden und Untergebenen, feuerte Mitarbeiter, diffamierte und beleidigte alle, die am Wegesrand standen. Er drohte mit Atomkrieg, Verfolgung und Entlassung, verbreitete Lügen und Hass und bestand stets darauf, der Einzige zu sein, der die Wahrheit sagt. Mit wenigen Worten brachte er Aktienkurse zum Einsturz, Karrieren zum Ende und die Weltpolitik an den Rand des Abgrunds.

Trump ist der vorläufige Scheitel- und vielleicht auch Schlusspunkt der kalifornischen Ideologie. Er hat alle Elemente aus der Entstehungszeit des Silicon Valley übernommen, einmal gegen sich selbst gewendet und auf die gefährlichste Art vorgeführt, welche Hebel uns die Nerds aus der Bay Area da an die Hand gegeben haben. Er hat dem Silicon Valley seine hässliche Fratze gezeigt – oft wirkte er wie ein Aktionskünstler des Netzes, der in einer bizarren satirischen Aktion der Welt zeigen will, was die Verschmelzung von technischen Allmachtsphantasien und scheinbarer psychologischer Authentizität wirklich erreichen kann, wenn man beide vollkommen überdreht. Was einmal als halb von synthetischen Drogen benebeltes, halb von religiösen tech-Erlösungsphantasien getragenes Projekt von ein paar Progressiven an der US-Westküste begann, lag jetzt in den Händen eines reaktionären Immobilientycoons von der Ostküste.

Im Glauben, das bestehende System sei beherrscht von einem korrupten Establishment, machte er sich als Außenseiter zur einzig wahren Alternative aus der Gegenkultur, die jetzt nicht mehr von links von der Westküste, sondern von rechts von der Ostküste kam; die nicht mehr hierarchiefrei für freie Rede war, sondern im Gewand des Unterdrückten die freie Rede verteidigte.

Die Lehren des psychologischen Zeitalters hatte er aufmerksam studiert und für seine Zwecke genutzt: In bester narzisstischer Selbstverwirklichungstradition drehte er sich andauernd nur um sich, seine Gefühle und Befindlichkeiten. Es war bezeichnend, dass er als Präsident über seinen privaten Twitter-Account kommunizierte, was eine Art pervertierter Höhepunkt der Infiltrierung des öffentlichen Raums durch die private Meinung bedeutete. Der angeblich mächtigste Mann der Welt aber ist nie privat, er ist personifizierte Öffentlichkeit, immer im Amt, ausschließlich in seiner Funktion.

Trump war zwar US-Präsident, in seiner öffentlichen Kommunikation aber Privatperson. So inszenierte er sich als Opfer, der gegen dieses Krebsgeschwür namens Establishment vorgehen musste, dessen Mainstream-Medien-Metastasen ihn angeblich mundtot machen wollten. Er befolgte alle Regeln, die das technisch-psychologische Zeitalter an den Einzelnen stellte: Trump war emotional, aufbrausend und intuitiv und nutzte die sozialen Medien mit genau dieser grausamen Energie, die jene wiederum passgenau algorithmisch befeuerten.

Er machte aus maximaler Stärke und Kraft qua Amt und Geld eine andauernde Schwäche: Der Mauerbau an der Grenze zu Mexiko – eine Reaktion auf die bösen Mexikaner, welche die USA massenhaft überrennen wollten. Der Einreisestopp für Menschen aus muslimisch geprägten Ländern – eine Antwort auf marodierende Horden und bombende Banden aus dem Reich der Barbaren. Die Wahl, die man ihm gestohlen hatte – ein Betrug an ihm, dem Opfer des Establishments.

Stets war der mächtigste Mann der Welt ohnmächtig gegenüber scheinbar übermächtigen Kräften. Trump, der Leidende.

Trump, das Opfer. Er zeigte aus der Position der Macht auf schmerzliche Weise, wohin die grassierende Selbstwahrnehmung als Opfer führt – zur Legitimation von Rache. Nur der Opferstatus gibt dem Opfer das angebliche Recht, alles zu tun, um Vergeltung zu üben und sogenannte Gerechtigkeit zu bekommen. Das ist das exakte Gegenteil des demokratischen Rechtsstaates, dem es nie um Rache und auch nicht um Gerechtigkeit geht, sondern ausschließlich um Rechtsfrieden – einen Zustand also, in dem sich möglichst wenige Menschen gegenseitig die Köpfe einhauen. Die Dialektik aus Opfer und Rache hingegen ist, zu Ende gedacht, ein faschistoides Programm.

Mit dem 8. Januar 2021 wandelten sich die Plattformen, die sich sonst immer als Kämpfer an der Front der Meinungsfreiheit verortet hatten, zu denen, die Trump cancelten. Neben viel Jubel, gab es an der Entscheidung auch Kritik. Es wurden Stimmen laut, die mahnten, das sei nun das eigentliche Ende der Meinungsfreiheit im Netz. Zu den originelleren Vertretern dieser Position gehörte der russische Dissident Alexej Nawalny, der auf Twitter schrieb: »Dieser Präzedenzfall wird von allen Gegnern der Meinungsfreiheit auf der ganzen Welt missbraucht werden, auch in Russland. Jedes Mal, wenn sie jemanden ruhigstellen wollen, werden sie sagen: Das ist eine übliche Praxis, auch Trump wurde von Twitter blockiert.«[79]

Umgekehrt lässt sich fragen, warum etwa Hassprediger wie Ajatollah Chamenei weiterhin zur Zerstörung Israels aufrufen dürfen? Und warum ist das von der Meinungsfreiheit gedeckt, Trump aber wegen des »Risikos weiterer Anstiftung zur Gewalt« gesperrt? Die Frage, ob er zensiert worden sei, lässt sich schnell beantworten: Nein, das ist er nicht, denn Trump konnte ja weiter kommunizieren: Bis zum Ende seiner

Amtszeit etwa auf dem von ihm vernachlässigten offiziellen Präsidenten-Account @POTUS, von dem er bis dato nicht einmal 500 Tweets abgesetzt hatte. Er konnte Pressekonferenzen geben, TV-, Hörfunk- und Zeitungsinterviews.

Trump – ein Psychokrieger auf dem Vormarsch

Wie kam es zur Einschätzung von Twitter, dass von Trump das Risiko ausgehe, er könne zu weiterer Gewalt anstiften? Dafür müssen wir uns die Wochen zwischen dem Wahltag am 8. November 2020 und dem Sturm aufs Kapitol am 6. Januar 2021 noch einmal anschauen: In diesen Wochen schrieben Trump und sein Beraterstab in über 200 Posts von Wahlbetrug – seine Fans likten sie über neun Millionen Mal. Über den großen Protest im Kapitol schrieb er auf Twitter, es werde wild und alle sollten kommen.[80] Die konkrete Aufforderung »Stürmt das Kapitol« stand in den 30 Tagen vor dem 6. Januar in 100 000 Beiträgen im Netz. Und so kamen die Trump-Ultras dann auch und bewiesen, dass das, was online spielerisch beginnt, offline in heiligem Ernst endet: Als Nazis in Hipsterverkleidung, Schamanen und Knackis liefen sie ins Kapitol und sahen sich dabei zu, wie sie Selfies schossen.

Die Insta-taugliche Walt-Disney-Version einer Revolution. Vandalen in Birkenstock-Sandalen. Leute, die ich sonst eher am Sonntagmorgen an der Brottheke des Biosupermarkts im Prenzlauer Berg erwarte und bei denen klar ist: Sie sind schon sehr, sehr lange wach. Im Grunde war der Sturm aufs Kapitol eine Art Karneval der Kulturen – nur ohne Kulturen. Zwischendurch warfen die Freaks zwar ein paar Aktenordner auf den Boden, aber gemessen am Potential waren es doch verhältnismäßig harmlose Party-Randale der Trump-Ultras. Zum Glück, denn es hätte Schlimmeres passieren können: Angeheizt und aufgepeitscht von einer losen Präsidenten-Kanone, waren die Kapitol-Stürmer losgezogen mit dem festen Vorhaben, auch Gewalt anzuwenden, um das Wahlergebnis zu kippen und den Endkampf gegen die »Sozialisten« zu gewinnen. Vor diesem Hintergrund hatte der Sturm aufs Kapitol geradezu etwas Verspieltes. Es erinnerte eher an Sponti- und Agit-Prop-Aktionen der späten 1968er als an eine klassische Demonstration von Rechtsextremisten und ihrem Beifang.

Im Grunde endete Trumps Präsidentschaft, wie sie begonnen hatte: Das Amt verdankte er unter anderem dem massiven Einsatz von Trollarmeen und eines Teams um ihn, das die Gesetze vor allem von Facebook sehr genau verstanden hatte. 40 Prozent aller erwachsenen US-Amerikaner nutzen die Seite als entscheidende Nachrichtenquelle.[81] Im Wissen darum schalteten Trumps Leute in den entscheidenden Monaten vor der Wahl, zwischen Juni und November 2016, insgesamt 5,9 Millionen Anzeigen hier, bei Hillary Clinton waren es gerade einmal 66 000 – wobei beide Teams ähnlich viel Geld für Facebook-Werbung ausgaben: Trumps Leute 44 Millionen, Clintons Team 28 Millionen.

Trumps Kampagnen waren wirkungsvoller und folgten den Gesetzen von Facebook bedeutend besser mit einem Zusammenspiel aus Bildern, Videos und Texten. Ihm gelang ein Behaviour Change, also eine Verhaltensänderung. Sein Plan ging auf: Trumps Söldner wollten unentschlossene Wähler so manipulieren, dass sie am Ende Trump wählten. Das Mittel der Wahl waren Psyops – psychologische Operationen, ein Wort aus der psychologischen Kriegsführung.[82] Wesentlich dafür zuständig waren auch russische Trollarmeen, die sich aufs Kerngeschäft konzentrierten: afro- und lateinamerikanische Wähler davon abhalten, zur Wahl zu gehen. Deren Vertrauen in die US-Regierung wollten sie gezielt erschüttern, indem sie die strukturelle Benachteiligung wie viel zu hohe Haftstrafen und Polizeigewalt als von der Regierung gewollt darstellten.

Zudem ermunterten die Trolle Trump-Wähler dazu, erst recht zur Wahl zu gehen und im Netz aggressiver aufzutreten. Dazu sollten Minderheiten diskriminiert werden, insbesondere Muslime. Das Ziel: Verwirrung und Verunsicherung vorantreiben, den Hass schüren. Die Strategie ging auf: Die vier erfolgreichsten Meldungen vor der US-Wahl waren: »Papst Franziskus unterstützt Donald Trump.« »Hillary Clinton verkaufte Waffen an den Islamischen Staat.« »Hillary Clinton wurde verboten, ein Amt auf Bundesebene auszuüben.« »Der FBI-Direktor erhielt Millionen von der Clinton-Stiftung.« Diese frei erfundenen News lösten rund drei Millionen Interaktionen auf Facebook aus.

Zum Vergleich: Die erfolgreichste Meldung aller etablierten Medien in den USA war eine Meldung der ›Washington Post‹ mit 876 000 Interaktionen. Falschmeldungen verbreiten sich in sozialen Medien sechs Mal so schnell und hundert Mal so häufig wie seriöse Nachrichten.[83] Ihr Erfolg ist auch in Deutschland gewaltig: Die Seite ›BuzzFeed‹ hat vorgerechnet, dass die acht erfolgreichsten Falschmeldungen auf Facebook im Jahr 2018 insgesamt 768 000 Facebook-Interaktionen auslösten. Die erfolgreichste Fake News lautete: »Staat zahlt Harem 7500 Euro im Monat: Syrer lebt jetzt mit zwei Ehefrauen und acht Kindern in Deutschland.« Allein diese Nachricht sorgte für 148 000 Interaktionen. Nur ein einziger Text der ›Süddeutschen Zeitung‹ stieß in diesem Jahr auf mehr Resonanz auf Facebook.[84] Alle anderen etablierten Medien blieben weit dahinter. Der Absender der erfolgreichsten Fake News war übrigens eine in Russland registrierte Website.

Sage mir, wo du wohnst, und ich sage dir, was du wählen wirst

Ein noch größeres Problem vor Wahlen aber ist das sogenannte Microtargeting, das im Zuge der Bundestagswahl 2017 erstmals auch in Deutschland zum Einsatz kam. »Wir wollen keine Republik, in der linke Kräfte und der Multikulturalismus die Vorherrschaft haben.« So stand es in einer Anzeige auf Facebook. Der Absender war? Nein, nicht die AfD, sondern ihre kleine bayerische Halbschwester, die CSU.[85] Sehen konnten diesen Post aber nur Deutschrussen. Es war ein Dark Post, ein Beitrag, der individuell auf bestimmte User zugeschnitten ist und den Facebook nur ihnen in die Timeline spült. Nach Erkenntnissen der christlich-sozialen Wahlkampfmanager wählten Deutschrussen überdurchschnittlich häufig die AfD, und mit dieser Werbung wollte die CSU diese zurückholen.

Das Prinzip Microtargeting funktioniert recht einfach: Gegen Geld gibt Facebook den Parteien alles, was sie brauchen für gezielte Werbung – also alles, was wir im Lauf unseres Lebens so auf Facebook hinterlassen haben, wenn wir dort waren – und sei es nur passiv, ohne dass wir auch nur gelikt oder kommentiert haben: Alter, Geschlecht, Einkommen, Einkaufsverhalten, politische und religiöse Überzeugungen, sexuelle Orientierung. Im Bundestagswahlkampf 2017 nutzten alle im Bundestag vertretenen Parteien Microtargeting, wenn auch vergleichsweise harmlos. Trump dagegen zeigte

2016 auf ganzer Linie, was hier wirklich möglich ist: Wähler, die für sein Team als unerreichbar galten, weil sie mit hoher Wahrscheinlichkeit die Demokraten wählen würden, bekamen gezielt Werbung mit Informationen über Hillary Clintons Unterstützung für Freihandelsabkommen und ihre geleakten E-Mails zu sehen. Junge Frauen bekamen insbesondere Anzeigen, die Missbrauchsvorwürfe gegen Clintons Ehemann Bill in den Raum stellten. Schwarzen Wählern zeigte Facebook rassistische Aussagen von Clinton aus den 1990er-Jahren, in denen sie schwarze Männer als Raubtiere bezeichnet hatte.[86]

Der französische Datenanalyst Guillaume Liegey, der entsprechende Big-Data-Analysen unter anderem für den Wahlkampf des späteren französischen Präsidenten Emmanuel Macron durchführte, fasste es zusammen: »Wenn Sie mir sagen, wo Sie wohnen, sage ich Ihnen, wen Sie wählen werden.«[87] Angefangen hatte Liegey übrigens als Praktikant im Team des Mannes, der die gezielte Ansprache von Zielgruppen mit auf sie zugeschnittenen Werbebotschaften im Zuge seines Wahlkampfs zum ersten Mal gezielt einsetzte: Barack Obama.

Sicher ist manches in Europa nur in deutlich geringerem Ausmaß möglich als in den USA, da die Datenschutzregeln strenger sind. Das Problem aber bleibt: Microtargeting ist das Ende des politischen Diskurses. Wenn der Wahlkämpfer von Haustür zu Haustür läuft, kann ich mit meinem Nachbarn diskutieren und fragen: Was hat er dir erzählt? Und wenn er nebenan dann das Gegenteil von dem sagt, was er mir gesagt hat, ist das mindestens aufschlussreich. Wenn ich aber nicht mehr weiß, was mein Offline-Nachbar online in seiner Timeline vorfindet, zerfällt die Gesellschaft in unendlich viele, individuell angesprochene Kleingruppen, die aber nichts mehr haben, was als Basis eines Gesprächs oder einer Auseinandersetzung gelten könnte. Das Gefährliche daran ist: Es entsteht schnell ein Herdentrieb. So gut wie alle Parteien sehen sich gezwungen mitzumachen. Fast alle bedienen sich dabei Mustern, die in sozialen Medien funktionieren: Botschaften, die verengen und vereinfachen, die emotionalisieren und Wähler erschrecken oder verunsichern sollen, damit sie sich zur Reaktion gezwungen sehen. Damit haben alle populistischen Botschaften einen massiven Startvorteil, was ihnen am Ende größere Erfolge bescheren kann – wie bei Trump.

Eine verführerische Technik für die vollendeten Ichlinge, die sich in ihren eigenen Überzeugungen und Identitäten am liebsten Tag und Nacht bestätigt fühlen wollen.

Warum den Trumps die Zukunft gehört

Es mag irritierend klingen, aber ich habe Trump stets für die Zukunft gehalten, nicht für die Vergangenheit, und ich tue das bis heute. Was heißt das? Ich meine damit weniger ihn als Person, sondern sein Prinzip des Regierens, seinen Neonationalismus. Ich meine, dass er der Anfang eines Populismus ist, der seine große Zeit noch vor sich hat. Sein Problem war: Er hat regiert, wie seine Anhänger das Kapitol gestürmt haben – schlecht organisiert und längst nicht radikal genug. Gemessen an dem, was möglich gewesen wäre, ist er eine lahme Ente geblieben. Sonst hätte er den Umbau der amerikanischen Demokratie hin zu einer Autokratie viel energischer verfolgt. Aber dafür fehlte ihm – genau wie seinem Mob im Kapitol – das taktische Können und das strategische Geschick. Wer heute eine Diktatur einführen will, braucht nicht mehr in andere Länder einzumarschieren, es reicht, Richterposten mit den eigenen Leuten zu besetzen. Wirklich funktioniert hat das beim Supreme Court nicht mehr: Am Ende von Trumps Amtszeit waren fünf von neun Richtern stramm konservativ, sechs wären für eine qualifizierte Mehrheit nötig gewesen, um all seine Gesetze fast widerspruchslos durchdrücken zu können.

Hätte er seinen Mastermind Steve Bannon auch über die Wahl 2016 hinaus als seinen Lehrmeister akzeptiert und seine Lektionen gelernt, Trumps Erfolg wäre weitaus durchschlagender gewesen. Bannon hätte unter Trumps energischem Egozentrismus ein ideologisches Fundament einziehen können, eine populistische Strategie, die über 280 Zeichen hinausdenkt. Es ist sein Pech und unser Glück, dass er auch für einen, der ihm langfristigen Erfolg gebracht hätte, zu ungeduldig war.

Trump reiht sich dennoch ein in das, was der Populismusforscher Jan-Werner Müller »den Aufstieg der neuen Autoritären Internationalen« nennt. Neben Ungarn ist die Türkei auf diesem Weg – beide Länder unterdrücken Meinungsfreiheit und Meinungsvielfalt, wo immer sie können. Im Frühjahr 2017 katapultierte sich der Rechtspopulist Geert Wilders bei der niederländischen Parlamentswahl an die zweite Stelle, ebenso Marine LePen in Frankreich, dem Populisten Nigel Farage verdankt Großbritannien letztlich den Brexit, auch in Skandinavien, einst Hochburg der Sozialdemokratie, geben Populisten längst den Ton an. In den Jahren zwischen 2003 und 2017 stieg die Zahl der Menschen, die autokratisch regiert wurden, von 2,3 Milliarden auf 3,3 Milliarden weltweit, wie die Bertelsmann Stiftung herausfand. Von 128 untersuchten Staaten sind 58 Autokratien.[88]

Allen gemeinsam ist das Versprechen einer einfachen Welt, die sich teilen lässt in Freund und Feind, in Gut und Böse. Sie sehen die Erde beherrscht vom Bösen – von korrumpierten

Systemlingen. »Populisten behaupten: »Wir sind das Volk!« Sie meinen jedoch: »Wir – und nur wir – repräsentieren das Volk«, schreibt Jan-Werner Müller.[89] Daraus folgt: Wer dazugehört zum Volk, das bestimmen auch wir, die Populisten allein – nämlich keine Minderheiten, keine Außenseiter.

Die neuen Autokratien sind defekte Demokratien, ihre Herrscher sind defensive Nationalisten. Sie haben äußerlich die Feindbilder erweitert – neben dem Juden steht der Moslem im Schaufenster. Zugleich bildet sich der Prozess auch im Inneren ab. Es geht nicht mehr darum, andere Länder zu überfallen, um größenwahnsinnigen Imperialismus, sondern es wird ein Weltbild inszeniert, in dem das Eigene gegen die Aggression von außen verteidigt werden muss. »Es ist ein Nationalismus der Beleidigten, der Unglücklichen, der Bedrängten«, sagt der russische Philosoph Boris Groys.[90] Darum wollte Viktor Orbán Zäune, darum wollte Trump Mauern bauen. Und die Macht der Autokraten kommt von ihren Unterstützern aus den Dunkelkammern des Netzes.

Extremistische Echokammern – wie Terror im Netz entsteht

Im März 2019 gab es bei Facebook einen Livestream-Meilenstein: Er ging 17 Minuten und zeigte einen Mann, der in sein Auto stieg und losfuhr. Der Mann selbst war nicht zu sehen, denn er streamte mit einer Helmkamera. Der geneigte Zuschauer konnte live dabei sein, wie er zu einer Moschee in Christchurch, Neuseeland, fuhr und dort 51 Menschen tötete. Das ging natürlich nur, weil er, Brenton Tarrant, ein weißer Mann war. Wäre er eine Frau gewesen und hätte während der

Amokfahrt nach unten geschaut und die Kamera hätte ihre Brüste gezeigt – Facebook hätte ihren Livestream sofort beendet und gelöscht.

Wäre Tarrant Islamist gewesen, wäre auch schneller Schluss gewesen, denn bei islamistischer Propaganda und Terrorvideos reagieren die Algorithmen sehr sensibel. Bei rechtsextremistischen Taten aber, also bei glattrasierten Gesichtern ohne Salafistenbart und Turban oder vergleichbarer Kopfbedeckung, konnte es offenbar keinen Anlass zur Beunruhigung der Algorithmen geben. Tarrant war gut vorbereitet: Selbst bei der Beschriftung seiner Gewehre hatte er präzise darauf geachtet, dass nur die Zahlen arabisch waren. Facebooks Algorithmen arbeiteten also wie der deutsche Verfassungsschutz – im Zweifel auf dem rechten Auge blind. Und dass sich jemand im Netz mit der Helmkamera selbst verewigt, das kannten die schlauen Algorithmen von jeder zweiten Snowboard-Abfahrt in den Alpen. Hier zeigte sich: Wenn es um Leben und Tod geht, sind Algorithmen in ihrer Urteilskraft in etwa so zuverlässig wie ein betrunkener 19-Jähriger nachts um halb vier in der Dorfdisco.

Ein halbes Jahr später, wieder ein Mann, wieder eine Helmkamera: Der 27-jährige Stephan B. fuhr vor die Synagoge in Halle an der Saale. Er streamte ebenfalls live, dieses Mal auf der Gaming-Plattform Twitch. Eine Holztür versperrte ihm zum Glück den Weg zur Synagoge, und die selbstgebauten Waffen verweigerten ihm bald den Dienst und fielen vor seinen Augen auseinander. Für einen strammen deutschen Nazi war das in Sachen Gewissenhaftigkeit bei Vorbereitung und Ausführung eine glatte Note 6. Dass er dann beim Löschen seines Livestreams umso penibler war und die 36 Minuten in den endlosen Weiten des Netzes verschwinden ließ, ist für die sonst so wirkungsgeile Nazi-Szene ebenfalls kein Grund zum Schulterklopfen.

Was allen Tätern gemeinsam ist: Sie haben sich in radikalisierten Echokammern in sozialen Medien munitioniert. Die zentralen Orte hier sind der Messenger-Dienst Telegram und Imageboards wie 4chan. Das ist ein eine Art »digitales schwarzes Brett mit wenig Aufsicht«, wie es ›Der Spiegel‹ einmal beschrieben hat.[91] Hier ist so gut wie alles erlaubt, was extrem ist: Beleidigungen, Hass, Hardcore-Pornographie. 27 Millionen vor allem junge männliche Besucher im Monat posten hunderttausende Beiträge täglich. Sie alle verbindet die Auffassung, dass sie sich hier im letzten Refugium der Meinungsfreiheit bewegen. Hier, in diesen geschlossenen Räumen, treffen sich dann Rechtsextreme im Schutz der Anonymität.

Sowohl Anders Breivik in Norwegen, als auch Branton Tarrant in Neuseeland und die Attentäter von Halle und Hanau einte ein schier grenzenloser Frauenhass, der mit Fremdenfeindlichkeit hervorragend matcht. Zu Beginn seines Livestreams hat Stephan B., der Attentäter von Halle, alles dazu gesagt: »Feminismus ist die Ursache für den Rückgang der Geburtenrate im Westen, die als Sündenbock für die Massenimmigration dient.«[92]

Wie sehr der Hass mittlerweile auch in den Mainstream der sozialen Medien vorgedrungen ist, sobald es um Migration geht, konnte ich selbst erleben, als ich im März 2020 bei ›hart aber fair‹ zu Gast war. Thema war die Lage im Geflüchtetenlager Moria auf der griechischen Insel Lesbos, der EU-Türkei-Deal und all die anderen heißen Eisen in diesem Zusammenhang. Zu Gast: Ralf Schuler, Politikredakteur bei ›Bild‹, Katrin Göring-Eckardt von den »Grünen«, Serap Güler, CDU, Staatssekretärin für Integration in Nordrhein-Westfalen, und Liza

Pflaum, Mitbegründerin der Seebrücke. Drei Frauen zu einem Migrationsthema, zwei davon frei von jeder Migrationsskepsis, wie es gerne heißt. Das musste schiefgehen. Der Sturm, der danach über uns Gästen losbrach, war so beispiellos wie normal nach Sendungen zu diesen Themen.

Nun habe ich ein dickes Fell, ich bin Angriffe aus unterschiedlichen Richtungen gewohnt und weiß, was kommt, wenn ich mich in diese Arena begebe. Nach meinem Auftritt in Stuttgart hatte ich die Querdenker und ihre hasserfüllten Fans gegen mich, nach anderen Shows die Helens aus Wokistan und ihre aggressiven Anhängsel, und hier nun eben mal wieder Nazis und Rechtsextreme: Von »dich sollte man an deinen Hoden aufhängen« bis zur Drohung, man solle mich nach Syrien abschieben oder nach Afrika, auf jeden Fall grob Richtung Süden oder Südosten, damit ich dann mal wirklich bei den Bastarden leben kann, die ich hier selbstverständlich unkontrolliert und ohne jedes Maß ins Land lassen will. Ich konnte mich zwar weder erinnern, dass dies meine Meinung ist, noch, dass ich es je geäußert hätte. Aber vielleicht hat mein Gedächtnis auch Schwächen, und die sagenumwobene Schwarmintelligenz weiß mehr als ich.

Noch viel krasser als mich traf es die Frauen in der Runde – insbesondere Liza Pflaum von der Seebrücke und Katrin Göring-Eckardt von den Grünen. Eine Frau, die sich öffentlich äußert und dann auch noch zu Migrationsthemen – da geht der gemeine Rechtsradikale mit Lichtgeschwindigkeit in die Luft. Stundenlang war das Social-Media-Team der Sendung damit beschäftigt, die schlimmsten Kommentare zu löschen und die halbwegs erreichbaren Kommentatoren durch eine Moderation gezielt in die Schranken zu weisen. Frauen werden im Gegensatz zu Männern grundsätzlicher beleidigt:

Stets geht es um brutale Vorstellungen sexualisierter Gewalt. Auch Männer bekommen Morddrohungen, ebenfalls gespickt mit sehr konkreten Phantasien der Absender, wie der Tod möglichst qualvoll sein könnte, aber es ist erstens seltener, und zweitens sehen Männer – noch immer die Mehrheit der Absender – einen anderen Mann immerhin noch als Rivalen an, den sie nur aufgrund seiner Meinung leider aus der Welt schaffen müssen, während Frauen schon per se gar kein Rederecht haben und auch nach der Strafe durch Entwürdigung gerne traumatisiert weiterleben sollen.

Nun müssen wir festhalten: Die Schuld der Frauen ist naturgemäß auch riesig. Sie sind in erster Linie verantwortlich für das, was sie in der rechtsextremen Szene den »Großen Austausch« nennen. So war das Manifest des neuseeländischen Attentäters Tannant überschrieben, und auch Anders Breivik nannte ihn als Motiv für seinen Massenmord. Es ist der entscheidende Begriff der Neuen Rechten und handelt von einer Verschwörungserzählung, die besagt, dass Konzerne und Politiker europäische Völker mithilfe einer muslimischen Masseneinwanderung austauschen wollten, um Europa zu schwächen.

Beunruhigend ist: Das Gerede vom »Großen Austausch« trendet auch über die rechte Szene hinaus: Im April 2017 veröffentlichte der AfD-Fraktionsvorsitzende Alexander Gauland eine Presseerklärung, in der es heißt: »Der Bevölkerungsaustausch in Deutschland läuft auf Hochtouren.« Im Mai 2016 schrieb Beatrix von Storch auf Twitter: »Die Pläne für einen Massenaustausch der Bevölkerung sind längst geschrieben.«[93] Sogar in der CDU hat man schon Spaß damit: Die ehemalige Bundestagsabgeordnete Bettina Kudla aus Sachsen sprach schon 2016 von »Umvolkung«.[94] Hier zeigt sich erneut, wie der Extremismus langsam in die Sprache einsickert und sie durchnässt. Die Grenzen des Sagbaren sind hier nun wirklich alles andere als gefährdet, egal wie oft dieses Milieu das behauptet. Das Gegenteil ist der Fall: Die apokalyptische Paranoia gehört heute zur Popkultur. Wir sehen es am Erfolg von »Walking Dead« und jeder zweiten Netflix-Serie. Der bevorstehende »Große Austausch« gibt Rassisten die Fiktion, um sich zu Selbstverteidigungs-Kämpfern der letzten Tage zu stilisieren, rechtfertigt damit den Endkampf und heiligt das Töten.

»Aber er hatte doch psychische Probleme!« Der Einzeltäter als Opfer

---

Nur aufgrund dieser und ähnlicher Phantasmen, die sich in geschlossenen Gruppen immer weiter ausbreiten können, kommen Taten wie die in Neuseeland und Norwegen überhaupt zustande. Aus Worten werden eben noch immer Taten – vielleicht heute schneller und schlimmer denn je. Insofern ist es nur ein scheinbarer Widerspruch, dass sich sowohl Branton Tarrant als auch Stephan B., der Täter von Halle, als eifrige Schüler ihrer größten Gegner erwiesen haben – nämlich der IS-Terroristen. Beide taten so, als hätten sie sich selbst aktiviert. Das klingt wie ein autonomes Auto, das einfach selbst entscheidet, wo es hinfahren will – ganz ähnlich wie bei Anis Amri auf dem Berliner Breitscheidplatz, der im Dezember 2016 in den Weihnachtsmarkt donnerte, und dem Täter von Nizza, der mit seinem Transporter auf der Strandpromenade in eine Menschenansammlung fuhr und 86 Menschen tötete. Alle wollten den Eindruck erwecken, sie seien Einzeltäter, die sich quasi im luftleeren Raum mit der Krankheit namens

Terror infiziert haben. Dabei haben sich ausnahmslos alle im Treibhaus Internet im großen Austausch mit anderen Extremisten radikalisiert.

Dass islamistischer Terror und Rechtsterror Brüder im Geiste sind, zeigt sich auch an einer Äußerung eines offensichtlich schwer mitgenommenen deutschen Incels – das steht für *involuntary celibates*, also unfreiwillig Enthaltsame. Männer, die gerne Sex hätten, ihn aber nicht bekommen, darum unfreiwillig enthaltsam leben und herausgefunden haben, dass das die Schuld der Frauen ist. Das ist eine der gefährlichsten Gruppen auf 4chan: »Man muss sexuelle Minderheiten verfolgen, Frauen und vor allem deren Hang zum Exhibitionismus unterdrücken und Atheismus als ein Verbrechen ahnden. Vielleicht wäre ein Kalifat für Deutschland gar nicht das Schlechteste.«[95] Endlich eine Hufeisentheorie, die wirklich stichhaltig ist!

Egal wer nun über Terrorismus spricht – die Hans-Peters oder die Helens –, in beiden Fällen findet eine augenfällige Täter-Opfer-Umkehr statt: Geschieht ein rechtsextremistischer Mord, plappern die Hans-Peters von einem Einzeltäter mit psychischen Problemen, der eigentlich gar nicht so wahnsinnig viel dafürkann. Da darf man auch nicht generalisieren und pauschalisieren oder sich gar lustig machen. Wahrscheinlich einsam, der Täter, schwierige Mutterbeziehung, keine Freundin, und wenn, dann eine, die ihm dann ein Moslem ausgespannt hat. Jahrelang schlechte Kartoffelsuppe vorgesetzt kriegen als Kind, das reicht schon, um mal in eine Moschee oder eine Synagoge zu laufen oder einen Politiker von der Terrasse und ein paar Kinder vom Zeltlager zu ballern. Geschieht eine islamistische Tat, rufen die Märtyrer-Hans-Peters dagegen: Dieser eine Terrorist ist der Stellvertreter eines ganzen Kollektivs. Typisch für die ganze Religion. Raus, weg, abschieben das Pack – und zwar schneller, als der Flieger vollgetankt ist.

Ganz anders bei den inquisitorischen Helens: Erspähen sie einen islamistischen Anschlag, weil ein Geflüchteter mit der Axt auf Menschen im Zug losgeht oder in Silvesternächten unsere Frauen begrapscht oder in Weihnachtsmärkte hineinrammt, beurteilen die Helens das, wie sie selbst es nennen, differenzierter: Sie sagen lieber gar nichts. Und wenn doch, dann sagen sie sowas wie: Ja, schon schlimm alles, keine Frage. Im Grunde ist es aber eher als Unfall zu bewerten, als Bremsversagen, das der Fahrer kaum verhindern konnte. Im Grunde ist es höhere Gewalt, verursacht vom Kapitalismus. Der war es doch, der die Raserei erst zugelassen hat. Das sind ja dann auch Einzeltäter, da darf man auch nicht generalisieren oder pauschalisieren. Und eine Kindheit in einem muslimischen Land mit diesen autoritären Vätern, das können wir hier doch alles gar nicht beurteilen.

Als irgendwie angeblich Progressive lehnen die Helens den Staat ja auch irgendwie bis heute ab, es sei denn, sie kriegen eine Festanstellung bei ihm. Vielleicht sollte dieser ominöse Staat den Islamisten einfach eine Intendantenstelle an einem unserer staatlich subventionierten Revolutionstheater anbieten. Dort könnte der Islamist das Blutbad von der Straße auf die Bühne bringen, ohne, dass es Tote gibt. Von irgendeiner Kulturstaatsministerin persönlich alimentiert. Von echten Woken lernen heißt siegen lernen: Nur wer den Staat radikal ablehnt, kann maximal von ihm profitieren. Das ist dann Islamisten-Resozialisierung 4.0 – voll und ganz gedeckt von der Meinungsfreiheit.

Beide Seiten – sowohl Hans-Peter als auch Helen – führen

Stellvertreterdebatten. Um das jeweils gegnerische Lager schachmatt zu setzen, machen sie sich lieber verstohlen mit Extremisten gemein. Wenn die eigene Chuzpe schon nicht reicht für den Anschlag, dann doch wenigstens ein wenig Sympathie ex negativo in Form von Mythen über arme Opfer, denen gar nichts anderes übrig bleibt, als zu Tätern zu werden.

Ich meine, es ist wichtig zu sehen, dass das Gerede vom Einzeltäter eine Gespensterdebatte ist. Niemand ist eine Insel. Ganz sicher spielen auch psychische Probleme oder Krankheiten eine Rolle. Aber die Tendenz interessierter Kreise, damit Taten und Täter in Schutz zu nehmen, ist fatal. Sie nimmt Verantwortung und macht Täter zu Opfern. Es ist eine umgekehrte Stigmatisierung. So, wie es keine Vorverurteilung Unschuldiger geben sollte, darf es auch keinen Vorfreispruch (Neologismus, yeah!) möglicher Schuldiger geben. Wie groß die Rolle der psychischen Disposition war, sollen Gutachter bei Gericht beurteilen. Das Phantom vom Einzeltäter mit psychischen Problemen führt zu einem deterministischen Weltbild, an dessen Ende die Schuld des bösen Internets und die arme verführte Unschuld der User steht. Jeder Mensch ist frei, sich in mehr oder weniger geschlossene Räume des Netzes zu begeben oder es bleiben zu lassen. So wie jeder Mensch frei ist, abends in die Kneipe zu gehen und mehr oder weniger betrunken nach Hause zu gehen. Wer sich geschlossene Räume sucht, in denen er sich radikalisieren kann, der wird sie finden. Das bedeutet: Es gibt keine Echokammern, die uns aufspüren und hinterrücks überlisten, weil wir so machtlos sind. Wir finden die Echokammern, die wir suchen und finden wollen – kurz: für die wir uns bewusst entscheiden.

Es gibt nur noch eine Meinung! – Mythos Filterblase

Die zweite beliebte Gespensterdebatte, mit der ich hier einmal aufräumen möchte, ist die von der enormen Gefahr, die von Echokammern und sogenannten Filterblasen ausgeht. Diesseits von radikalisierungsbereiten Extremisten wird ihre Bedeutung massiv überschätzt. Erstens gibt es sie schon immer auch in der analogen Welt. Das fängt schon beim Wohnort an: Wenn ich im Prenzlauer Berg in Berlin wohne, werde ich andere Nachbarn haben, als wenn ich nach Marzahn-Hellersdorf oder nach Butzbach ziehe. Zeitung, Radio und Fernsehen haben auch schon immer Informationen gefiltert, also ausgewählt, und uns eine von ihnen vorgewichtete Welt gezeigt – das war die berühmte Gatekeeper-Funktion, die heute wahlweise als fehlend bejammert oder als noch immer viel zu einschränkend bemäkelt wird. Der gesamte Einzelhandel beruht drauf, dass er gewisse Produkte im Sortiment hat und andere eben fehlen. Auch nur ein Filter, den ich im schlimmsten Fall Manipulation nennen könnte, oder? Beliebte kulturpessimistische Thesen lauten dann gerne, perfekte Algorithmen seien in der Lage, kritischen Diskurs zu verhindern. Das ist schon deshalb anzuzweifeln, weil Algorithmen lernfähig programmiert sind. Außerdem »sorgt schon das ökonomische Interesse, Neuheiten zu verkaufen, für ständige Innovation«, wie es der Internet-Experte Christoph Kappes beschrieb.[96]

Allein vom Gewohnten kann sich kein Netzwerk am Leben erhalten. Die Zuckerbergs haben verstanden, dass das Suchtpotenzial kaum darin liegt, dass ich ständig das Gewohnte zu sehen bekomme, sondern dass ich emotionalisiert bleibe. Zudem sind die meisten Menschen in sehr vielen unterschiedlichen Netzwerken zu Hause, online wie offline – in der Familie, bei der Arbeit, im Freundeskreis. Hier treffen, ob gewählt, erzwungen oder zufällig, immer wieder sehr unterschiedliche Zeitgenossen mit sehr verschiedenen Geschichten und sehr diversen Meinungen und Überzeugungen aufeinander.

Online informieren wir uns in der Regel aus ebenso unterschiedlichen Quellen. Nachrichten strömen permanent auf uns ein – Flatscreens an Bahnhöfen, Monitore in U-Bahnen, die uns mit mehr oder weniger seriösen, aber immer brandaktuellen Breaking News versorgen, selbst in einigen Kneipen gibt es Bildschirme mit Nachrichten, in vielen Schaufenstern laufen Fernseher, dazu kommen Clips, Ausschnitte und andere Schnipsel via WhatsApp, oft ohne Kontext, Einordnung und Quelle; dazu die Nachrichten in den Timelines von Facebook und Twitter, Fotos und Memes bei Instagram, kleine Videos bei TikTok. Dazu noch die klassischen gedruckten Erzeugnisse wie Zeitungen, Magazine und Zeitschriften, deren Titelbilder und Schlagzeilen uns an Kiosken, in Supermärkten und Zug-Bord-Bistros anlächeln, dazu die Informationen aus dem linearen Fernsehen, durch das wir zappen, sofern wir es noch nutzen. Es ist eine wildwuchernde Mischung aus Informationen und Meinungen, Fakes und Fakten, Ernstem und Lustigem. Das allein schon ist eine Herausforderung unserer kognitiven Kräfte.

Bei alldem ist ja immer zu bedenken, dass diese Technologie und ihre Geschwindigkeit eine an unserem Lebensalter gemessene sehr junge Entwicklung ist, die sich aber exponentiell entwickelt. Insofern haben wir es heute weniger mit Filterblasen zu tun als vielmehr mit dem, was der Medienwissenschaftler Bernhard Pörksen treffend Filter Clash nennt: Das bedeutet, »dass unterschiedlichste Varianten der Weltwahrnehmung in radikaler Unmittelbarkeit aufeinanderprallen, verursacht und forciert durch die intensiv vernetzte Kommunikation«. Pörksen kommt zu dem einleuchtenden Schluss: »Vernetzung heißt Verstörung.«[97] Je verstörter wir sind, desto orientierungsloser fühlen wir uns und desto mehr ziehen wir uns in unsere Wagenburgen, Schützengräben oder Schlösser des Vertrauten zurück.

Alles fließt – aber das Ufer fehlt

Wenn künftige Historiker einmal ihrem archäologischen Auftrag nachkommen und die versprengten Fragmente unserer Zeit und ihrer Stimmungen entdecken, vorsichtig drehen und wenden, so werden sie irgendwann fragen, was wohl das Bild sein könnte, durch welches sie diese unsere Zeit beschreiben können. Nicht, indem sie sie reduzieren auf einen harten Kern, einen eindeutigen Begriff, sondern sie sehen, anschauen und sich entfalten lassen können als das, was sie gewesen sein wird. Wenn es dann so weit wäre, so sollte das Bild unserer Epoche das Fließen sein.[98] Datenströme fließen durch Glasfaserkabel, Warenströme fließen rund um den Globus, die Ausflüsse des Hasses fließen durchs Internet, während wir durch dieses surfen und Musik, Serien und Podcasts streamen, also strömen lassen. Flüchtlingsströme fluten angeblich die Zivilisation und Geldströme machen sowieso, was sie wollen. Und die Aggregatzustände unseres Lebens, selbst unsere Identitäten sind fluide – Arbeitsverhältnisse variieren, binäre Geschlechtergrenzen fallen, Sprache wird durchlässig, weswegen einige ihre Identität umso stärker als feste Aggregatzustände behaupten müssen.

Wo alles fließt, ist Unsicherheit. Das Fließen auszuhalten bedeutet, Ambivalenzen zu ertragen, es bedeutet, Widersprüche anzuerkennen, Aporien zu sehen, hinzunehmen und an ihnen zu zweifeln und manchmal auch zu verzweifeln, ohne sie vorschnell lösen zu wollen. »Der Fluss der Zeit ist ein Fluss, der seine Ufer mit sich führt«, heißt es in Robert Musils ›Mann ohne Eigenschaften‹.[99] Das Fließen ist andauernder Aufbruch und unsicheres Ankommen. Es ist das Leben in einer Welt ohne sichtbare Grenzen, in der Gut und Böse permanent die Fronten wechseln, austauschbar werden, ineinander übergehen, auftauchen und wieder verschwinden. Es ist das andauernde Mehr, an dessen Ende doch nur ein unverbindliches Vielleicht steht. Jede Meinung beansprucht, eine Wahrheit zu sein, und doch wirkt alles wie ein großes Experiment, Abschluss ohne Endgültigkeit, Eindeutigkeit ohne Versprechen auf Gewissheit.

Aus der voraussetzungslosen Gleichheit aller Nutzer des Netzes entsteht ein Zwang zum Vergleich. Mit ihm hat ein grundsätzlich neues Verständnis von Wichtigkeit Einzug gehalten. Mit dem Internet haben wir umgestellt von einer Welt des *Warum*, die Welt der Wahrheits- und Sinnfragen, auf eine Welt des *Wie*, eine funktionalisierte Welt.

Die klassische Nachrichtenfrage war: Warum ist etwas wichtig? Es ging um Begründungen und Bedeutungen. Im Netz ist die Frage: Wie gut funktioniert das, was ich für wichtig halte? Aus »Warum sollte ich wichtig sein?« wird »Wie wichtig bin ich (im Vergleich mit anderen)?«. Das Neue ist nicht mehr das, was zuvor noch nicht da war oder anders war, sondern das, was nach meinem Gefühl für mich neu ist und was wichtig wird, wenn ich es sage und es mehr Interaktionen hervorruft als das, was andere gerade für neu und wichtig halten. Es muss nicht der Kraft des Arguments standhalten, sondern der Kraft des Gefühls und der mit ihr verbundenen Skalierbarkeit. Das lässt das Gefühl und das Sprechen darüber erstarren zur Zahl, in der seine Intensität transparent werden muss, um verglichen werden zu können mit anderen Gefühlen an anderen Enden der Welt. Jeder ist heute Sender, und wer gehört werden will, muss schnell, zugespitzt und laut sein. Das Wie erscheint demokratischer, vernetzter, einheitlicher – im tieferen Sinne aber ist es härter, kälter und kalkulierender als das anstrengende Warum. Das ist ein wesentlicher Grund für die Veränderung der diskursiven Großwetterlage, die sich manchmal in geradezu absurden Diskussionen offenbart.

#allesdichtmachen oder: Wie das Internet explodiert

An einem Abend im April 2021 tat ich, was ich meistens tue abends – ich daddelte mit meinem Smartphone rum und war auf Twitter. Halb gelangweilt guckte ich mich um, ohne Ziel und große Erwartungen. Ich hätte auch ins Bett gehen können, aber dieses Risiko des akuten FOMO – fear of missing out –, also die Angst, etwas zu verpassen, machte diese Option des friedlichen Einschlummerns unmöglich. Mein zwanghaftes Ausharren sollte belohnt werden. Am späteren Abend entdeckte ich ein Video von Jan Josef Liefers, das ein User geteilt hatte. Dessen Kommentar wirkte entsetzt – fassungslos, so dass ich auf den Link klickte und mir das Video ansah. Es war eine gute Minute lang, Liefers saß in einer eleganten Küche, moderner Eigentumswohnungs-Schick, von der 450-Euro-Hilfskraft etwas leblos gewienert, aber ganz passend für einen Tatort-Star, dessen finanzieller Background wohl nur bedingt Anlass zur Sorge bieten sollte. So schaute ich mir das Stück an.

Liefers oszillierte darin befremdlich zwischen einer wolkigen Medienkritik, indem er sich ironisch bei allen Medien bedankte, die dafür sorgten, dass »der Alarm genau da bleibt, wo er hingehört, nämlich ganz, ganz oben«, und dass während der COVID-19-Pandemie »kein unnötiger Disput uns ablenken kann von den immer sinnvollen und immer angemessenen Maßnahmen unserer Regierung«. Ich war erstaunt. Ich hatte diese Phase fast ausschließlich als großen Disput erlebt, oft aggressiv. War ich da zu empfindlich? Danach freute sich Liefers über andere Medien, die nun »alte, überwunden geglaubte Vorstellungen von Journalismus wiederaufleben lassen.«[100] Wer war gemeint? Die in der Pandamie wieder aufflammende Politpopulismus von ›Bild‹? Die Langstrecke der ›Süddeutschen‹? Oder doch irgendein Verschwörungs-YouTuber?

Liefers blieb eine Antwort schuldig. Schade, ich wäre dankbar gewesen für konkretere Hinweise. Auch der Schluss »Verzweifeln Sie ruhig, aber zweifeln Sie nicht« hatte schon ein Level des Raunens, das ich sonst eher in den dunkleren Ecken des Internets fand. Was blieb, war der Eindruck von einem, der vermitteln wollte, die Medien seien gleichgeschaltet – bis auf wenige, gefährlich lebende Ausnahmen.

Neben Liefers tauchten 52 weitere Videos von prominenten deutschen Schauspielern auf, darunter viele »Tatort«-Kommissare wie Richie Müller und Ulrich Tukur. Alle beschäftigten sich offenbar in ironischer Absicht mit den Corona-Maßnahmen der Bundesregierung. Unter dem Hashtag #allesdichtmachen waren einige der Videos durchaus geeignet, Coronaleugnern und Verschwörungsmystikern in die Hände zu spielen.

Die Dynamik des anschließenden Shitstorms zeigt die explosive Kraft von Debatten im Netz exemplarisch. Furor und Fanatismus beschränken sich nämlich keineswegs auf die radikalisierten Räume. Dieses Beispiel eignet sich deshalb so gut, weil wir hier sehr schön sehen können, wie unvorhersehbar und vorhersehbar zugleich alle Seiten ihre Rollen spielten – genau so, wie die Empörungsökonomie es für sie vorgesehen hat.

Zurück zu den Videos: Härter am Wind als Jan-Josef Liefers segelte Richy Müller, als er abwechselnd in zwei Tüten atmete und sagte: »Wenn jeder die Zwei-Tüten-Atmung benutzen würde, hätten wir schon längst keinen Lockdown mehr. Also bleiben Sie gesund, und unterstützen Sie die Corona-Maßnahmen. Ich geh' jetzt mal Luft holen.« Später löschte er das Video, zusammen mit einigen weiteren Schauspielern. Harmloser und in seiner Zuspitzung nachvollziehbarer war etwa Martin Brambach, der ironisch drauf hinwies, dass er jeden, den er ohne Maske erwische, ein »rücksichtsloses Arschloch« nenne und das dann für einen Akt bedingungsloser Solidarität halte.[101]

Gemeinsam war fast allen Videos, dass sie auf halber Strecke stehenblieben und wenig durchdacht wirkten. Darum war die Aktion in meinen Augen auch nie eine künstlerische: Jedes Video begann mit den Worten: »Mein Name ist XY und ich bin Schauspieler.« Es waren als Ironie getarnte Meinungsäußerungen von Kulturschaffenden, die keinerlei künstlerischen Wert hatten, keine Überhöhung, keine Bühne, keine Pointe.

Anfangs dachte ich, das Ganze sei eine Kunstaktion mit dem Ziel der Irritation. Irgendwann werde sich schon ein

Künstlerkollektiv als Urheber melden, das mit diesen mittelmäßigen Mitteln auf einer Metaebene zeigen wollte, wie schlecht gemachte, pseudo-ironische Kritik aussieht und wie schnell sich Prominente Applaus von Coronaleugnern und anderen Verschwörungsmystikern holen. Ich war freudig gespannt auf die Auflösung. Doch ich hatte zu viel unterstellt. Wie sich schnell zeigen sollte, war alles genau so gemeint, wie es gesagt war: schlecht bis gar nicht durchdacht. Richy Müller wird später sagen, es habe ihn gereizt, »mit Satire auf Probleme der Corona-Maßnahmen aufmerksam zu machen. Auf die Leute, die darunter leiden müssen. Kleinkünstler. Gastronomen. Einzelhändler.« Und weiter: »Für mich war klar: Wir wollen etwas Gutes. Deshalb war ich auch so blauäugig.« [102]

Dieser letzte Satz strahlt weit über den Raum, in den er hineinformuliert wurde, hinaus. Womöglich erzählt er unabsichtlich von einer der wesentlichen Ursachen des Fanatismus, der sich im Netz heute breitmacht: Die Überzeugung, zu den Guten zu gehören, auf der richtigen Seite zu stehen. Angekommen zu sein unter seinesgleichen. Authentisch. Identisch. Diese Worte erzählen viel über die Grabenkämpfe unserer Zeit, die vom Narzissmus befeuert werden. Wie recht Müller hatte, zeigte sich parallel im Netz, das sich voraussehbar in zwei Lager teilte:

Die Befürworter der Videos, darunter viele Verschwörungsmystiker und selbsternannte Querdenker, applaudierten, sogar die ›Bild‹-Zeitung, die sonst verlässlich nach jeder halbwegs gelungenen und überraschenden Satire-Aktion die Moralkeule schwingt, war hier ausnahmsweise geflasht. Der Boulevard-Clan sah das coronapolitische Knallchargen- und Knattermimen-Ensemble als Verteidiger der Meinungs-,

Kunst- und überhaupt aller Freiheiten und wollte ihm wohl am liebsten das Bundesverdienstkreuz verleihen und es wegen Martyriums schon zu Lebzeiten seligsprechen.

Jan Josef Liefers ließ sich unbeholfen-beleidigt in Talkshows interviewen und wirkte wie ein Lümmel aus der letzten Bank, der beim Prügeln erwischt worden ist und jetzt zu rechtfertigen versucht, warum Draufhauen natürlich keine gute Idee ist, das Opfer es aber auch ein wenig verdient hat, mal eine reingewürgt zu kriegen. Eilig stürmten auch die Guten, die Helens dieser Welt, in Truppenstärke aufs Feld. Mein Highlight war der eigentlich angesehene Physiker Cornelius Roemer, ein Befürworter der NoCovid-Strategie, die eine Inzidenz von null erreichen wollte. Auf Twitter orakelte Roemer: »Wer von den Schauspielern ist auf Twitter? Und wem folgen die da alle? Und von wem werden die gefolgt? Wenn jemand eine Liste machen will, hier drunter gecrowdsourct?«[103] Das ist eigentlich die Vorgehensweise von Fanatikern in totalitären Systemen. Aber, wie Richy Müller schon sagte, wenn man sicher ist, das Gute zu tun, ist alles erlaubt.

Zügig löste sich die Diskussion zielsicher von ihrem eigentlichen Thema – den Videos und dem Gesagten – hin zu den großen, einigermaßen pathetisch gestellten Menschheitsfragen zur Meinungsfreiheit: »Darf man die Regierung noch kritisieren?« Antwort: Na klar, und je pointierter und treffsicherer, umso besser! »Fallen die Videos unter die Meinungsfreiheit?« Selbstverständlich! Gelöscht wurden sie einzig von denen, die sie gemacht hatten.

Darf man die Regierung noch kritisieren? Ja, aber nicht mit meinen Rundfunkgebühren!

Knappe zwei Tage nach Veröffentlichung kam das Unvermeidbare – das Wochenende. Traditionell eine Phase, in der noch mehr Menschen noch mehr Freizeit haben und diese als Auffrischungsimpfung gegen jede Sachlichkeit und für noch mehr Erregung und Empörung zu nutzen wissen. Auf change.org tauchte in dieser Regenerationsphase vom Alltag der finale intellektuelle Shutdown auf: eine Petition. Ziel war es, dass die beteiligten Schauspieler bei ARD und ZDF nicht mehr auftreten. Im Text zur Petition wurde deutlich, dass die Schauspieler nicht weniger als »die Gesellschaft spalten, Tote und Erkrankte verletzen, medizinisches Personal lächerlich machen, die Herdenimmunität aufhalten – oder gar stoppen« wollten. Gut möglich, dass sie auch das Virus persönlich in die Welt gesetzt, den Zweiten Weltkrieg ausgelöst und den Klimawandel verursacht hatten. Darum also Auftrittsverbot in den Öffentlich-Rechtlichen! »Daran ändern auch die zwischenzeitlich, teilweise am Kern der Entgleisung vorbeigehenden, publizierten Distanzierungen einiger Schauspieler/innen nichts,«[104] heißt es weiter.

Während Richter beim Urteil vor Gericht die Reue als Zeichen einer Lernfähigkeit einpreisen, ist sie hier obsolet. Es zählt einzig die von den Petitionserfindern unterstellte Absicht der Schauspieler – und bei dieser Unterstellung stören alle entlastenden Momente. Wenn der moralische Gerichtshof tagt, gibt es nur noch die soziale Todesstrafe. Das ist moralischer Fanatismus mit leichter Schlagseite zum Kulturfaschismus, und der gilt, wie wir wissen, der Vorbereitung des politischen Faschismus. Und das ausgerechnet von Menschen, die vorgeben, dass es ihnen um die Rettung von Menschenleben gehe.

Die einzig ironische Pointe ist: Die Überschrift der Petition lautete: »Nicht mit meinen Rundfunkgebühren!« Der große Querdenker- und Rechtsaußen-Satz schlechthin, aufgegriffen und instrumentalisiert von ihren größten Gegnern. Von Leuten, die sich für die Speerspitze der Aufklärung halten. Lustig, dass ausgerechnet diejenigen, die jede Hufeisentheorie ablehnen, selbst alles tun, um eine neue salonfähig zu machen. Die Petition war im Übrigen alles andere als erfolgreich. Ein paar hundert Unterschriften kamen zusammen, und die Verträge einiger Stars aus den Videos hatte die ARD wie vorgesehen just in dieser Empörungsphase gelassen verlängert. Kein Fall von Cancel Culture also, wenngleich die Absicht dahinter vor dem Hintergrund, um den es ging – 53 misslungene Künstlervideos –, hochproblematisch bleibt.

Wir können an diesem Beispiel zweierlei erkennen: Erstens digitale Schmetterlings-Effekte: »Schon minimale Anstöße können, wenn sie sich mit Reizthemen verbinden, maximale Effekte erzeugen«[105], wie es Bernhard Pörksen beschreibt. Alle Seiten rasten aus und schubsen sich gegenseitig um mehrere Stufen weiter nach oben auf der Eskalationsleiter, bis sie komplett ausrasten und jedes Maß verlieren.

Zweitens zeigt das Beispiel das infantile Moment fast aller Onlinedebatten: Wer kommentiert, möchte alle seine Vorredner übertrumpfen und das eigene Argument um jeden Preis stärken. So entsteht häufig ein Diskussionsniveau, das der Psychologe Jean Piaget bei Drei- bis Sechsjährigen einmal *kollektiven Monolog* genannt hat: In diesem Alter sprechen Kinder rein egozentrisch miteinander. Auch wenn sie sich beim Sprechen abwechseln, entsteht kein logischer Zusammenhang in ihren Gesprächen. Das, was ein Kind sagt, hat wenig bis nichts mit dem zu tun, was ein anderes Kind unmittelbar zuvor gesagt hat.[106] Eine bessere Beschreibung der entfesselten Kommentarspaltendynamik ist kaum möglich.

Wo die Kleinen eher unschuldig plappern, ziehen die Großen im Netz mit Wucht in den Kampf, munitioniert mit den eigenen Überzeugungen, hundertfach, vielleicht tausendfach so oder ähnlich wiederholt. Das Argument der anderen dient dabei nur noch als Bestätigung für die Bekloppheit der Gegenseite und als Legitimation für die eigene, noch festere Verpanzerung. Darum lösen sich Onlinedebatten auch spätestens nach dem fünften Kommentar vollständig vom ursprünglichen Thema und landen spätestens beim zehnten bei Hitler. Wenn jeder mit sich gesprochen hat, ist auch mit allen gesprochen.

Gemeinsam ist all den wutschnaubenden infantilen Fanatikern aber der Wunsch nach Beschämung und Demütigung der gegnerischen Seite, also von Leuten, die nicht dazugehören zu den Guten und darum außerhalb der eigenen Gruppe stehen. Es ist wohl mehr als Ironie, dass ausgerechnet die Mitglieder der narzisstischen Gegenwart sich gegenseitig strafen mit narzisstischen Kränkungen wie Beschämung in all ihren Facetten und sich damit am schmerzvollsten Punkt verletzen, der denkbar ist. Wenn man weiß, wo die Wunde ist, kann man das Salz gezielter reinstreuen.

Beschämung ist eigentlich eine staatliche Strafpraxis aus dem Mittelalter. Ein Verurteilter musste an drei aufeinanderfolgenden Sonn- und Feiertagen jeweils etwa zwei Stunden am Pranger stehen. Je nach Vergehen durften vorbeigehende

Passanten ihn bespucken, beschimpfen oder mit Fäkalien bewerfen – eine frühe Form des Shitstorms. Wer am Pranger gestanden hatte, musste oft den Ort verlassen, ähnlich wie heute manch ein im Netz Gedemütigter umziehen muss, sobald die Privatadresse veröffentlicht ist und der Mob aus dem Internet hinauskriecht und plötzlich im realen Leben vor der Tür steht. Der Unterschied zwischen damals und heute: Selbst in ihrer Hochphase waren Gerichte eher zurückhaltend mit Ehrenstrafen. In Köln musste im 16. Jahrhundert etwa alle fünf Jahre jemand an den Pranger, im bedeutend größeren London waren es im 18. Jahrhundert zehn Leute im Jahr. Dagegen kommt der entfesselte Social-Media-Mob doch auf eine deutlich höhere Schlagzahl. Staaten sahen damals ein, dass eine Strafe, die »einer moralischen Person alle Würde raubt und die Achtung abspricht, unzweckmäßig handelt, da diese Strafe nicht bessert«, hieß es schon 1798.[107]

Es ist ein Kennzeichen aufgeklärter und liberaler Gesellschaften, dass sie Recht und Moral trennen. Legen wir diesen Maßstab an die Moralstürme des Netzes, so sehen wir die beunruhigend wachsende Illiberalität unserer doch angeblich so freiheitlichen westlichen Gesellschaften. Der ehemalige Bundespräsident Christian Wulff, der Korruption verdächtig, politisch und moralisch im Handumdrehen erledigt, war längst zurückgetreten, als seine Unschuld gerichtlich bestätigt wurde. Während früher das Recht durch Schandstrafen, wie den Pranger, moralisierte, versuchen heute die Moralisten Strafe vor Recht ergehen zu lassen. Besonders deutlich wird dies an einer Art moralischer Selbstjustiz, in der interessierte Kreise die Rolle der schandstrafenden Justiz im Handumdrehen selbst übernehmen möchten – etwa mehr oder weniger erfolgreiche Versuche, durch Shitstorms missliebige Akteure für immer aus der Öffentlichkeit zu verbannen, oder wenigstens aus dem Sender, den ich gucke oder mit meinen Gebühren finanziere. Die moralische Strafe der Beschämung geht heute der rechtlichen voraus. Vom Staat wird nur noch erwartet, dass er diese mit eigenen Mitteln rechtlich bestätige und flankiere. Moral steht damit über dem Recht. Wer muss noch auf ein gerichtliches Urteil warten, wenn der moralische Schuldspruch der Kläger schon längst ergangen ist?

Der sektiererische Eifer ist besonders beliebt bei den dauerbeleidigten Inquisitoren der Fraktion Helen: 2012 wollte die Linkspartei die Namen reicher Steuerhinterzieher ins Internet stellen, 2017 plante die Heinrich-Böll-Stiftung, die Namen von Antifeministen ins Netz stellen, darunter den des »Zeit«-Kolumnisten Harald Martenstein. Und 2021 versucht ein angesehener Physiker bei #allesdichtmachen, Listen von Twitter-Usern zu sammeln, die Schauspielern folgen oder von ihnen gefolgt werden.

Was wir gegen das Hass tun können – und was wir besser bleiben lassen

Warum sind Hass und Gewalt durch soziale Medien so stark geworden – und wie können wir das ändern? Zum einen formulieren wir drastischer, wenn wir schreiben. Psychotherapeuten empfehlen deshalb ihren Klienten gern, einen Brief an ihre Mutter, ihren Vater oder eine andere Person zu schreiben, die in ihrem Leben problematisch wirkt. Aber stets mit dem Zusatz: »Schicken Sie den Brief nicht ab, sondern bringen Sie ihn mit in die nächste Sitzung.« So haben Klienten die Möglichkeit, all ihre Wut, ihren Ärger und ihre Trauer aufzuschreiben, und anschließend können sie all das mit dem Therapeuten besprechen und einordnen.

Twitter, aber auch Facebook wollen uns dazu verleiten, den Brief nicht nur spontan wütend aufzuschreiben, sondern ihn auch noch mit Megaphon in der elektronischen Agora, dem digitalen Marktplatz, vor der gesamten Stadt vorzulesen. Vieles von dem, was wir schnell schreiben, würden wir so niemals aussprechen. Selbst am Telefon benehmen wir uns meist besser, obwohl wir nur eine Stimme hören. Es ist die Unsichtbarkeit des Netzes, die uns verhärten lässt: Es fehlen große Teile, die den Menschen ausmachen: Augenkontakt, Mimik und Gestik und eben die Stimme.

Insbesondere der fehlende Blick, der Anblick des Gegenübers, ist hier ein Problem. Der Psychologe John Suler spricht vom Online-Enthemmungs-Effekt.[108] Sobald Anonymität garantiert scheint, gibt es kein Halten mehr: Anschuldigungen, die sonst tabu wären, erscheinen plötzlich legitim, weil es schwerer erscheint, dafür haftbar gemacht zu werden. Sehen wir unseren Mitmenschen in die Augen, agieren wir nicht mehr, wir interagieren und werden vorsichtiger, differenzierter. Der Blickkontakt hat hier erregungshemmende Wirkung, weil wir unmittelbar erleben, was unsere Worte im Gegenüber auslösen.

Kommunizieren und kommentieren wir mit einem Fake-Namen oder Fake-Profil, so erhöht das die scheinbare Sicherheit des Unerkannt-Bleibens zusätzlich und wirkt weiter enthemmend. Außerdem wirkt die Onlinewelt eher wie ein Spiel. Alles ist Versuch, Experiment, eine Wette auf Wirkungen, über die eine anonyme Öffentlichkeit entscheiden wird. Ein weiterer wichtiger Faktor ist die Tatsache, dass gerade in den großen Netzwerken zumeist niemand moderiert. Es fehlt also die regulierende Kraft von außen, die Autorität hat und die schlimmsten Schreihälse auch mal zurückpfeifen kann.[109]

Neben der Anonymität spielen drei weitere Faktoren eine Rolle bei unserer Onlinekommunikation: Geschwindigkeit, Aufwand und Reichweite.[110] Wenn wir im Netz kommentieren, vergeht zwischen Entstehung und Veröffentlichung unserer Nachricht eine Sekunde. Einen Leserbrief in einer Zeitung aus der analogen Zeit musste sein Autor schreiben, ausdrucken, falten, in einen Briefumschlag stecken, diesen mit Spucke benetzen und frankieren, ehe er ihn auf die Reise schickte. Da war der Schaum vorm Mund schneller trocken als die Tinte.

Damit sind wir beim zweiten Punkt. Der erregt schnaubende Leserbriefschreiber ahnte, dass er mindestens einen Redakteur von seiner Meinung überzeugen musste, um reinzukommen in die Zeitung. Für einen Onlinekommentar reicht ein Satz, und ein Türsteher ist weit weg. Das macht diese Gattung so problematisch: Sie lässt Meinung zu einem beweis- und begründungsfreien Schaulaufen verkommen, in dem alle Spuren einer kohärenten Argumentation getilgt sind. Eine Meinung muss zweifellos nicht den Anforderungen einer wissenschaftlichen Arbeit genügen, aber es schadet auch nicht, wenn derjenige, der sie vorträgt, auch noch einen Gedanken zur Bekräftigung seiner These aus den hinteren Hirnwindungen hervorkramen kann. Und die Reichweite ist heute sowieso grenzenlos – potentiell ist das Auditorium die ganze Welt. Drunter machen wir hochgradig Vernetzten es nicht mehr.

Kommentarbereiche sind zudem noch immer in Männerhand: Von den 900 000 Wortmeldungen auf der Website der ›New York Times‹ im Jahr 2018 stammte nur knapp ein Drittel von Frauen. Noch weniger von ihnen kommentierten aktiv. Viele verschweigen im Netz ihre Identität und nutzen nur ihre Initialen.[111] So bleiben auch die Themen, über die Nutzer sprechen, männlich dominiert, und die Stimme der Frauen bleibt häufiger ungehört. Bei Wikipedia sind noch weniger Frauen an Bord. Ein Grund könnte sein, dass in der Wiki-Community eine hochaggressive Diskussionskultur herrscht, in der Autoren auch über Nebensätze streiten, was offenbar viele Frauen abschreckt.[112]

Der Politik ist egal, welcher Konzern ihr sagt, was sie tun soll

So entwickelt sich eine Sprache, die nur noch Eindeutigkeit will und sich der aseptisch-perfekten Härte der Instagram-Bildkultur anschmiegt. Twitter ist Instagram – nur mit Worten – und darum noch grausamer. Ich hatte weiter oben von der Bedeutung der Bilder in den 1920er-Jahren gesprochen, die der heutigen Instagram-Kultur verwandt erscheint. Und es gibt noch eine Parallele: Zeitgleich zum Aufkommen des Kamera-Auges machte sich in jener Zeit der »Begriffs-Realismus« breit. Es ging darum, so zu schreiben, wie die Kamera fotografierte. Alles Amorphe, alles Ambivalente und Zweideutige sollte in dieser Sprache verschwinden. Nur reine Phänomene durften bleiben. »Halbdunkel wird entfernt, Schwanken und Lavieren werden in der Kategorie des Verrats fixiert«[113], schreibt der Germanist Helmut Lethen. Das Unscharfe ist das Prinzip des Möglichen, nicht des Wirklichen. Was zählt, ist aber einzig der harte Realismus des Wirklichen. Carl Schmitt, der spätere Kronjurist der Nazis, findet die Begriffe dazu, nämlich »die Unterscheidung von Freund

und Feind. Sie entspricht für das Gebiet des Poltischen den relativ selbständigen Gegensätzen anderer Gebiete: Gut und Böse im Moralischen; Schön und Hässlich im Ästhetischen.«[114] Hier gibt es nur die klare Trennung, die harte Grenze, kein Dazwischen, kein Suchen. Gegensätze bestimmen die Welt. Alles ist eindeutig und scheinbar klar. Die 1920er-Jahre sind die Stunden der Morgendämmerung des Faschismus. Es ist die Stunde des soldatischen Mannes. Ernst Jünger ist einer von ihnen. Erst später wird er über diese Zeit sprechen als »die Jahre, in denen auch ich mit der Schere der Begriffe mir das Leben zu Papierblumen zurechtstutzte«.[115] Es ist eine Sprache, die alles Lebendige erstarren lässt, um es beherrschbar zu machen wie den Feind im Krieg. Über diesen Typus des Präfaschisten, der das Virus des Faschismus schon in sich trägt, ohne es zu merken, aber bereits ansteckend ist, wird der Kulturwissenschaftler Klaus Theweleit in seiner Studie ›Männerphantasien‹ präzise schreiben. Über die Sprache des Soldatischen sagt er einige erschreckend aktuelle Worte:

»Sich klarzumachen, was diese Sprache nicht kann, ist aufschlussreich: Sie kann nicht beschreiben, nicht erzählen, nicht darstellen, nicht argumentieren. Eine sprachliche Haltung, die das Eigenleben ihres Gegenstandes ernst nimmt oder achtet, ist ihr fremd. (...) Diese Männer schreiben eine Besatzungssprache. Sie ist imperialistisch gegen jede Art selbständiger lebendiger Bewegung gerichtet.«[116] Pessimistisch gesprochen klingt das genau wie die Sprache eines aufgestachelten durchschnittlichen Twitter- oder Facebook-Users inmitten einer neuen Vorkriegszeit.

Wenn meine Prämisse stimmt, wonach wir unsere Vergöttlichung auf zwei Ebenen postulieren, über unseren Körper in Form radikaler Selbstkontrolle, und über unseren Geist durch die ebenso radikale Ausübung unserer Meinungsfreiheit, so stehen die sozialen Medien spiegelbildlich genau für diese beiden Seiten: Instagram fördert die totale Kontrolle über unseren Körper und ist die perfekte Plattform für unseren Narzissmus, getarnt als nettes Fotomedium, fordert es dennoch in erster Linie Eindeutigkeit. Facebook und vielleicht noch stärker Twitter sind der Ort des radikalen Moralismus linker Inquisitoren und rechter Märtyrer, die narzisstisch nur noch sich und ihre Meinung gelten lassen können – Eindeutigkeit ist hier fraglos Staatsräson.

Was also können wir heute praktisch tun gegen den grassierenden Hass im Netz? Deutschland spielt mit seinem Netzwerkdurchsetzungsgesetz (NetzDG) seit 2018 eine Vorreiterrolle, im Guten wie im Schlechten. Um härter gegen Hate Speech vorgehen zu können, wollte die Bundesregierung die Plattformen zwingen, Hass und Hetze schneller zu löschen – innerhalb von 24 Stunden nämlich. Damit machte sie die Konzerne zu einer Art Hilfssheriff. Der Staat überlässt börsennotierten Unternehmen in den USA, die in Deutschland maximal eine Verkaufsabteilung betreiben, die Durchsetzung hiesiger Gesetze. Das erscheint nur konsequent, nachdem die US-Regierung ja schon die Macht über das, was in sozialen Netzen zensiert werden darf, den Konzernen überlassen hat – auch wenn es gegen das höchste Gut der Demokratie, die Verfassung, spricht.

Mein Eindruck ist: Nicht die Politik diktiert den Internetgiganten die Gesetze, sie hat deren Gesetze längst übernommen: Hass-Kommentare sind die Stickoxide des Internets und Facebook und Twitter sind so etwas wie die Volkswagen AG. Die Hersteller sollen dann fix ein Software-Update programmieren, schon sind die Werte wieder schön getrickst. Was als Meinung und was als Schad-Stoff durchgeht, entscheiden allein die Konzerne.

Facebook braucht mehr Zensoren als China

Im April 2021 nun trat eine Verschärfung des NetzDG in Kraft: Ab sofort sollen die Hilfssheriffs aus den sozialen Medien den Hass ans Bundeskriminalamt melden müssen. Die Bürgerwehren aus dem Valley also, die den demokratischen Staat und seine Institutionen so leidenschaftlich verachten und am liebsten aushebeln wollen, indem sie transnationale Währungen, eigene Krankenversicherungen und eigene Internet-Apotheken ins Leben rufen, sollen nun seine Diener sein. Es ist wohl eher so, dass die Bürgerwehr, die schon lange nachts nach ihren eigenen Regeln patrouilliert, nun die Polizei unterstützen soll, an deren Stelle sie treten will. Die Bürgerwehr aber schottet sich erfolgreich ab: Staatsanwälte berichten, dass Google zwar recht gut mit den Behörden kooperiere, Facebook aber schon deutlich weniger und Twitter praktisch gar nicht. Die Extremisten-Kloake Telegram, der aktuelle Superspreader in Sachen Hate Speech, benennt den Behörden nicht einmal einen Ansprechpartner.[117]

Die Verbreitung des Hasses und die Bereitschaft zur Kooperation verlaufen also reziprok. Je krasser der Hass, desto verschlossener das Netzwerk. Schlechte Voraussetzungen für einen effizienten Kampf. Und Staatsanwälte, die statt Durchsetzungsbefehlen Bettelbriefe verschicken müssen, sind zahnlose Tiger. Die national agierende Demokratie wirkt veraltet, mit den Plattformen komplett inkompatibel. Wenn schon, dann bräuchten die Plattformen ein eigenes, unabhängiges Komitee, das in Fällen von Hass und Verleumdung selbst entscheidet und begründet und gegen das User anschließend auch klagen könnten. Aber davon sind Facebook und YouTube derzeit weit entfernt.

Die Voraussetzung dafür wären nicht Algorithmen, die schon an rechtsextremem Terror wie in Neuseeland scheitern. Dafür bräuchte es eiweißbasierte Intelligenz von Menschen. Vor allem bräuchten die Plattformen dafür eine größere Zensoren-Armee als China. Allein Facebook bekam im Jahr 2015 zehn Millionen Meldungen wegen anstößigen Materials – und das pro Woche. Wohlgemerkt sind das nur die Inhalte, durch die sich andere User zu einer Beschwerde veranlasst sahen.[118] Auf diese Reklamationen reagieren dann interne Teams von sogenannten Entscheidern und checken, ob der beanstandete Stoff mit den Community-Standards in Einklang steht. Über die genaue Zahl dieser Entscheider schweigt Facebook. Von sich aus aktiv wird der Laden nicht, sonst würde er am Ende doch noch inhaltliche Verantwortung übernehmen und seinen komfortablen Status als ausschließlich übertragende Telefonleitung gefährden.

Es bleibt also die große Frage, welche Erfolge Gesetze gegen Hate Speech wirklich zeitigen können. Wenn das Netz eine elektronische Agora ist, wie es sich die Gründergeneration aus dem Valley erträumt hat, dann müssen hier die gleichen Gesetze gelten wie auf dem Offline-Marktplatz. Direkte Belästigungen, Bedrohungen oder Einschüchterungen, also etwa die Androhung körperlicher Gewalt, Mord- und Vergewaltigungsaufrufe, müssen so geahndet werden wie im analogen Leben auch. Wie hoch die Hürden im Zweifel liegen, habe ich am Beispiel Renate Künasts gezeigt. Die Meinungsfreiheit – besser: Hassfreiheit – ist alles andere als vom Aussterben bedroht.

Anders liegen die Dinge bei der Frage nach vulnerablen Gruppen und Minderheiten. Der Hinweis, wonach eine reife Gesellschaft zunächst dem folgt, was die betroffene Gruppe sagt und für verletzend hält, ist zweifellos richtig. Diese Spur aufzunehmen, um mehr von dem zu verstehen, was fremde Lebenswelten ausmacht, ist befruchtend und kann alle Beteiligten gemeinsam weiterbringen. Zudem ist es eine Geste des Respekts, den wir viel zu vielen Gruppen viel zu lange verweigert haben.

Wenn es jedoch um strafrechtliche Konsequenzen geht, ist die Angelegenheit etwas komplexer. Ich meine, hier ist die angestrebte Gleichheit, die durch Bestrafung von Hassreden erreicht werden soll, eher in Gefahr. Es droht Willkür statt Rechtssicherheit. Die erste Frage ist: Welche Gruppen und welche ihrer Merkmale sollten wir besonders schützen? Gehen wir davon aus, dass die unveränderbaren, angeborenen Merkmale wie etwa die Hautfarbe schützenswerter sind als die veränderlichen wie die Religionszugehörigkeit.

Dann wird es schon bei Homosexualität schwierig: Ist sie qua Geburt ein unveränderliches Merkmal? Wissenschaftlich gibt es darauf bis heute keine Antwort. Machen wir es dann davon abhängig, ob ein Schwuler schon einmal heterosexuelle Erfahrungen gesammelt hat? Vom Alter, als er sein Coming-out hatte? Vielleicht fühlt sich eine lesbische Frau von einer homophoben Hassrede aber genauso verletzt wie eine Person of Colour von einer rassistischen.

Auch bei der Religion stehen wir vor herausfordernden Abwägungen: Den einen ist ihre Religion heilig, ist Kennzeichen ihrer Identität, viel wichtiger etwa als ihre Hautfarbe, Herkunft oder sexuelle Orientierung. Jedes Wort, jedes Bild, erst recht jeder Witz auf Kosten ihres Glaubens, ihrer Religion ist ein Stich, stellt Mikroaggression dar und verletzt. Ist das ein Grund, kritische – vielleicht auch verletzende Diskussionen über Religion einzustellen? Witze über Religion zu untersagen? Dann sind wir kurz vor einem Gottesstaat.

Dabei leben wir doch glücklicherweise in einer Zeit, in der sich Identitäten zusehends verflüssigen, in der genau die Leute, die hier härtere Strafen für Hassrede und bedingungslose Rücksichtnahme fordern, an anderer Stelle das Selbstverständnis der Diversität in Stellung bringen. Wenn Diversität selbstverständlich sein soll, dann muss unser Maßstab die Vielfalt sein. Gleichheit in dieser Vielfalt ist erst erreicht, wenn wirklich alle Minderheiten gleichberechtigt am Tisch sitzen, wenn also ihre Hautfarbe, Religion, sexuelle Orientierung etc. keine Rolle mehr spielt. Das würde ich sehr begrüßen. Das bedeutet aber in der Konsequenz, dass auch niemand benachteiligt werden darf durch Gesetze, die das, was keine Rolle mehr spielen soll, erst recht betonen durch vorgeblich beschützende Rechtsprechung.

Wenn die Vorhersagen amerikanischer Bevölkerungswissenschaftler zutreffen, könnte es in den USA im Jahr 2042 wirklich so weit sein: Dann wird die amerikanische Bevölkerung so divers sein, dass es statt einer Mehrheit nur noch Vielfalt gibt.[119]

Wenn wir Vielfalt wollen, müssen wir uns auch entscheiden, ob sich entweder keiner mehr beleidigt fühlen darf – jedenfalls nicht wegen der Zugehörigkeit zu einer bestimmten Gruppe – oder alle permanent. Den ersten Weg würde ich mir wünschen, auf dem zweiten Weg sind wir derzeit. Wenn auf diesem zweiten Weg ein Schild steht, das Gleichheit verspricht, so führt dieser Weg leider meist ins Nirgendwo und verliert sich im Gestrüpp – die Gleichheit bleibt eine Schimäre, der hinterherzulaufen spannend, aber ziellos erscheint. Statt gelebter Diversität sind vor allem kleinkarierte Unterscheidungen und neue Ausgrenzungen zu befürchten.

Grenzenlos sind einzig die Gruppen, die nun auch Anspruch auf Benachteiligung und Schutz haben: Nach der Rasse – die hier eigenartigerweise immer in Anschlag gebracht wird, obwohl es sie – im Gegensatz zum Rassismus – nicht gibt, kommt die Religion, die fluiden sexuellen Orientierungen und die Behinderungen, außerdem natürlich immer noch Frau und Mann. Sodann folgen die Dicken und die Dünnen, die Kleinen und die Großen, die Alten und die Jungen, die mit der Hornhaut unterm Fuß und die mit den Pickeln im Gesicht, die Glatzköpfe, die Lockenköpfe usw. Alle werden einen Grund finden, um schärfere Gesetze wegen Hassreden gegen ausgerechnet ihre Gruppe zu fordern – und sie je nach Lautstärke und Gruppenstärke auch bekommen.

So versteinern wir gemeinsam in einer Welt der Tabuisierungen, in der wir nicht mehr, sondern weniger miteinander sprechen, dafür umso mehr übereinander – und in der es im Grunde nur noch Opfer gibt, die Anlässe suchen, um beleidigt zu sein und sich der eigenen Unterdrückung und Randständigkeit zu versichern. Eine Gesellschaft der Vielfalt aber braucht nicht die Abschaffung von Unterschieden, um einer angeblichen Gleichheit willen, sie braucht Gleichbehandlung in der Verschiedenheit.

Das Gefühl der Diskriminierung birgt auch das Risiko, reaktionär statt progressiv zu werden, indem sich Betroffene einer Art Religion der Schwachen überantworten: Sie richtet sich ein in einem Luxus der Schwäche. In dieser Logik ist es paradoxerweise attraktiv, schwach zu bleiben: Nur wer schwach ist, wird weiterhin beschützt und kann als unterdrückter Beschwerdeführer auftreten. Böse dagegen sind die Starken, die als Unterdrücker auftreten und sich beschmutzt haben mit dem Dreck dieser Welt. Böse aber möchte man keinesfalls sein, darum bleibt man lieber schwach. All das lässt sich nur auflösen mit einer vitalen Energie, mit kraftvollem Widerstand durch Widerspruch und Humor sowie mit Überlegenheit durch selbstbestimmtes Framing – ganz so, wie es die lange und leider bis heute immer wieder diskriminierten Homosexuellen vorgemacht haben: Sie haben den abwertenden Begriff schwul im Handumdrehen okkupiert und neu besetzt und so ihren Unterdrückern die Waffen aus der Hand geschlagen und sie im besten Sinne des Wortes mundtot gemacht. Ein wundervoller Akt der Emanzipation.

Henne und Ei: Wie viel Meinungsfreiheit braucht die Privatsphäre, und wie viel Privatsphäre braucht die Meinungsfreiheit?

Ich hatte gar nicht vor, so ausführlich über das Internet zu schreiben, aber je weiter ich kam, desto mehr wurde mir bewusst, dass meine anfängliche Zuspitzung in Liebe und Hass aufs Netz tatsächlich so treffend wie unzutreffend ist. Wie immer, wenn man genauer hinschaut, stellt sich die Welt differenzierter dar, als man in der anfänglichen trügerischen Gewissheit des Halbwissens dachte. Die oft betonte Meinungsfreiheit jedenfalls ist wohl auf tragikomische Weise ein Spielball der Interessen ganz unterschiedlicher Kräfte. Das ist die melancholische Seite. Bevor ich es mir darin zu gemütlich mache, frage ich: Wie können wir, wie kann die Meinungsfreiheit überleben, obwohl sie längst von so unterschiedlichen wie einflussreichen Truppen umstellt ist, von Regierungen über Konzerne bis hin zu Bots?

Schauen wir darum zunächst noch einmal auf den Aspekt, dass soziale Netze sich in den vergangenen zehn Jahren mehr denn je als Medien der Selbstbefreiung gezeigt haben – ganz im Sinne des Zeitalters der Anerkennung, in dem auch bislang marginalisierte Stimmen mit am Tisch sitzen. Bei allen Rebellionen der Welt spielten soziale Netze die entscheidende Rolle: Beim Arabischen Frühling nutzten die Organisatoren vor allem Facebook, um zu Märschen und Besetzungen aufzurufen. In Ägypten schlug das Mubarak-System zurück und stellte flugs dem ganzen Land das Internet ab, legte sich aber damit zugleich selbst lahm bei der Bespitzelung der landeseigenen Revoluzzer. Wer anderen den Stecker zieht, für den wird's selbst schnell duster.

In der chinesischen Sonderverwaltungszone Hongkong kämpften Aktivisten gegen das Sicherheitsgesetz der Pekinger Zentralregierung. Bislang waren in Hongkong freie Meinungsäußerung und Demonstrationsfreiheit garantiert, das wollte die Regierung nun ändern. Ab sofort wäre das »Untergrabung der Staatsgewalt« mit unter Umständen lebenslanger Haft und möglicher Auslieferung aufs Festland. Die Plattformen schlossen sich hier dem Protest an: Alle großen Netzwerke ließen sich nicht zu Handlangern der Staatsgewalt machen, sondern wollten mögliche Anfragen von Hongkonger Behörden schlicht nicht beantworten.

Der live gefilmte Mord an George Floyd löste die »Black Lives Matter«-Demonstrationen in vielen Ländern aus. Dieser präzise und zugleich brutale Blick auf die Polizeigewalt in den USA war nur durch das kalte Kamera-Auge möglich, das im Sinne Ernst Jüngers »von einem unempfindlichen und unverletzlichen Auge gesehen ist«[120] und mit ebendiesem das Festgehaltene viral verbreitete.

Auch die vielleicht mächtigste Bewegung der Gegenwart, Fridays for Future, konnte ihre Schlagkraft nur dank des Internets gewinnen. Den Anfang machte Greta Thunberg im August 2018 mit ihrem One-Girl-Klimaprotest vor dem schwedischen Reichstag. Ihr bevorzugtes Medium war im Gegensatz zu ihrer Kohorte immer Twitter. Ende 2018 explodierte ihr Name – innerhalb eines Monats von ein paar tausend Erwähnungen auf 100 000, danach in kurzer Zeit auf 300 000 Mentions. Im Jahr danach gehörte #fridaysforfuture in Deutschland schon zu den fünf meistverbreiteten Hashtags. Der Erfolg im Netz befeuert sich quasi immer wieder selbst. Ähnliches galt auch für den Sexismus-Aufschrei #metoo, den Euromaidan in der Ukraine und den Protest gegen Wahlfälschungen in Belarus.

Plattformen haben eben auch eine massiv emanzipatorische Kraft. Dennoch bleibt, jenseits des Aufbegehrens und des Protests, die große Frage: Wie schaffen wir es, die Meinungsfreiheit im Netz alltäglich zu erhalten und neu zu beleben? Vor dem Hintergrund, dass Plattformen all unsere Daten nutzen und wir in dieser Kneipe quasi nackt sind, um ihren Interessen zu dienen? Welche Bedeutung hat dann die Privatsphäre für uns und vor allem im Netz? In einer Zeit, in der private WhatsApp-Nachrichten von Kindern, deren Geschwister getötet wurden, auf der Titelseite von ›Bild‹ landen, liegt der Eindruck nahe, dass es schon zu spät ist und wir die Privatsphäre längst aufgegeben haben. Oder etwas weniger dramatisch: dass der private Raum ebenso öffentlich geworden ist wie der öffentliche privat.

Wird also die Privatsphäre durch die Meinungsfreiheit bedroht oder bedroht die Privatsphäre die Meinungsfreiheit? Und wäre Letzteres eine Einschränkung der Meinungsfreiheit oder eine Ausweitung der Privatsphäre? Ich meine, die Antwort auf diese Fragen ist ein entspanntes Weder-noch: Die Privatsphäre ist die Voraussetzung der Meinungsfreiheit. Nur wer sich auf sie verlassen kann, auf den Schutz des Geheimnisses und alles Gesagten in ihr, kann sich anschließend im ungeschützteren öffentlichen Raum äußern. Oben habe ich die Allensbach-Studie zitiert, aus der hervorgeht, dass heute eine Mehrheit der Menschen in Deutschland das Gefühl hat, öffentlich nicht mehr so sprechen zu können wie im privaten Raum. Eine Ursache mag sein, dass der private Raum immer öffentlicher wird, immer weniger geschützt erscheint, da wir in einer totalitären Selbstkontrolle durch Smartphone-Kameras leben, die der chinesischen staatlichen Überwachung locker das Wasser reichen kann. Es geht bei uns zu wie im Western. Die Frage ist stets: Wer schießt zuerst? Unsere Kameras sind dabei unsere Knarren. Paparazzi sprechen nicht umsonst davon, dass sie einen Prominenten in brenzliger Situation »abgeschossen« haben.

Das Internet vergisst nichts – nur wir wollen ein Recht auf Vergessenwerden

---

Juristen unterscheiden vier private Zustände: Einsamkeit, Intimität, Reserviertheit und Anonymität. Der erste Zustand ist leider oft traurig, es sei denn, die Einsamkeit ist bewusst gewählt, dann wäre es eher ein Alleinsein. Der zweite Zustand, die Intimität, ist hoffentlich erfüllend, der dritte, die Reserviertheit, könnte angenehm sein, wenn es gelänge, mit ihrer

Hilfe kommunikations-übermotivierte Zeitgenossen in Zaum zu halten. Der vierte Zustand ist sehr ambivalent, darum werde ich später genauer auf ihn eingehen.

Der Staat überwacht uns, die Plattformen kontrollieren uns. Und wir tun dasselbe: Wir überwachen und kontrollieren uns gegenseitig. Wächter werden zu Bewachten, Beobachter zu Beobachteten und umgekehrt. Die Rollen wechseln schneller als die Klamotten bei TikTok. Zusammen mit einem überbordenden Moralismus ergibt dies eine gefährliche Mischung, die uns alle zu Denunzianten werden lässt. Natürlich nur mit den besten Absichten – aus Nächstenliebe und gesellschaftlicher Verantwortung. Überwachung heißt ja heute auch Transparenz. Ziel ist stets die vollständige moralische Reinheit von Prominenten, insbesondere von Figuren aus dem politischen Feld, denen kein Fehler mehr zu verzeihen ist. Je mehr an uns vorbeirauscht, desto mehr vergessen wir. Aber an eines erinnern wir uns garantiert ewig: an die Verfehlungen der anderen. Die Antwort auf diese Herausforderungen sind dann Influencerinnen auf Instagram: unangreifbar, unnahbar und unberührbar. Eiskalt in ihrer weichgezeichneten Filterwelt.

Helden heben wir noch schneller auf den Schild und stürzen sie dreimal so schnell, da sie die an sie gestellten Erwartungen niemals erfüllen können. Die Entzauberung greift um sich. Die Aura des Großen, der Autorität verliert an Gewicht. Der Abstand, der Nähe erst möglich macht, verfliegt, und mit ihr entsteht ein Entblößungs- und Durchleuchtungsdrama, das seinesgleichen sucht. Charisma aber, jener seltene und darum hochdotierte Rohstoff, braucht Zeit. Er entsteht und gedeiht durch Brüche, durch Leiden und durch Fehler, aber auch durch Verzeihen und Neuanfang. Er erstickt im Keim, wenn er unter dem fahndenden Blick des Verdachts steht. In seinem wegweisenden Urteil zur Volkszählung sprach das Bundesverfassungsgericht 1983 davon, dass jeder Mensch selbst festlegen können solle, »wer was über die eigene Person weiß, da sonst ein Klima der vorauseilenden Konformität, von Verzagtheit und Angst« entstünde.[121]

Wir leben also in einer Situation, in der wir immer mehr kennen und immer weniger wissen, in der wir immer schneller immer mehr vergessen und doch immer nachtragender werden. So stellt sich immer lauter die Frage, ob es ein Recht auf Vergessenwerden geben kann und wie es aussehen könnte. Von Google-Chef Eric Schmidt gibt es das im Nachhinein als Witz gekennzeichnete Statement, dass junge Leute mit 21 Jahren den Namen wechseln sollten. Dann wären alle Jugendsünden vergessen, die dank Internet ewig nachbeben, egal wie kurz und heftig die eigentliche Erschütterung war. Schmidt bezog diesen Satz auf den sogenannten »Tod durch Twitter« und sagte damit vielleicht mehr über seine eigene Firma, die ja jede Bemerkung auch dann noch am Leben erhalten wird, wenn ihr Schöpfer längst verblichen ist.

Es gibt in Zeiten des Internets kein Vergessenwerden mehr, erst recht kein Recht darauf – dieses Recht sollten wir vielleicht als Erstes vergessen. Es wird also weiter darum gehen, das Recht auf informationelle Selbstbestimmung zu stärken, also das Prinzip: Meine Daten gehören mir. Nur, wenn ein begründetes öffentliches Interesse besteht und der Nutzen größer ist als der Schaden, der dem Betroffenen erwächst, könnte diese Schranke ausnahmsweise überschritten werden. Das alles ist schwer umzusetzen. Es bleibt also mal wieder an Ihnen und mir, unsere Daten nicht mit Hinz und Kunz auf allen Portalen zu teilen und zu tauschen im naiven Glauben an das Gute im Menschen und den Plattformen. Da wir also das Recht auf Vergessenwerden in den Wind schlagen können, so sollten wir doch wenigstens die Möglichkeit haben, uns anonym im Internet zu bewegen.

Wenn ich fordere, Anonymität im Netz müsse möglich sein, löst das oft ein Zucken oder schnellen Widerspruch aus. Ist es doch gute alte Sitte im Abendland, dass wir uns in die Augen schauen, unsere Namen nennen, uns die Hand geben und dass wir wissen wollen, mit wem wir es zu tun haben. Schließlich ist doch gerade die Anonymität die Ursache des abgründigen Hasses im Netz, der Scheinsicherheit, die einigen das Gefühl gibt, alles sei erlaubt, und sie zu Bestien und Bastarden mutieren lässt.

All das ist richtig. Zugleich aber brauchen wir die Möglichkeit der Anonymität im Netz. In autoritären Staaten ist es oft nur möglich, anonym zu sprechen, wollen Bürger überhaupt sprechen, ohne Repressalien befürchten zu müssen. Aber auch in demokratischen Staaten gibt es Menschen, die in Familien leben, in denen sie Gewalt ausgesetzt sind und unterdrückt werden oder die kriminalisiert würden, käme ihre religiöse Überzeugung oder sexuelle Orientierung ans Licht. Im Zeitalter der Transparenz und grellen Ausleuchtung auch des letzten Winkels der Privatsphäre wird Anonymität für einige Menschen zum überlebenswichtigen Grundrecht.

Außerdem ist es in Zeiten des Authentischen wichtig, andere Rollen zu spielen, sich Masken aufzusetzen, um Meinungen auszuprobieren, die mit dem Ich, das zur Arbeit oder in den Sportverein geht, nichts gemein haben. Was die User auf TikTok spielerisch machen, sollten auch wir, die sogenannten Erwachsenen, wieder stärker leben: das Spiel mit Identitäten. Die Reife der Persönlichkeit zeigt sich nicht in ihrer Widerspruchslosigkeit, sondern in ihrer Widersprüchlichkeit, in ihren schillernden Rollen, die einander entgegenstehen und sich doch ergänzen dürfen und sollen. Dazu können auch Pseudonyme dienen, solange Sie nicht behaupten, jemand zu sein, den es schon gibt.

Warum also nicht das Spiel der Meinungen, der Positionen und der Ideen in unterschiedlichen Kostümen ausprobieren? Und sei es nur, um zu sehen, wie anders der Algorithmus anschlägt, wenn ich plötzlich ein anderer Mensch mit anderen Hobbys, Vorlieben und Überzeugungen bin – auch eine Möglichkeit, der eigenen Echokammer zu entkommen: sich selbst als anderer Mensch unter Pseudonym neu erfinden und nur Leuten folgen, die Sie sich als Ich nie trauen würden, gut zu finden. (Also Sie als Ich, nicht Ich als Ich – Sie sehen, wie uneindeutig und kompliziert das plötzlich wird.) Ich wette, wenn Sie das zu lange treiben, wissen Sie wirklich nicht mehr, wer Sie sind. Zuvor aber wäre es ein spannendes Selbstirritations-Programm und ein Selbstexperiment in Sachen produktiver Selbststörung und Unterbrechung der eingefahrenen Bahnen.

Für ein neues Schulfach: Medienkritik

Die Zeit nach dem 11. September 2001 war die erste Datensammel-Welle im Dienste der Sicherheit. Die Pandemie könnte sich als die zweite große Welle erweisen – dieses Mal aber eher als Stunde der Plattformen, die unseren Zwang zur digitalen Kommunikation nun hemmungslos nutzen konnten. Corona hatte die Eigenschaft, die offenen Wunden unserer Zeit noch einmal wie unter einer Lupe zu verdeutlichen. In Deutschland zeigten sich die größten Versäumnisse erwartungsgemäß in der Digitalisierung. Insbesondere die Schulen sind hierzulande noch immer ein Paradies aus Tageslichtprojektoren und VHS-Rekordern.

Was mich aber bis heute ratlos zurücklässt, ist die Frage, weswegen wir eigentlich nur über das digitale Defizit in den Schulen sprechen und kaum über die Defizite hinsichtlich der digitalen Bildung. Wie begegnen wir der grundstürzenden Kraft der Digitalisierung in den Schulen, im Unterricht? Dringend nötig wäre ein Schulfach Medienkritik. Ich wähle bewusst nicht Medienkunde oder Medienwandel, sondern -kritik – und zwar sowohl in seiner ursprünglichen griechischen Bedeutung, nämlich Unterscheidung, Trennung, als auch in ihrer gegenwärtigen, einem kritisch-wachen Bewusstsein allen Medien gegenüber. Ein Schulfach, das die Mediengeschichte von der Gegenwart zurück zu ihren Anfängen verfolgt und ganz bewusst in der Jetztzeit ansetzt. Ein Fach, in dem digitale Medien weder dämonisiert noch heiliggesprochen werden. Ein Fach, in dem sie als notwendige Partner ebenso erscheinen dürfen wie als gefährliche Verführer, deren Technik wir nutzen sollten, ohne uns ihr zu unterwerfen. Ein im besten Sinne des Wortes selbstbestimmter Umgang mit den Medien – so spielerisch und ernsthaft wie sie selbst.

Das Ganze flankiert von der Frage, was Wahrheit heute ist, wie wir ihr nahekommen können unter den Bedingungen des Zeitdrucks und des anschwellenden Hysterie-Gesangs. Was ist Meinung, was Wissen, was Information? Wo gehen sie ineinander über, und wo müssen wir sie voneinander trennen? All das müssen wir neu sortieren und bestimmen. Ein Fach, in dem aktuelle Debatten genauso Raum haben dürfen wie die Frage, unter welchen Bedingungen der Buchdruck entstanden ist. Ein Fach, das Bewusstsein schafft auch für die problematischen historischen Parallelen, die uns warnen sollten: Und zwar davor, dass die Fürstentümer Facebook und Google genau wie der digitale Pranger, diese spätmoderne Form der Demütigung und der Beschämung in der Netzkultur des 21. Jahrhunderts, eine Gemeinsamkeit haben. Sie setzen in ihrer Regierungsform ebenso im 16. Jahrhundert an wie die chinesische Informationssouveränität, also die gezielte Zensur von staatlicher Seite.

Der Paternalismus chinesischer Provenienz ist auch nur staatlicher Moralismus: Er teilt seine Bürger ein in diejenigen, die Punkte für wohlfeiles Verhalten bekommen und jene, die downgegradet werden, weil sie sich strafbar machen – etwa indem sie Schwerverbrechen begehen wie bei Rot über eine Ampel laufen oder das Falsche posten. Er ist unserem westlich-privaten Moralismus verschwistert, der in einer Pandemie die Polizei ruft, wenn nebenan Stöhngeräusche mehrerer Leute zu hören sind, um dann festzustellen, dass dort beim alleinstehenden Nachbarn gar keine heimliche Sexparty war, sondern nur wie üblich zu laut Pornhub lief. Wurmfortsätze des stalinistischen Furors zucken bis heute und tarnen sich in homöopathischen Dosen verabreicht als Achtsamkeit. Der Moralismus ist das eigentlich große Problem unter der Oberfläche unserer oft so langweiligen, ausgelutschten Debatten über die Meinungsfreiheit.

Moral kann als Moral nur erfolgreich sein, wenn sie rigorose Züge hat. Damit zersetzt sie unsere Debattenkultur, weil sie einer Logik der Säuberung und der Auslöschung des Feindes verschwistert bleibt. Auf die Frage, wie es möglich gewesen sei, dass Menschen, die sich zunächst »nachgewiesenermaßen sehr sensibel für soziale und menschliche Probleme gezeigt haben«, andere Menschen als Terroristen ermorden konnten, sagte der ehemalige RAF-Terrorist Horst Mahler einmal: »Das ist nur machbar, meine ich, indem sie ihre Moral verabsolutieren, das Böse, mit dem sie sich auseinandersetzen, so überzeichnen, dass schlechthin alles gerechtfertigt ist, um es zu vertilgen.[122] Moral wird immer das Ziel haben, im Namen des Edlen und Guten Einzelne oder ganze Gruppen aus der Gemeinschaft zu exkommunizieren und Schuldgefühle bei den Ausgeschlossenen zu erzeugen. Damit ist sie die Fortführung der Religion mit anderen Mitteln. Sie muss notwendig unmenschlich werden – bis hin zum Terrorismus.

Der Mensch schafft sich ab

Die Moral entpolitisiert die Politik und stellt den Pranger für den versagenden Menschen auf. Unter diesen Ansprüchen aber sind wir alle Versager. Konsequent zu Ende gedacht, wäre der einzige Umgang des Menschen mit seinen Fehlern für die Moralisten seine Überwindung – und zwar durch Technik, der einzigen Instanz, die garantiert perfekter und makelloser ist als wir. Genau das war immer das Ziel der kalifornischen Ideologie aus dem Silicon Valley: die Neuprogrammierung des Menschen als berechenbare Maschine (von Algorithmen gesteuerte User auf Insta und Co.) und die Neuprogrammierung der Maschine als berechenbare Form des Menschen (denkende und sprechende Kühlschränke und der ganze andere Klimbim der Industrie 4.0).

Aber die Tech-Visionen gehen noch weiter. Ihre extremste Ausprägung bekommen sie in den Mythen der Singularitäts-Bewegung. Singularität bedeutet Einzigartigkeit, Einmaligkeit. Sie hat das Ziel, den Menschen tatsächlich verschwinden zu lassen. Ihr Prophet ist der frühere Google-Chefentwickler

Ray Kurzweil. Seine Vision ist die technische Unsterblichkeit des Menschen. 2045 soll es so weit sein – also genau drei Jahre nachdem es in den USA keine Mehrheitsbevölkerung mehr geben könnte: Dann soll die künstliche Intelligenz die Intelligenz des Menschen erreichen und überholen. Damit wird der Mensch sein Gehirn und dessen Inhalt in eine Cloud transferieren können und zugleich das gesamte Weltwissen bekommen können. Er soll dann endgültig zu Gott werden. Vorher müsste er bitte noch zum Cyborg mutieren, um sich bereit zu machen für den großen Upload. Dahinter steckt der technische Determinismus, der das Silicon Valley seit seinen Anfangstagen geprägt hat: Die Technik dient automatisch dem sozialen und moralischen Fortschritt. Kurzweils Vision hat tiefreligiöse Züge. Sie geht davon aus, dass, wie bei der Ankunft des Messias, ab einem gewissen Moment alles radikal anders sein wird.

Kritiker seiner Vision gehen davon aus, dass es noch einige Jahrhunderte dauern wird, bis es so weit ist, denn selbstlernende Systeme, also künstliche Intelligenz, wie wir sie heute kennen, sind für Teilaufgaben optimiert. Die menschliche Intelligenz dagegen hat sich über Millionen von Jahren entwickelt, und bis heute weiß niemand, wie sie wirklich funktioniert. Wie also soll etwas überwunden werden, was noch gar nicht verstanden ist?

Dennoch knüpfen diese technokratischen Visionen an genau der spirituellen Begeisterung an, aus der die kalifornische Ideologie hervorgegangen ist. Sie fordert Überschreitung und Beschleunigung um ihrer selbst willen. Sie will die bedingungslose Zerstörung von allem. Der eiweißbasierte Mensch wird in dieser Zukunft nur noch als Störfaktor vorkommen. Er ist das Auslaufmodell.

Aufwachen! Die Gefahr der Verschwörungstheorien

Berlin 2020 – Als Mainstreamclown im Feindesland

Am Großen Stern in Berlin geht alles. Obama war hier, die Love Parade zog vorbei und Bruno Ganz machte ihn in ›Der Himmel über Berlin‹ weltberühmt. Unter den Augen des Engels ganz oben strahlt ein Kreisverkehr unten in alle Richtungen aus. Es soll auch immer wieder Menschen geben, die um die Siegessäule einfach nur im Kreis fahren. Einfach, weil sie's können. Oder weil sie sich nicht entscheiden können, wohin es von hier aus weitergehen soll.

An diesem Samstagnachmittag sind meine Möglichkeiten eher begrenzt. Vielleicht auch, weil ich weiß, wo ich hinmuss. Auf die Straße des 17. Juni, die zum Brandenburger Tor führt. Aber es ist kein Durchkommen. Ich sitze auf dem Rücksitz eines schwarzen Mercedes GLE 350, der hier seit mindestens zehn Minuten steht. Eine Ewigkeit. Die Sonne knallt aufs Dach. Neben unserem SUV strömen Menschen auf den 17. Juni – von Regenbogenfahnen bis Reichkriegsflaggen ist alles dabei, was Leute so mit sich herumtragen, die irgendwie gegen irgendwas dagegen sind.

Es ist Samstag, der 1. August 2020, und es ist 16:20 Uhr. Langsam wird es eng, in 20 Minuten soll ich hier auftreten. »Das Ende der Pandemie – Tag für die Freiheit« haben die Querdenker ihre

Demo genannt. 17 000 bis 20 000 Menschen sind gekommen, wird die Polizei später sagen, die Veranstalter sprechen schon jetzt von 1,3 Millionen. Lange genug hat uns die Wissenschaft eingeredet, dass 2+2=4 ergibt – querdenken bedeutet wohl auch, dass die Freiheit endlich wieder über der Mathematik steht.

Einer der beiden Personenschützer, mit denen ich hier im Wagen sitze, steigt aus. Er will nun alles mit der Polizei klären, die uns mit ihren Mannschaftswagen den Weg versperrt. Es sind 300 Meter bis zur Bühne. Wenn die Polizisten uns nicht durchlassen, müssten wir zu Fuß gehen. Das kann gefährlich werden. Eigentlich hatte ich schon gestern mit Jürgen, meinem Kontaktmann bei den Querdenkern, ausgemacht, dass er den Weg zur Bühne für mich frei macht. Schließlich möchte ich mich heute outen als Neu-Anhänger. Wer wie Kai aus der Kiste springen will, sollte nicht vor den Augen des Publikums in sie hineinsteigen. »Ich kann mit Ihnen da nicht durchlaufen. Das Risiko ist viel zu groß, und die Polizei lässt uns nicht durch«, sagt der Personenschützer. Ich, der Mainstream-Medienclown, als Sicherheitsrisiko. Von Querdenkern zu Querschlägern ist es ja oft nur ein kleiner Schritt.

Ich rufe Jürgen an, er muss helfen. Sicher weiß er den einzigen Weg zur Bühne ohne Fußmarsch. Er verspricht, sich zu kümmern. Es vergehen fünf Minuten, in denen davon nichts zu spüren ist. Ich rufe wieder an, zehn Minuten vor meinem Auftritt. »Wir können dir nicht helfen, du musst es selber schaffen«, ruft Jürgen in sein Telefon. Das klingt eher nach FDP als nach Querdenken. »Hier sind eine Million Leute!«, wirft er noch hinterher. Eine Info, die mir in meiner Lage nur sehr eingeschränkt hilft. Ob sie gar niemanden haben, der mir den Weg frei machen könnte, frage ich. »Doch, einen Motorradfahrer. Der kommt gleich.« Ende des Gesprächs. Weitere fünf

Minuten später müsste ich mindestens im Backstage stehen, um noch halbwegs pünktlich auf die Bühne zu kommen. Aber es trennen uns 300 Meter und ein Motorrad, das nicht da ist.

Polizisten strömen in den Bereich, zu dem sie mir den Zugang verweigern. »Ich glaube, da ist irgendwas«, sagt der Personenschützer. Nächster Anruf bei Jürgen. Er ist kaum zu verstehen, sagt irgendwas von Auflösung der Veranstaltung. Ich frage nach bei Sebastian, meinem Kameramann, den ich postiert habe, um meinen Auftritt zu filmen. Er schreibt: »Hier kippt gerade die Stimmung.« Alles könne er nicht überblicken, aber offenbar sei die Polizei schon auf der Bühne und habe den Strom abgedreht. »Das Ding ist gelaufen«, meint er. In diesem Moment kommt dann doch noch ein Querdenker, der sicher ist, mich retten zu können. Wir wollen ihn hier Matthias nennen. Ohne Motorrad, aber mit Mission: »Die Polizei versucht gerade aufzulösen, 1,3 Millionen«, sind seine ersten Worte. Es scheint wichtig, diese Zahl immer wieder unterzubringen – egal, ob sie passt oder nicht. Propaganda für Anfänger.

»Wir würden von hinten ranfahren«, meint Matthias. Der Personenschützer kombiniert: »Wenn jetzt die Polizei auf der Bühne steht…« »Tut sie nicht!«, erwidert Querdenker-Matthias. »Wenn ich darf, würde ich jetzt erstmal einsteigen.« Er darf. Matthias trägt ein Querdenken-711-T-Shirt, dürfte Ende zwanzig, Anfang dreißig sein, hat ein rundliches Gesicht und den Ansatz eines Dreitagebarts um Mund und Kinn. Das macht es schwer, sein Alter zu schätzen. Seine Augen haben etwas naiv Treuherziges. Die Autotür ist zugefallen, er sagt: »Schön, dass du dich entschieden hast zu kommen.« Er begutachtet meinen Hals, findet eine Zecke, wie er meint, und entfernt sie. Ich und eine Zecke? Das passt nun wirklich gar nicht zusammen. Diese Fürsorge überwältigt mich.

Querdenken ist eine Bewegung, die sich Corona verdankt. COVID-19 war der ideale Nährboden für viele Verschwörungsideologien. Alte Erzählungen wurden neu gemixt oder geupdatet, neue kamen hinzu. Querdenkerveranstaltungen, oder Hygienedemos, wie sie anfangs hießen, waren anders als PEGIDA und andere Nazi-Demonstrationen: bunter, diverser, anschlussfähiger auch für ein Publikum, das nichts zu tun haben will mit dem rechten Sumpf. Der Gegner, das war jetzt der Staat, der die Grundrechte einschränkte. Der Staat, der die Menschen einsperrte. Der Staat, der 5G-Masten zu ihrer Überwachung aufstellen wollte, mit denen dann die zwangsgeimpften Schlafschafe, von Bill Gates gechippt, besser überwacht werden konnten. Der zweite Gegner waren die Medien, Vorfeld-Organisationen des Staates, insbesondere die Öffentlich-Rechtlichen, die von morgens bis abends Drosten und Lauterbach in Dauerschleife sendeten, statt Bhakdi und Wodarg, die »Alles nur 'ne Grippe«-Kontrahenten aus dem querdenkenden Milieu.

Es ging darum, die Freiheit zu verteidigen, insbesondere die Meinungsfreiheit, gegenüber einem Staat, der offenbar die Lockdowns nutzen wollte, um dauerhaft eine Diktatur zu errichten – wahlweise eine DDR 2.0 oder eben ein neues 1933, je nach Stimmung. Es schien aber schwierig, hier im Querdenker-Lager eine gemeinsame Linie herauszuarbeiten. Schade. Ich wäre dankbar gewesen zu wissen, ob ich nun bald mit einem Schießbefehl an der deutsch-deutschen oder an der deutsch-polnischen Grenze rechnen müsste.

Warum haben Verschwörungserzählungen ausgerechnet in einer Pandemie ihre Blütezeit? Vielleicht ist es die Unsichtbarkeit des Virus bei gleichzeitiger Übermacht, die sich in den Einschränkungen der Grundrechte manifestierte? Das alles beherrschende Virus ist die womöglich größte Provokation in einer Zeit, die sich dem Diktum der Sichtbarkeit unterworfen hat. Aber war das schon immer so?

Verschwörungserzählungen – jeder Zweite ist Risikogruppe

Die Pestpandemie im 14. Jahrhundert betraf von Süden nach Norden ganz Europa. In ihrem Windschatten führte sie eine zweite Seuche mit sich – den Judenhass. Juden waren angeblich schuld und vergifteten zudem Brunnen. Es hieß, sie wollten Christen vernichten und die Herrschaft übernehmen.[123] Während der Spanischen Grippe 1918/19, jenem Role Model der Gegenwartspandemien, glaubten Menschen in den USA, Frankreich und Südafrika an ein Teufelswerk deutscher Agenten. Das war eine Art Folgeschaden von Giftgaseinsätzen im gerade zu Ende gegangenen Ersten Weltkrieg.[124] Eine andere ziemlich phantasievolle Erzählung damals: Die Spanische Grippe sei durch Konservendosen aus Spanien importiert worden, die zuvor vergiftet worden seien – und von wem? Von uns, den Deutschen, natürlich.[125]

Bei Corona waren wir, die Deutschen, ausnahmsweise mal aus der Schusslinie, da traf es die Chinesen. Rund ein Drittel der US-Amerikaner war der Ansicht, dass das Virus in einem Labor in Wuhan entstanden sei, ein weiteres Viertel hielt das mindestens für möglich.[126] Das ist zusammen mehr als die Hälfte aller US-Amerikaner. In Russland und im Iran dagegen gab es die Verschwörungsideologie, wonach – vollkommen überraschend – der Ami schuld sei und Corona ein Angriff der USA mit Biowaffen sein müsse.[127] Eine aufschlussreiche Studie aus Oxford im Mai 2020 konnte zeigen, dass jeder zweite

Brite in unterschiedlichen Schattierungen an Verschwörungserzählungen glaubt. Jeder fünfte zeigte »beständige« bis »hohe Grade an Zustimmung.«[128] In Deutschland gelangte die »Mitte Studie« der SPD-nahen Friedrich-Ebert-Stiftung schon vor der Pandemie im Jahr 2019 zu der Einsicht, dass fast jeder zweite Deutsche glaubt, es gebe geheime Organisationen, die Einfluss auf politische Entscheidungen nehmen. All das zeigt, wie groß das verschwörungsideologische Potential auch hierzulande ist.[129]

Eine Pandemie ist so etwas wie der ultimative Kontrollverlust. Für uns, die heute Lebenden, beispiellos in ihrer Macht; in ihren kurzfristigen Konsequenzen und langfristigen Folgen kaum einschätzbar. Bis zu einem gewissen Punkt kann ich die Verzweiflung und Ohnmacht, die daraus resultiert, nachvollziehen: Ich erinnere mich an den Morgen des 12. März 2020, als ich abends eine Show in Rothenburg ob der Tauber haben sollte. Ja, auch dort leben Menschen. Das glaube ich zumindest, denn getroffen habe ich sie nicht mehr. Schon der Abend zuvor in Augsburg fand vor halbleeren Reihen statt. Es wirkte wie die Ruhe vor dem großen Sturm, der viele Menschen schon zu Hause bleiben ließ, um sich bestmöglich zu verbarrikadieren.

Es war vormittags gegen 11 Uhr, als ich auf einer Autobahn irgendwo in der bayerischen Diaspora die Nachricht erhielt, dass nun diese Show und bis auf weiteres alle folgenden auch abgesagt seien. Es war ein wunderschöner Frühlingstag, die Autobahn leer, die Landschaft idyllisch. Rechts Wiesen, links ein paar Bagger, die aussahen, als schliefen sie schon. Der Ausbau der Ausbaustrecke offensichtlich auf unbeschränkte Zeit verschoben. Ansonsten Weite, Hügel, Wälder in der Ferne, Felder in der Nähe. Eine Gegend, die sich mir geradezu aufdringlich zur Entschleunigung andiente. In einem mittelmäßigen Hollywood-Blockbuster wären das die letzten Bilder gewesen, nach denen die Bombe unweigerlich einschlagen muss.

So ähnlich fühlte es sich auch an. Von jetzt auf gleich stand ich vor dem Nichts: herausgerissen aus meiner Tour, ja aus meinem Leben, wie ich es bislang kannte. Mit einem Gefühl, jetzt schnell nach Hause zu müssen, in letzter Minute, ehe das Land heruntergefahren würde und ich sonst auf unabsehbare Zeit im bayerisch-schwäbischen Nirgendwo gefangen wäre. So änderte ich meine Route, buchte hastig den nächsten Flug nach Berlin und eilte zum Stuttgarter Flughafen. So muss sich die Apokalypse anfühlen, dachte ich.

Ganz so schlimm sollte es nicht kommen, und zugleich war es noch schlimmer: Die Ungewissheit würde viel länger dauern als erwartet. Die Herausforderung würde nun darin bestehen, mit andauernder Unsicherheit zu leben. Und noch schlimmer: mit Unvorhersehbarkeit und mit Uneindeutigkeit. Die überzeugendsten Experten und Politiker sollten jene sein, die immer wieder betonten, dass die einzige Gewissheit die Ungewissheit sei. Die Informationen waren widersprüchlich, sprunghaft, voller Fehler, Irrtümer und notwendiger Korrekturen. Gesundheitsminister Jens Spahn würde bald sagen: »Wir werden uns alle zusammen viel verzeihen müssen.« Es sollte sich zeigen, dass dies vor allem für ihn gelten sollte.

Eine Pandemie ist das Schlimmste, was uns narzisstischen Neurotikern passieren kann: Kontrollverlust in Bezug auf alles, was ist und noch kommen wird. Das, was heute richtig erscheint, kann sich schon morgen als fragil und falsch erweisen. Ein historischer Nullpunkt, ein Stilllegen alles Gewohnten. Das ist die Tür, die Verschwörungserzählungen offensteht: Sie bringen vermeintliche Ordnung ins Chaos, indem sie scheinbar stimmige, kohärente Erklärungen anbieten, die dem Einzelnen Verantwortung und Ohnmacht zugleich nehmen und diese an höhere Mächte delegieren, die uns leiten und lenken. Mächte, die wir Menschen kaum bis gar nicht beeinflussen können. Dadurch gewinnen Verschwörungsgläubige das Gefühl einer Eindeutigkeit, einer Handlungsfreiheit. Diese verdanken sie der Einsicht in eine Wahrheit, die uns alle beeinflusst, der wir ausgeliefert sind, die aber nur sie alleine kennen. Da sie sich aber nicht zeigt, diese Wahrheit, ist sie weder zu verifizieren noch zu falsifizieren. Sie ist so eindeutig wie ungreifbar. Sie ist präsent und doch unsichtbar. Letztlich entzieht sie sich. Nachprüfbarkeit wäre ihr Tod. So weiß sich der Verschwörungsgläubige im Besitz eines exklusiven Wissens, das der Mehrheit, die dieses Wissen leugnet, verwehrt bleibt. Man kann sich also auf diese Weise auch bequem der eigenen Einzigartigkeit versichern. Die beiden großen Widersprüche unserer Zeit, Eindeutigkeit und Einmaligkeit – endlich wachsen sie zusammen.

Zwei psychologische Forscherteams konnten zeigen, dass Verschwörungsgläubige sich selbst häufig als besonders und einzigartig wahrnehmen. Es sind oft Menschen, die sich auch sonst an dem Glauben laben, immer gegen den Strom zu schwimmen.[130] Zudem deuten Studien darauf hin, dass Verschwörungsglaube und Narzissmus verschwistert sind. Es ist ein zentrales Kennzeichen der narzisstischen Persönlichkeit, dass sie glaubt, bestimmte Grenzen gelten nur für andere, nicht aber für sie: »Und wenn alle bei Rot stehen bleiben, sollen sie doch! Für mich sind Ampeln immer grün!« Schließlich halten sich Narzissten für größer und wichtiger als der debile Durchschnitt.

Querdenker-Demos: die sichersten Demos überhaupt!

Kontrolle, Eindeutigkeit, Einmaligkeit und Narzissmus gehen in Verschwörungserzählungen eine bilderbuchhafte Liaison ein. Als fünftes Element bekommt auch der Opfermythos seinen Platz in der Galerie. Schließlich bleibt der Verschwörungsgläubige stets Opfer. Opfer der höheren Mächte, die nur er durchschaut hat, gegen die er aber zugleich nichts ausrichten kann, selbst wenn er gegen sie kämpft und scheinbar alles tut, um sie verschwinden zu lassen. Die schlimmen Mainstream-Medien lassen ihn und seine Vertreter nicht in die Talkshows, weswegen die eigene Meinung eigentlich nirgendwo wirklich stattfindet – außer hunderttausendfach geklickt im Netz und tausendfach verkauft in Buchhandlungen. Aber unterm Strich: Gängelung und Drangsalierung so weit das Auge reicht.

Selbst gegenüber dem gängelnden Staat, der ihm seine Freiheit nehmen will, kann der Verschwörungsgläubige nichts tun, außer zu demonstrieren. Das führt zu interessanten Paradoxien: Ende August 2020 verbot der Berliner Innensenat eine Querdenker-Demo, wogegen die Veranstalter dann wieder vorgingen – und zwar bei einem Gericht genau der Diktatur, die sie ablehnten. Mit Erfolg: Das brutal autoritäre regierungslinientreue Berliner Verwaltungsgericht hob daraufhin das Verbot wieder auf und ließ die Demo zu.

Was ist das für eine lausige Diktatur, in der Gerichte gegen die Diktatoren entscheiden – und stattdessen urteilen: Euer Demonstrationsrecht ist so wichtig, dass möglicherweise ansteckende Menschen sogar mitten in einer Pandemie anderen ihre Meinung ins Gesicht husten dürfen.

»Also, wenn es einen Fußweg gibt, dann würde ich den hier nehmen, da kommt man direkt an der Bühne hinten raus«, empfiehlt Matthias rechts neben mir im schwarzen SUV. Besonders weit sind wir nicht gekommen – einmal vorbei am Schloss Bellevue, rechts abgebogen, fertig. Wenn wir aus dem Fenster schauen, sehen wir Rasen, Bäume und irgendwo in der Ferne Menschen. Eine Bühne? Nicht zu erkennen. »Wir können auch den Zaun aufmachen, wir können direkt an die Bühne ran.« Matthias möchte es mir so leicht wie möglich machen. Mit seinem Walkie-Talkie werde er vorausgehen und die Lage checken, sein Telefon im Auto lassen. Offenbar möchte er ganz besonders vertrauenswürdig erscheinen.

Der Personenschützer schießt alle hochfliegenden Hoffnungen kurzerhand ab: »Nach dem, was ich hier sehe, möchte ich nichts riskieren.« Matthias schaut bedröppelt. Er werde das jetzt direkt mit der Polizei klären, kündigt er an. Ich rufe Sebastian, den Kameramann an, er sagt: »Die Polizei hat die Veranstaltung längst aufgelöst. Die Demonstranten wehren sich dagegen, aber die dürfen nichts mehr machen auf der Bühne.« Es ist 16:51 Uhr. Jetzt wäre mein Auftritt in die entscheidende Zielgerade eingebogen. Es wäre meine erste Show gewesen, die von der Polizei beendet worden wäre. Offenbar scheint mir diese Chance gerade zu entgehen.

Matthias kommt zurück, ruft Jürgen über sein Walkie-Talkie. Keine Rückmeldung. Wir fahren weiter, ziel- und planlos. »Gerade war Wolfgang Kubicki auf der Bühne, der Gründer der Grünen«, protzt Matthias ein wenig. Wahrscheinlich um mir zu zeigen, in welch exquisiter Gesellschaft ich hier sei. Ich erwidere, dass Wolfgang Kubicki nie bei den Grünen gewesen sei, sondern bei der FDP. »Dann bin ich über die Partei falsch informiert«, räumt Matthias kleinlaut ein – geradeso, als sei es der Fehler von einem seiner Wasserträger, die schlechte Sachstandarbeit geleistet hatten. Neben der Partei ist er auch über die Person schlecht informiert: Wolfgang Kubicki ist nie auf einer Querdenker-Demo aufgetreten und stand bis dato auch nie im Verdacht, das bald zu tun. Ich sage nach meinem besserwisserischen Einwurf einschränkend, dass ich mich natürlich täuschen könne, da ich nur Komiker sei und von Politik dementsprechend keine rechte Ahnung habe.

Ich konfrontiere Matthias damit, dass die Polizei ja nun wohl die Demo aufgelöst habe. »Es wird nichts aufgelöst, die Polizei ist auf unserer Seite. Die machen jetzt ein bisschen Krawall.« Was macht ihn so sicher, dass die Polizei so parteiisch sei? »Weil wir eine total friedliche Kommunikation mit denen über Wochen hatten.« Das muss ich mir merken: Wenn ich eines Tages jemanden umbringen sollte, muss ich nur nett zu den Beamten sein und mir wird nichts passieren. Außerdem seien Querdenken-Veranstaltungen »die sichersten Demonstrationen, auf die man gehen kann«.

Das stimmt nur bedingt. Presseleute machen ganz andere Erfahrungen: Gegen sie setzt es schon einmal Fußtritte, Ohrfeigen und Beschimpfungen. Selbst ARD-Anstalten stellten es vor meiner Aktion hier und in Stuttgart ihren Mitarbeitern frei, ob und wie nah sie sich an die Demo heranwagen wollten. Besser etwas mehr Abstand und Sicherheit, als am Ende wegen eines ARD-Mikrofons einen Stein an den Kopf zu kriegen. Das European Center for Press Media Freedom zählt die jährlichen Angriffe auf Journalisten in Deutschland. Im Jahr 2020 gab es 69, so viele wie nie zuvor. Mehr als zwei Drittel davon passierten auf Pandemie-Demos.[131] Journalisten sind ein leichtes Opfer. Sie sind in großer Zahl da, fallen auf durch Ausstattung und Auftreten und können sich kaum schützen, denn für

Personenschützer fehlt Verlagen und Sendern das Geld. »Bei euch sind ja auch immer Rechtsextremisten und AfD-Anhänger, zu denen ihr euch nicht zugehörig fühlt«, sage ich kurz vor dem Brandenburger Tor zu Matthias im Auto und lege ihm den Ball auf den Elfmeterpunkt. Leichter kann er sich kaum distanzieren vom rechten Mob. Aber offenbar möchte er das gar nicht: »Wir fühlen uns keiner Partei zugehörig. Wir sind der Meinung, dass jede Meinung das Recht hat, gehört zu werden.« Das ist immer ihr Vorwand – jede Meinung ist gleich wichtig, jede Meinung soll stattfinden dürfen. Es klingt dann wie die Verteidigung einer Unschuldsvermutung, die überall gelten müsste, aber nur noch hier anzutreffen ist. Mit diesem Hebel ist es Querdenkern gelungen, die Radikalisierung ihrer Bewegung zumindest in Kauf zu nehmen. Mit diesem Hebel haben sie es auch geschafft, zum Beobachtungsfall des Verfassungsschutzes zu werden. Diese Logik, die sich für die größtmögliche Meinungsfreiheit einsetzt, führt in letzter Konsequenz zur Abschaffung der Meinungsfreiheit, weil sie auch denen eine Stimme gibt, die am Ende die Meinungsfreiheit auf der Bühne hier nutzen, um sie, einmal an der Macht, stillzulegen – von ihrer eigenen Meinung natürlich abgesehen. In Osteuropa hat dieser Prozess schon stattgefunden.

Jeder bekommt die Verschwörungstheorie, die er verdient

Wir rollen noch immer vor uns hin, langsam bekommt das Unterfangen Kaffeefahrt-Qualitäten. »Ich war vorher schon Verschwörungstheoretiker«, sagt Matthias fast auffällig beiläufig. Ein Verschwörungstheoretiker sei einer, der eine Verschwörung theoretisch für möglich halte, meint er. Dieses Understatement ist lustig, denn eigentlich hätte er hier selbstbewusster argumentieren können: Zum Beispiel, dass es durchaus Anlass gibt, in seinem Sinne Verschwörungstheoretiker zu sein, da es Verschwörungen immer wieder gab in der Geschichte – zum Teil mit erschreckendem Erfolg. In den USA etwa haben Ärzte im Auftrag des Gesundheitsministeriums zwischen 1932 und 1972 arme schwarze Männer, die meist Analphabeten waren, mit Syphilis infiziert und nicht behandelt, um die Entwicklung der Krankheit ungestört am lebenden Objekt studieren zu können.[132]

Philosophisch betrachtet sind Verschwörungserzählungen Auswüchse »religiösen Aberglaubens«, wie es der Philosoph Karl Popper beschreibt, der Schöpfer des Begriffs Verschwörungstheorie: »Der Glaube an die homerischen Götter, deren Verschwörungen die Geschichte des Trojanischen Krieges erklären, ist verschwunden. Die Götter sind abgeschafft. Aber ihre Stelle nehmen mächtige Männer oder Verbände ein – unheilvolle Machtgruppen, deren Absichten für alle Übel verantwortlich sind.«[133] Weil der Mensch die Verantwortung seines Tuns nicht mehr in die Hände der Götter legen kann, braucht er schlicht neue Sündenböcke.

Im Kern haben sich die Verschwörungserzählungen seit der Antike kaum verändert – damals wie heute ging es darum, Chaos und Zufall auszuschließen. Der große Unterschied war, dass sie im Altertum Teil des Mainstreams waren, und zwar weit über die Marktplätze von Rom und Athen hinaus. Sie waren sogar so sehr in der Meinungsfreiheit verankert, dass sie Teile von Reden in Parlamenten und vor Gerichten waren, ordentlich aufgeschrieben. Nur deshalb wissen wir von ihnen.[134]

In der Frühen Neuzeit erlebten Verschwörungsideologien dann einen neuen Twist – im Zuge eines Medienwandels –, hier der Erfindung des Buchdrucks. Eine kleine Gruppe von geistlichen Lesern konnte in einschlägigen Traktaten finden, was Hexen angeblich taten und vorhatten, was im 16. und 17. Jahrhundert zu »Hexenverfolgungen« führte. Hexen waren angeblich vom Teufel gelenkt, den wiederum Gott lenkte, weswegen Gerüchte und Verschwörungen um sie als Strafe Gottes wahrgenommen wurden.

Diese Denkstruktur lebt bis heute fort: Da stets höhere Mächte schuld am Zustand der Welt sind, findet in Verschwörungsideologien eine Ursache-Wirkung-Umkehr statt. Krankheiten oder Schicksalsschläge sind die Folgen eines schlechten, falsch geführten Lebens. Wem Schlechtes begegnet, der hat Schlechtes getan. Das Leben als kausale Einbahnstraße. Das führt zu einem gefährlichen »Du hast es nicht anders verdient«-Fatalismus, der sich als Gerechtigkeit tarnt. Das sentimental-schicksalshörige Geschwätz vom Karma ist da noch das harmloseste und doch zugleich gefährliche Einfallstor.

Auch in der Frühen Neuzeit blieben Verschwörungserzählungen mitten im Mainstream, erzählt von allen Schichten der Bevölkerung. Aufklärung und Säkularisierung änderten nichts an ihrem Erfolg. Nur Gott und Teufel verloren ihre zentralen Rollen. Die Sozialwissenschaften dagegen waren noch nicht ausgebildet. Im luftleeren Raum ohne die Kraft der Religion und ohne die der Forschung war viel Platz für Konspirationen. Dadurch waren Verschwörungserzählungen umso erfolgreicher. Die Vordenker der Aufklärung beflügelten sie sogar, weil sie davon ausgingen, dass Ursache und Wirkung mechanisch verbunden seien.[135] Damit war alles, was geschah, von menschlichen Absichten geleitet. Wer Gutes tut, will Gutes. Wer Böses tut, will Böses. Die gesamte Linie sieht dann so aus: Wem Böses geschieht, der hat Böses getan, weil er stets Böses wollte. Dieses Denken ist heute besorgniserregend aktuell: Eine Zeit, die nur noch wahrnimmt, was sie selbst erfreut und erleidet, denkt ebenfalls nur in Absichten und reduziert den Menschen auf seine mutmaßlich schlechten Intentionen

Erst nach dem Zweiten Weltkrieg kamen entsprechende Ideologien in Misskredit. Den nächsten Boom erlebten sie erst mit einem weiteren neuen Medium – dem Fernsehen. Die Mondlandung 1969, die angeblich in einem Fernsehstudio produziert und damit gefaked worden war, zählt dazu. Ebenso der Mord an John F. Kennedy. Und natürlich 9/11 als Terrorakt, der dem Gesetz der Bildkraft voll Tribut zollte und zugleich an der Schwelle zum Internet-Zeitalter der erste Anschlag des viralen Zeitalters war.

Zudem hätte es kaum jemand für möglich gehalten, dass es wirklich Terroristen gibt, die Passagierflugzeuge zur Waffe machen und in Hochhäuser jagen. Bei den Anschlägen gab es ungeheure Ungereimtheiten, die zu Verschwörungserzählungen geradezu einluden: Warum traf eine Maschine ausgerechnet den Flügel des Pentagon, der wegen Renovierungsarbeiten geschlossen war? Warum stürzten die beiden Hochhäuser des World Trade Center exakt so ein, wie es sonst nur bei einer kontrollierten Sprengung passiert? Warum stürzte ein weiteres Gebäude auf dem Gelände genauso ein wie die anderen beiden, obwohl es nicht von einem Flugzeug getroffen worden war? Warum gab es nie eine wirkliche Aufarbeitung all dessen? Warum sollte George W. Bush diesen Einsturz nicht forciert haben, um mehr Überwachung im Dienste der Terrorabwehr zu ermöglichen, die ja anschließend auch folgte? Und um einen Krieg im Nahen Osten zu rechtfertigen? Oder um von seiner schlechten Innenpolitik abzulenken?[136] All das sind Fragen, die berechtigt sind. Die Antworten hingegen, die Verschwörungsideologen dann aus dem Hut zaubern, entbehren schnell jeder Grundlage und gehören ins Reich der Mythen.

Hier genau wie bei John F. Kennedy zweifelten Verschwörungsgläubige nun entweder die offizielle Version an, oder sie glaubten, Geheimdienste wie die CIA, das FBI und das Militär steckten dahinter.[137] Erstaunlich dabei ist, dass die angeblich so hellsichtigen Verschwörungsideologen den Geheimdiensten konsequent eine Genialität unterstellen, für die bislang kein Dienst jemals Anlass geboten hat. Überhaupt ist es überraschend, dass die so hyperkritischen superschlauen Allesdurchblicker ihren Verschwörern doch eine gewaltige Macht geben. Über Jahrzehnte, ja Jahrhunderte, gelingt es denen, die Geschichte zu steuern und Massen zu manipulieren. Die Frage, die sich daraus ergibt: Warum schaffen die allmächtigen Verschwörer nicht gleich alle aus dem Weg, die ihre Pläne an die Öffentlichkeit bringen? Statt immer nur »Aufwachen!« zu brüllen, wäre es im konspirativen Milieu vielleicht auch mal ratsam, sich erstmal richtig auszuschlafen.

QAnon oder: Wenn Xavier Naidoo weint

Das Internetzeitalter wiederum brachte seine eigenen Verschwörungserzählungen. Sie sind schneller, globaler und damit wirkmächtiger als die älteren analogen Geschwister von den Pergamentrollen. Die Gefährlichste dürfte QAnon sein. Anhänger der Bewegung glauben an eine globale Elite, einen »deep state« – also eine heimliche Organisation, die die Welt regiert, Kinder entführt, ausbeutet, quält, aufisst und aus ihrem Blut das Stoffwechselprodukt Adrenochrom gewinnt – eine angeblich verjüngende Substanz, die dann Erwachsene bekommen sollen. Diesem »deep state« sollen Bill Clinton, Barack Obama, der Milliardär George Soros und auch Lady Gaga angehören. Das ist natürlich Blödsinn. Anders verhält es sich bei einem deutschen Musiker, der seit vielen Jahren schon im Verdacht steht, sehr gaga zu sein: Xavier Naidoo. Spätestens seit er im April 2020 ein Video in die Welt hinausschickte, in dem er mit tränenerstickter Stimme »Kinder aus den Händen pädophiler Netzwerke« befreien wollte.[138] Vielleicht hätten die vermeintlichen Entführer die Kids schneller herausgegeben, wenn er einfach vor ihrem Fenster gesungen hätte.

Schon bevor es QAnon offiziell gab, erlebten die USA im Dezember 2016 einen Vorgeschmack auf das, was kommen sollte – mit »Pizzagate«. Damals lief ein Mann, bewaffnet mit einem Sturmgewehr, in die Washingtoner Pizzeria Comet Ping Pong, um dort angeblich inhaftierte Kinder aus einem Keller zu befreien, von wo aus Hillary Clinton einen Kinderpornoring betreiben sollte. Das Problem war: Es gab weder Kinder noch Keller. Der Attentäter wurde festgenommen. Das war das Ergebnis einer Verschwörungserzählung mehrheitlich von Trump-Anhängern. Die Vorgeschichte geht so: Nachdem russische Hacker mehrere Monate zuvor tausende Mails von Hillary Clinton und ihrem Team geleakt hatten und Wikileaks sie veröffentlicht hatte, warfen sich Verschwörungsideologen darauf wie Aasgeier und zerpflückten jede Silbe. Weil Clintons Wahlkampf-Team in den Mails offenbar immer wieder »cheese pizza«, also Käsepizza, erwähnte, verbreitete sich das Gerücht, die Abkürzung »cp« stehe in Wahrheit für »child pornography« – fertig war das Komplott.[139]

QAnon selbst entstand erst später auf dem rechtsextremistischen Imageboard 4chan, hat sich von dort aus mittlerweile über die üblichen sozialen Medien ausgebreitet. Anhänger waren auch auf Querdenker-Demos. Der Post, der QAnon ins Rollen brachte, entstand im Herbst 2017 und lautete: »Hillary Clinton wird am Montag, den 30. Oktober 2017, zwischen 7:45 Uhr und 8:30 Uhr festgenommen.«[140] Die späteren Einträge unterschrieb der Autor mit Q. Seitdem postet Q immer komplexere Einträge, in denen sich sogenannte Brotkrumen verstecken, denen User folgen müssen, um ans Ziel zu kommen, das sie aber nie erreichen. Es funktioniert wie ein Detektivroman, der verspricht, die Leser immer näher an die Wahrheit zu bringen.

Es ist die vielleicht erste Verschwörungsideologie, die keine fertige, in sich geschlossene Erzählung präsentiert, sondern ganz auf die Nutzer setzt. Damit ist sie die Verschwörungserzählung fürs psychologische Zeitalter schlechthin: In einem Akt der Selbstermächtigung wird aus dem Verschwörungsgläubigen ein Forscher, ein Rechercheur, ja ein Krypto-Journalist: Du kannst mehr wissen als alle anderen, Du bist näher an der Wahrheit als der Rest der schlafenden Welt! Du kannst das Welträtsel zur Lösung bringen!

Es ist das vielleicht größte Versprechen der Selbstverwirklichung. Eine Verschwörungsideologie wie das Leben heute: ein Baukasten, dessen Einzelteile dann doch oft nicht so richtig zusammenpassen wollen. Eine Theorie, die sich die User selbst erarbeiten müssen, um noch besser zu werden. Genau wie im richtigen Leben endet es aber stets in der Enttäuschung: So richtig ans Ziel kommt man dann doch nie wirklich. Genau wie das Glück bleibt die Wahrheit doch immer nur eine Schimäre, die nur die anderen zu erreichen scheinen, aber nicht wir.

Das Gefährliche an der Bewegung: Ihre Mitglieder sind verzweigt, es gibt unzählige Klein- und Untergruppen. Allen gemeinsam ist, dass sie westliche Demokratien für korrumpiert und für auf friedliche Weise nicht mehr reformierbar halten.[141] Wenn die Brotkrumen Hinweise geben, dass es angebracht ist, mit einer Waffe in eine Pizzeria zu rennen, dann passiert das früher oder später auch. Und spätestens hier ist dann definitiv Schluss mit der Meinungsfreiheit.

»Kein Durchkommen – in keine Richtung«, sagt die Polizistin an der Kreuzung. Von hier aus ist Abbiegen keine Möglichkeit mehr, sondern ein Muss: links zum Kanzleramt, geradeaus zum Reichstag und rechts zurück auf die Straße des 17. Juni und in den Kreisverkehr am Großen Stern. Sebastian, der Kameramann im Gedränge, berichtet von 50 Polizisten auf der Bühne. Matthias lacht verkniffen. Was sagen seine Leute? Jürgen berichtet, wir sollten zurück zum Schloss Bellevue fahren, dort könne man mit dem Auto zur Bühne kommen, auch wenn es vielleicht schwierig sein könnte, also zu Fuß sei es wohl besser. Der Chaospegel steigt. Wir drehen um.

»Jetzt gibt es kein Zurück mehr«, sagt Matthias und meint weniger unseren als vielmehr seinen eigenen Weg. »Ich habe alles andere in meinem Leben beendet, um das hier zu machen.« Studiert habe er vorher, Soziologie und Philosophie. Den Freundeskreis habe er komplett ausgetauscht, aber die echten Freunde, die seien näher an ihn herangewachsen. Er wertet das als Kompliment, als Zeichen der geistigen Enge von Leuten, die nicht bei Querdenken mitmachen. Eine Kohorte, die nicht verstanden hat, welche Stunde geschlagen hat. Tagsüber abnicken, abends einnicken. Sofort, als die Pandemie begonnen habe, sei er hier eingestiegen. »Meiner Meinung nach rechtfertigt nichts, nicht einmal die Pest, dass man zum Beispiel Omas alleine sterben lässt. Meine Oma zum Beispiel. Man hätte sie vielleicht noch gerne besucht«, sagt er, wischt das aber schnell beiseite. So viel Privates habe er gar nicht sagen wollen. »Ich hätte es mir gemütlich machen können mit ein paar Flaschen Wein auf dem Balkon.« Weil er diese Option ausgeschlagen hat, muss er jetzt mit mir hier im Kreis herumfahren.

Schon vorher hatte er mich gefragt, was mich bewogen habe, mein Leben zu »wechseln«. Auch Jürgen, der Mann auf der anderen Seite des Walkie-Talkies, hatte mir in den vergangenen Wochen meines Doppellebens am Telefon mehrfach versichert, ich werde viele alte Freunde verlieren, aber dreimal so viele dazugewinnen. Bessere, ehrlichere, treuere als bislang würden es sein. Er wirkte dann wie ein Abgesandter einer Sekte, der das Paradies in Aussicht stellt, damit der Fisch an der Angel bleibt. »Love Bombing« nennt das Giulia Silberberger, ehemaliges Mitglied der Zeugen Jehovas, heute Aktivistin gegen Verschwörungsideologien. »Dann wird man erstmal mit Liebe überschüttet: Wie toll, dass du da bist, das ist so super, ich bin so glücklich, dass du die Wahrheit gefunden hast.«

So findet das hier in der neuen Gemeinschaft glücklicherweise aufgenommene, von der Herkunftsfamilie verstoßene Kind, das zu Hause nur noch befremdet mit unverhohlener Abscheu angeschaut wird, endlich Heimat. Mindestens so lange, bis es Grautöne erkennt, Fragen stellt und Kritik übt. Bis zu dem Moment, in dem Heimat zum Gefängnis wird. Dann fällt das Mitglied aus dem warmen Schoß der neuen Familie schnell auf den harten, kalten Küchenboden, denn Widerworte sind Teufelszeug. Im Grunde sind Verschwörungsideologien die Fortsetzung von Sekten mit anderen

Mitteln. Querdenken als säkularisierte Scientology Church? Wahrscheinlich schon, sagt Giulia Silberberger: »Viele Verschwörungsideologien haben diese klassischen Mythen aus der religiösen Literatur. Dieses Prinzip von Gut und Böse, von Licht und Schatten, was ja auch schon in Büchern wie der Bibel zu finden ist.«

Wäre ich etwas instabiler, unsicherer, obdachloser, vielleicht auch härter betroffen von der Pandemie, wäre nun zügiges Abbiegen zu den Querdenkern vielleicht wirklich eine Option. Ich habe das Bild eines Tunnels, in den ich hineinfahren würde, in dem es schlagartig dunkel werden müsste, durch den ich aber blitzschnell hindurchfahre. Wie in einem Zug, dessen Lokführer ich nicht länger sein muss, dem ich mich einfach als Fahrgast voller Vertrauen überlassen kann. Ein Zug, der mich ins Licht führen wird. Ein gleißendes Licht mit anderen, ebenfalls strahlenden, erleuchteten Menschen am anderen Ende. Menschen, die mich lieben würden, in deren Blick ich mich erkennen könnte, wo die Freiheit herrschte. Die Freiheit, wirklich alles sagen zu können. Nana, der Wendler, Xavier Naidoo. Es hat einige gegeben, die im Zuge von Corona in diesen Tunnel gefahren sind – und manchmal nur mit Blessuren wieder rausgekommen sind, wieder andere sind steckengeblieben und halten die Lichter des entgegenkommenden Zuges noch immer für das Ende des Tunnels.

»Ich werde dieses Land regieren!«
Das Phänomen Attila Hildmann

An einem grau-kühlen Samstag im Mai 2020 steht er vor dem Berliner Reichstag, um zu den Bekehrten zu sprechen. Technisch ist das Ganze ausbaufähig – die Divergenz zwischen Kulisse und improvisiertem Sound ist riesig. Aber die wummernden und krachenden kleinen Boxen vor dem Hohen Haus sind auch sinnbildlich – es ist der Kampf David gegen Goliath, wobei dieser David nur gegen Goliath kämpft, um schnellstmöglich selbst Goliath zu werden. Er möchte dieses Land regieren, das steht fest, das hat er immer wieder gesagt. Für Politik interessiert er sich erst seit zwei Monaten, aber das soll kein Hindernis sein. Politisch aufgewacht ist er, als die Behörden die chinesische Stadt Wuhan evakuierten: Tiere blieben zurück, und kurz darauf dachten deutsche Zoos über Notschlachtungen nach. Das alarmierte ihn so sehr, dass er aktiv werden, die Fronten wechseln musste. Bevor er hierhin abgebogen ist, war er Koch. Vegan-Koch. Sein Name: Attila Hildmann. Noch ist der Weg an die Macht weit und steinig, aber er gibt alles. Sein Wille ist so groß, er spricht auch dann noch weiter, als die Polizei dabei ist, die Wiese vor dem Reichstag zu räumen. Seine Fans sollen gehen, zu viele sind sie und zu wenig Abstände halten sie ein. Wie eine träge Herde der von ihm so leidenschaftlich beklagten Schlafschafe lassen sie sich von der Wiese treiben, um sich anschließend im Feindesland zwischen Bundestag und Kanzleramt in Richtung Hauptbahnhof zu verlieren.

Attila wirkt jetzt wie ein Kleinkünstler, der zu lange gespielt hat; wie einer, der vergessen hat, dass auch die leidenswilligsten Fans das Auto noch aus dem Parkhaus holen müssen und darum vor der Zugabe gehen. Kurz bevor auch die letzten Anhänger weg sind, taucht ein Mann an der Absperrung auf, die Attilas Pflastersteine von dem Rasen trennen, den seine Fans bis gerade eben zertrampelt hatten. Der Mann könnte Mitte zwanzig sein, vielleicht auch jünger. Er wartet auf seine Gelegenheit. Mitten im Gedränge hält er kurz an. Als Attila eine kurze Pause macht, nutzt er seine Chance und ruft über die Absperrung hinweg: »Attila? Attila? Lass es! Das hat doch keinen Sinn! Hör auf damit! Geh wieder kochen, aber lass das.« Dann drängt die Polizei auch ihn ab. Attila schaut kurz auf, er scheint den Mann gehört zu haben, aber er ist in seinem Film, spricht weiter wie ein Lehrer, den ein anstrengender Schüler mit einem schlechten Witz unnötig unterbrochen hat.

Attila Hildmann hat die vielleicht schnellste Radikalisierung ins Verschwörungsmilieu hinter sich, die denkbar ist. Als habe er einen Schnelltest auf Corona-Leugnung gemacht und in dem Moment beschlossen, möglichst viele andere zu infizieren. Ich meine, es lohnt sich, diese Turbo-Wende genauer anzuschauen, weil sie viel erzählt über Weggabelungen im Leben von Menschen; über die Frage, warum sie alles aufgeben, um vorgeblich auf der Seite der Erwachten, der Richtigen, der Meinungsfreiheits-Verteidiger zu stehen. Weil sie eine Geschichte nicht über einen Irren auf der anderen Seite der Vernunft ist, sondern eine über uns, weil wir von ihm und über ihn vielleicht mehr über uns als über ihn lernen können – sofern wir ihn gelten lassen und nicht als Irren eilfertig abschreiben.

Als Star unter den Vegan-Köchen stand Attila eigentlich einmal mittendrin im Mainstream. Im Grunde genommen würde jetzt, in der Pandemie, seine Stunde schlagen. Corona hat auch eine Debatte darüber ausgelöst, inwieweit das Verhältnis von Mensch und Natur neu beleuchtet werden muss. Ob das Virus von einem Fischmarkt oder von Fledermäusen oder, wie es später heißen wird, von einem Pelzmarkt in Wuhan auf den Menschen übergesprungen ist, scheint zweitrangig. Fest steht: Es hatte auch deshalb so leichtes Spiel, weil der Mensch dem Tier immer näher rückt, seinen Lebensraum einnimmt und eine Nähe entstehen lässt, die gefährlich ist. Corona könnte auch eine Diskussion auslösen über den Umgang des Menschen mit seinen Ressourcen, mit der Natur, mit anderen Lebewesen. Es ist eine Sternstunde des Veganismus als radikalster Lösung, um die Ausbeutung der Natur durch den Menschen aufzuhalten. Attila könnte ihr Prophet sein. Dieses Mal nicht verlacht als anstrengend moralisierender Gesundheitsapostel wie früher, sondern als Mann der Stunde, der nicht nur für Waschbrettbauch und Zeigefinger steht, sondern für etwas, dessen Bedeutung viele Menschen erst jetzt wirklich verstehen. Er hätte Wegbereiter eines rasant voranschreitenden Mentalitätswandels sein können. Zumal der asketische Zug des Veganismus geradezu perfekt ins heraufziehende Zeitalter des Verzichts passt. Ein Besinnungsaufsatz von Hildmann dazu, gespickt mit ein paar frischen Blumenkohlcurry-Rezepten, das wäre garantiert ein Bestseller geworden. Stattdessen steht er jetzt hier vor dem Reichstag als Blender und Geblendeter zugleich – mittendrin in einem Tunnel, der immer tiefer ins Dunkel führt. Warum ist er nicht auf seinem Weg geblieben? Warum diese Abbiegung?

Zu alt für Fridays for Future, zu jung für die Boomer – das ist die Todeszone

Ein weit verbreitetes Vorurteil geht davon aus, dass in erster Linie sogenannte Verlierer zu Verschwörungsgläubigen und Verteidigern der Meinungsfreiheit werden. Leute, die nicht dort angekommen sind, wo sie einst hinwollten. Unvollendete. Abgehängte. Vieles deutet darauf hin, dass dieses Bild Lücken hat. Das Entscheidende ist wohl weniger die Situation, in der Menschen sind, als jene, in der zu sein sie sich fühlen: Der Eindruck, machtlos zu sein, ist stärker als die Frage, ob sie es sind. Das Gefühl, bald marginalisiert zu sein, ist bestimmender als die Frage, ob es wirklich so sein könnte. Das erklärt auch, warum die Mehrheit aller Lautsprecher unter den Verschwörungsideologen Männer sind. Ihre Angst vor Machverlust ist größer – schon allein deshalb, weil sie bislang schlicht mehr Macht hatten und sie darum mehr zu verlieren haben. Außerdem identifizieren sich Männer noch immer stärker mit der traditionellen Rolle des Versorgers, sind auf entsprechende Angebote zur Lohnarbeit angewiesen.[142] Seit die klassischen Rollenmuster ihre normative Kraft eingebüßt haben und beständig erweitert werden durch neue männliche Identitätsvariationen, herrscht Aufregung und Unsicherheit in der Testosteron-Fraktion. Eine Frau als deutsche Bundeskanzlerin, ein Schwarzer als US-Präsident, das war schon ein mittelschweres Erdbeben. Demographisch bezeichnend ist, dass die Demonstranten bei PEGIDA im Schnitt 47 Jahre alt waren. Es ist die Generation in der Mitte des Lebens, die schon zurückblicken kann auf eine Vergangenheit, die es ihr ermöglichte, etwas aufzubauen, was jetzt infrage steht. Wenn hunderttausende Geflüchtete kommen, Frauen und Diverse ihren Platz am Tisch beanspruchen, wenn der Klimawandel Gewohnheiten in Frage stellt und die Sprache sich ändert, dann kann bei entsprechender Disposition schnell der Eindruck entstehen, nichts mehr zu dürfen. Verbote, soweit das Auge reicht. Mundtot gemacht von den Medien, den Politikern, dem Mainstream. Die eigene Meinung nur noch eine Farce, ein Fossil aus einer längst gecancelten Vergangenheit.

So können Lebensmodelle ins Wanken geraten. Zu alt für Fridays for Future, aber zu jung für den Ruhestand – das ist eine schwer zu verteidigende Position im luftleeren Raum. In diesem autobiographischen Niemandsland meldet sich in einem überraschend frühen Moment eine Stimme, welche die Opfer der vermeintlich eingeschränkten Meinungsfreiheit sonst eher von ihren eigenen Vätern und Müttern kannten: Es kann doch nicht alles falsch, nicht alles umsonst gewesen sein. Man hat stets brav gesät, aber die Ernte könnten jetzt andere einfahren. Sie spüren, am Horizont ziehen Wolken auf, die in der Lage sind, die Sonne zu verdecken, die doch nun endlich auch auf sie scheinen soll. Sie müssen ihre Ordnung bewahren und verteidigen. So kommt es, dass auch Gutsituierte populistische Parteien wählen. So kommt es, dass ausgerechnet Angehörige der Boomer-Generation einen Mythos wie QAnon aus den Kloaken des Netzes auf die großen Plattformen spülten.[143] Und so kann es kommen, dass ein erfolgreicher Koch sein Momentum verpasst.

Meine erste Begegnung mit Attila war auf dem Höhepunkt seiner Karriere: Eine Ex-Freundin, die mich zum Teilzeit-Veganismus bekehren wollte. Drei Monate, schlug sie vor, sollten wir uns nur vegan ernähren, vegan leben, vegan denken. Sie bestellte sämtliche Kochbücher von Attila auf einen

Schlag. »Vegan for fit«, »Vegan for fun«, »Vegan for bumms«. Ich fühlte mich bevormundet und verband diesen Furor sofort mit dem Autor. Schon deshalb war er mir immer unsympathisch, aber das ist kein besonders stichhaltiges Argument. Immerhin machten ihn diese Bücher reich. Sein damaliger Verlag antwortet heute schmallippig genervt. Man könne »zu den aktuellen Entwicklungen nicht täglich neu Stellung beziehen.« Außerdem würde den Auftritten »erheblich zu viel mediales Interesse zugeordnet«. 1,2 Millionen Bücher hat Attila verkauft, dazu 100 000 E-Books. Die Zeit, in der meine Freundin seine Rezepte zur abendlichen Bibel erklärte, waren die Tage, als er die Meinungsfreiheit, die er nun so endzeitlich gefährdet sieht, mit Leichtigkeit für sich nutzen konnte. Er saß in allen Talkshows, als eine Art Karl Lauterbach des Tierschutzes. In den Dossiers, die TV-Redakteure für ihre Moderatoren erstellen, heißt es etwa, er sei ein »Entertainment-Talent mit missionarischem Eifer«. Und weiter: »Ein Muss für die Runde.« Luden Redaktionen seine Gegner ein, war er dankbar. Denn wer, außer ihm, sollte sie bekehren? Damals war er auf dem Weg, Kultstatus zu erreichen. Jamie Oliver in Großbritannien war der Maßstab, die internationale Karriere denkbar. Er war fit, er nahm am Ironman teil, war Triathlet. Zu perfekt, um wahr zu sein.

Attilas Eltern hatten ihn nach der Geburt zur Adoption freigegeben. Mit 19 Jahren starb sein Adoptivvater an seinem dritten Herzinfarkt. Erhöhte Cholesterinwerte. Von da an dachte Attila um. Er widmete sich der Ernährung. Er selbst war übergewichtig, 105 Kilo bei 1,78 Meter in der Spitze. 30 Kilo davon nahm er ab. »Man kann von heute auf morgen alles ändern« war sein Motto. So radikal wie in diesem Pandemie-Jahr 2020 hatte er es nie zuvor umgesetzt. Aus eigener

Erfahrung kann ich sagen: Menschen, die einmal so viel abgenommen haben, suchen ein Leben lang fast fanatisch nach Kontrolle. Sie wissen, was auf dem Spiel steht. Wer das hinter sich hat, lebt anders. Sich selbst um mehrere dutzend Kilos erleichtert zu haben verleiht ein beispielloses Gefühl der Selbstwirksamkeit, ja der Selbstkontrolle, der Selbstermächtigung: »Du kannst dich neu erfinden, ein anderer Mensch werden« – das ist das Gefühl, das bleibt. Die bewundernden Blicke alter Bekannter zeigen, dass dieser Weg der einzig richtige war. Wer abgenommen hat, der hat auch maximal an sich gearbeitet: mit Disziplin, innerer Kraft, Anstrengung und Entbehrung. Ein leuchtendes Ideal der Selbstverwirklichung. Daneben aber die mindestens genauso große Angst vor dem stets drohenden Rückfall ins alte Leben. Die Adipositas grinst feixend aus jeder Fettzelle, die nur darauf wartet, wieder angefüttert zu werden. Zurück in die Fettleibigkeit, das bedeutet zurück in eine unbewegliche, belastende Welt, in der Schwerelosigkeit ein weit entfernter Traum bleibt. Wer in der Kontrolle des eigenen Körpers sein Heil gefunden hat, wird schnell kompromisslos.

Gates und Merkel statt Edeka und Kaufland – Attila steigt auf

4. Juli 2020, wieder Berlin, Abschlusskundgebung nach einem Autokorso vom Olympiastadion über den Großen Stern. Eigentlich wollte er heute anders abbiegen, aber die Polizei hat es verhindert. Zum Alten Museum an der Museumsinsel wollte er fahren, aber es sind zu viele Demos in der Stadt an diesem Tag. So haben sie ihn umgeleitet hierhin, auf den Washingtonplatz vor dem Berliner Hauptbahnhof, ein unwirtli-

cher Ort, eine Durchgangsstation, so windig und ungemütlich wie dieser Tag. Eigentlich keine Kulisse. Im Rücken die durchfahrenden Züge, vor ihm in direkter Blickrichtung das Ziel: das Kanzleramt. Etwas mehr als hundert Leute dürften gekommen sein, sie halten Abstände ein, tragen Masken. Attila steht auf einem rechteckigen grauen Stein, der sonst eine Sitzgelegenheit ist. Dass er hier ist und nicht dort, wo er hinwollte, ist für ihn keinesfalls Zufall, sondern Schicksal. Alles hängt schließlich irgendwie mit allem zusammen – und da ist für den Zufall kein Platz. Der 4. Juli, das ist der Amerikanische Unabhängigkeitstag. Attila trägt ein schwarzes T-Shirt mit weißem Adler drauf. Er spricht davon, dass Deutschland verkauft worden sei »an die Chinesen, an die Sowjetunion, an eine europäische Sowjetunion«. Ich bin verwirrt, wo er jetzt historisch und geographisch genau ist, aber das ist vielleicht auch gar nicht so wichtig. Für den Frieden und die Unabhängigkeit unseres Landes will er kämpfen. In diesem Namen vermischt er alles zu einem Menu, das er, bestünde es aus Lebensmitteln, in seinem Restaurant wahrscheinlich verboten hätte. Die größte Bedrohung ist China, dieser »Folterstaat«, den das Merkel-Regime hofiert, weil Merkel selbst Kommunistin ist, schließlich kam sie aus der FDJ. Eine »Medaille der Weltbanker« hat sie auch bekommen, und den »Mao-Anzug« trägt sie schon am Leib. Mir geht das alles zu schnell, aber vielleicht bin ich auch zu beschränkt für diesen Speed-Ritt rund um den Globus.

Er klingt aggressiver als noch im Mai: Ein Grund mag sein, dass Edeka, Kaufland und andere Einzelhändler in der Zwischenzeit seine Produkte aus dem Sortiment gestrichen haben und Instagram seinen Account abgeschaltet hat. Für ihn ist das Ausdruck einer Diktatur, eines Faschismus. Mundtot solle er gemacht werden.[144] Seit zwei Wochen ermittelt zudem der Staatsschutz gegen ihn wegen Volksverhetzung. Auf seinem Telegram-Kanal, über den er mittlerweile 24/7 kommuniziert, hatte er Hitler als »Segen für das deutsche Volk« bezeichnet.[145] Ein halbes Jahr später wird ein Haftbefehl gegen ihn ergehen, von dem er mutmaßlich gewusst haben muss. Er setzt sich ab, wahrscheinlich in die Türkei. Darauf deutet ein Foto hin, das er auf Telegram posten wird. Attila und sein Husky »Akira« im »wohlverdienten Urlaub«, so die Unterzeile. Die Türkei ist das perfekte Ziel für ihn: ein Land, dessen Präsident ja bekannt ist für die offensive Verteidigung der Meinungsfreiheit. Zudem lässt die Türkei Hunde vor der Einreise chippen und impfen. Hier gilt: Augen auf bei der Urlaubswahl!

Auf dem Washingtonplatz spricht er wie die schlechte Parodie eines Einpeitschers, als habe er gerade ein Rhetorik-Seminar besucht, in dem ihm der Coach gesagt hat, dass er die letzten drei Worte eines Satzes immer herausbrüllen soll, und zwar so, dass das Mikrofon übersteuert und die mittelmäßige Technik alle dreißig Sekunden zu kollabieren droht. Der Hort der Freiheit seien die USA, insbesondere Donald Trump, meint er. Jemand reicht ihm von der Seite eine übergroße US-Flagge. Er hält sie vor sich, um in Richtung seines »Amtskollegen« Trump zu rufen: »Berlin steht hinter ihm!« Der Wind presst die Fahne gegen seinen Bauch, das sieht wenig staatsmännisch aus. Er legt sie über seine Schultern. Sie überdeckt jetzt den weißen Adler auf schwarzem Hintergrund. Das neue Deutsche Reich, zart umhüllt vom großen Bruder Amerika. Das sollen die Kameras ruhig sehen.

Attila scannt das Publikum. Ein kleiner, glatzköpfiger Mann mit beiger Mütze, Karohemd, kurzen Hosen und zu großem Rucksack, der ein paar Meter vor mir steht, fällt ihm auf. Er trägt Maske und Sonnenbrille, wirkt, als wolle er nicht erkannt werden. Attila macht ihn zum Teil seiner Show, fragt, ob er ein »Antifant« sei, fordert ihn auf, seine Maske abzunehmen. »Für. Die. Freiheit«, brüllt er ins Mikrofon, die Boxen kreischen, die Masse vor der Bühne brüllt: »Maske ab! Maske ab!« Es hat etwas vom Reichsparteitag eines Gemüse-Gauleiters. Der Mann bleibt stoisch stehen, er bewegt sich nicht, lässt das Geschrei über sich ergehen, ohne Reaktion. Nur eine ABC-Maske der Bundeswehr würde ihn schützen, nicht diese »Staubmaske«, skandiert Attila.

Dann lässt er ab von seinem Opfer, erzählt vom Skiurlaub mit seiner Familie im Januar 2000 in Klosters in der Schweiz. Hier starb sein Vater an einem Herzinfarkt – und zwar nur, weil im benachbarten Davos das Weltwirtschaftsforum tagte und ein paar Weltwirtschaftsführer den direkten Weg zum Krankenhaus blockierten. Nur weil diese Leute Wichtigeres zu tun hatten, nämlich die Impfallianz Gavi zu gründen – zusammen mit Bill Gates –, musste sein Vater sterben. Da haben wir's: Gates hat Attilas Vater auf dem Gewissen! Das ist die Erklärung für alles! Das ist der Schlüssel! Statt hinter Gittern zu sitzen, darf Gates fröhlich »Mikrochips entwickeln zur Geburtenkontrolle«, wie Attila sagt – während er, der Kämpfer für die Freiheit, mit einem Bein im Knast steht. Bill Gates ist das Amen in der Kirche jeder Verschwörungsveranstaltung. Und Impfstoffe sind der Satan.

Reich, mächtig und angeblich wohltätig – das ist Gates. Einer, der sagt, er wolle der Welt etwas zurückgeben – und zwar zu Recht. Er hat ihr ja auch eine ganze Menge weggenommen vorher: Microsoft hat jahrelang Software-Standards anderer Unternehmen übernommen und hat sie so weiterentwickelt, dass sie nur noch auf Windows-Rechnern funktionierten. Das verbindet Bill Gates mit Attila: Der hat ja auch nur Standards von PEGIDA übernommen und nennt sie jetzt anders.

Seit Jahren zahlt Microsoft keine Steuern auf ausländische Gewinne und parkt Milliarden in Steueroasen. Bill Gates und seine Leute haben also die Staatskassen so ausbluten lassen, dass Gates jetzt in der WHO – nicht allein, aber zu großen Teilen – bestimmt, was dort mit seinem Geld angestellt wird. Das nennt man dann wohl einen funktionierenden Wirtschaftskreislauf. Dennoch bleibt es hanebüchener Quark, wenn es in der halbstündigen Verschwörungsdoku »Plandemic« heißt, Gates, die WHO und die Pharmariesen steckten gemeinsam hinter COVID-19, um die Macht an sich zu reißen. Ja, sie hätten sie geplant, um noch mehr Geld zu verdienen mit Impfungen. Wenn dies so gewesen wäre, dann hätte Bill Gates die ersten Impfstoffe wohl deutlich früher persönlich aus dem Hut zaubern müssen – denn mit Millionen Toten verdient man kein Geld. Heute nicht und morgen wahrscheinlich erst recht nicht.

Die haben alle einen Stich – von Impfgegnern und Impfskeptikern und ihren unheimlichen Freunden

Schon bei der Demo Mitte Mai vor dem Reichstag waren mir Leute aufgefallen, die den Davidstern am Arm trugen mit der Aufschrift: »Ungeimpft«. Menschen, die sich nicht impfen lassen wollen, fühlen sich also in einer Weise diskriminiert wie sonst nur Juden im Dritten Reich. Noch weiter ging die Querdenkerin Jana aus Kassel, die sich bei einer Demo im November 2020 mit der Widerstandskämpferin Sophie Scholl verglich. Es ist eine Art pervertierter Opfermythos, der sich dort breitmacht – ein so durchschaubarer wie widerlicher Versuch, sich in einer Position der vorgeblichen Schwäche einzurichten und aus dieser Kapital zu schlagen. »Ausgegrenzt und abgestempelt« fühlen sie sich gerne, die Impfgegner, wobei abgestempelt vielleicht ein eher problematischer Begriff in diesem Zusammenhang ist. Vielleicht sollten sie mal wieder einen Blick in ihren Impfausweis werfen – sofern er überhaupt vorliegt.

Nun möchte ich fair bleiben und darum differenzieren: Es gibt Impfgegner und Impfskeptiker. Impfgegner sind die Al-Qaida-Anhänger der Arztpraxen. Nach Schätzungen höchstens zwei bis fünf Prozent der gesamten Bevölkerung, also eine geringe Minderheit mit Herdenimmunität gegen die Vernunft. Meist Menschen, die einfach irgendwo etwas aufschnappen, so wie ihre Kinder später die Masern. Nur sterben Impfgegner nicht daran. Das ist wiederum anders als bei ihren Kindern. Verkürzt können wir sagen: Menschen sterben an Dummheit. Leider sind die einen dumm, und die anderen sterben.

Impfgegner beschweren sich dann, dass in Impfstoffen Krankheitserreger sind, und verstehen nur schwer, dass genau das ja das Konzept des Impfens ist. Was aber stimmt, ist, dass Menschen, die sich der Impfung verweigern, seltener an Demenz leiden als die Geimpften – weil sie nicht alt genug dafür werden.

Die andere Gruppe sind die Impfskeptiker. Dazu dürfte in Deutschland jeder Fünfte zählen. Im Gegensatz zu den fundamentalistischen Impfgegnern haben die Skeptiker durchaus ein paar Argumente auf ihrer Seite: Sie zweifeln an der Ständigen Impfkommission (STIKO), dem Gremium aus Ärzten und Wissenschaftlern, die fast jedes Jahr neue Empfehlungen rausgeben. Manche sind tatsächlich fragwürdig: Eine Impfung gegen Hepatitis B empfiehlt die STIKO im Alter von zwei Monaten. Dabei wird das Virus durch ungeschützten Sex übertragen. Eine Impfung, die also allenfalls für Kinder empfehlenswert ist, die auf dem Schoß eines katholischen Bischofs groß werden.

Das Pendel schlägt aus – warum sich Esos und Reichsbürger so liebhaben

Impfablehnung erscheint weit über die Querdenker-Bewegung hinaus heute als das Bindeglied sehr unterschiedlicher Milieus. Rechtsextreme wie Attila Hildmann lehnen sie genauso ab wie das links-grün-bürgerliche Milieu bei mir im Prenzlauer Berg, dem Tübingen Berlins. Als der von vielen so sehnsüchtig erwartete Impfstoff gegen COVID-19 endlich auf dem Markt war, hörte ich viel Skepsis in meinem Kiez: Zahlreiche Nachbarn verweigerten Impfdosen ohne Dosenpfand schon aus ideologischen Gründen und wollten lieber auf die ersten Impf-Pfandflaschen warten. Wieder andere erzählten mir, dass die Impfdosen im Sommer des vergangenen Jahres ja ausschließlich online geshoppt worden seien, was sie grundsätzlich ablehnten. Sie warteten lieber auf einen Impfstoff aus regionalem Anbau. Als Intellektuelle, sagten sie, wollten sie keinen schnöden Impfstoff, sondern Vakzine, wie man nun sagte – und zwar besondere Vakzine, homöopathische oder anthroposophische zum Beispiel.

Waldorfschulen spielen tatsächlich beim Thema Impfen eine miese Rolle. Zwei Drittel aller großen Masernepidemien zwischen 2005 und 2009 im deutschsprachigen Raum traten an Waldorf- und Montessori-Schulen und -Kindergärten auf.[146] Die anthroposophische Welt ist seit jeher das Epizentrum allen verschwörungsmythischen Irrsinns – ein für Spinner aller Lager bedingungslos anschlussfähiges Milieu. Schon Gründer Rudolf Steiner unterschied Menschen nach ihrer Hautfarbe und verband die »weiße Rasse« mit dem »Denkleben« und die »gelbe Rasse« mit dem Gefühlsleben. Steiner war sicher, dass Menschen wiedergeboren werden – außer den »Heuschreckenmenschen«, die »ich-los« sind.[147] (Einen beliebigen Immobilienhai-Gag bitte hier selbst einfügen.) Zwar hat sich der Bund Freier Waldorfschulen von den dunklen Seiten des Meisters distanziert, schriftlich fixiert in der »Stuttgarter Erklärung« von 2007. Der Bullshit aber ist geblieben – er kommt heute nur von der anderen Seite: Anthroposophische Kinderärzte heute behaupten, die Masern könnten aus einem schüchternen Kind ein selbstbewusstes Kind machen. Was dann erst Corona bewirken kann: Das macht aus einem lebenden Kind vielleicht ein seliges Kind.

Waldorfschulen und die ihnen angeschlossene Eso-Blase erweisen sich in schöner Regelmäßigkeit als Verschwörungs-Superspreader. Als Ende August 2020 mehrere hundert Demonstranten den Berliner Reichstag stürmten, kam der Marschbefehl ausnahmsweise nicht von einem alten weißen Cis-Mann mit Reichsflagge aus Dresden, sondern von Tamara, einer mittelalten weißen Heilpraktikerin aus der Eifel. Ihr Spezialgebiet bislang: Massagen, Psycho- und Metalltherapie sowie Bachblüten und »Krebstherapie«. Darüber hinaus war sie Teil der QAnon-Bewegung und sympathisierte mit den Reichsbürgern.

Reichsbürger sind die deutsche Ausgabe des Islamischen Staats – sie erkennen die Bundesregierung nicht an und berufen sich auf einen Staat, den es nicht gibt. Während der IS im Mittelalter stehen geblieben ist, leben die Reichsbürger in den Grenzen von 1937 oder 1871, da konnten sie sich bislang nicht so recht einigen. Auf jeden Fall in einer Zeit, in der Maas nicht der Name eines SPD-Politikers war.

Im September 2012 gründete der gelernte Koch Peter Fitzek auf einem alten, neun Hektar großen Krankenhausgelände in Wittenberg das »Königreich Deutschland« und ließ sich zum »Imperator Fiduziar« krönen. Andere Reichsbürger gründeten das Königreich Germanitien. Unter den Reichsbürgern finden wir psychisch Kranke genauso wie Leute, die pleite sind und keine Lust mehr haben, ihre Rechnungen zu bezahlen. Außerdem Menschen, die zu Terroristen werden könnten oder einmal Terroristen waren wie der Alt-RAF-Mann und heutige Neonazi Horst Mahler – und eben Verschwörungsesoteriker wie die Heilpraktikerin aus der Eifel, die zum Sturm auf den Reichstag blies. Reichsbürger sind ein Update des NSU. Eines Tages werden sie vermutlich Beate Zschäpe heiligsprechen.

»Wir haben gewonnen! Vor diesem Gebäude steht keine Polizei mehr. Wir holen uns hier und heute unser Hausrecht«, rief also die Heil(Hitler)praktikerin von der Bühne, und schon machte sich der Mob auf den Weg zum Reichstag, den gerade einmal drei Polizisten schützten. Die Esoterik-Welt ist der G-Punkt des Wahnsinns: jederzeit stimulationsbereit von Gefühl und Glauben. Das sind die beiden entscheidenden Faktoren, die diese Szene ausmachen. Von Quantenheilung über Chakra-Reinigung wird geschwungen und gependelt, bis die Stimmgabel versagt. Wo Gefühl und Glauben das Regiment übernommen haben, kann das Argument in der Pfeife geraucht werden. Hier herrscht der Fundamentalismus unter der Tarnuniform der Alternativmedizin.

Bei allem, was sich in den vergangenen Jahren als »Alternative« empfohlen hat, ist größte Vorsicht geboten. Von der Alternativmedizin über die Alternative für Deutschland bis zu alternativen Fakten: Die Scharlatan- und Schurkenquote geht hier meist durch die Decke. Man lebt schließlich auch in einer Parallelwelt, in der Beweis und Begründung eher vom Hörensagen bekannt sind. Das öffnet die Tore zu benachbarten Beklopptheiten, die so fern schienen und doch so nah sind: So werden Heilpraktikerinnen zu Reichsbürgerinnen, und es gibt grün übermalte Braune: die Anastasia-Bewegung zum Beispiel. Eine aus Russland importierte sektenähnliche Gruppe, die vor allem im Osten Deutschlands ganze Landstriche aufkauft, um so ökologische und familienorientierte Dorfgemeinschaften wiederaufzubauen. Faktisch sind sie Öko-Nazis mit engen Verbindungen ins rechtsextreme und verschwörungsmythische Milieu.

Alles Alternative, das Faschistoide wie das Ökologische, entspringt einer verwandten Quelle. Naturschützer, Vegetarier und andere Lebensreformer wollten schon vor rund hundert Jahren weg vom autoritären Kaiserreich und strebten nackig »ins Freie, ins Licht«, wo die »Zurück zur Natur«-Reaktionäre sie schon mit offenen Armen erwarteten und die Nationalsozialisten nur noch ein Hakenkreuz dranmachen mussten. Alles Alternative zieht seine ganze Energie aus der drohenden Apokalypse und leistet damit der permanenten Panik, dem Geschrei und dem Hass nur Schützenhilfe.

Von Occupy Wall Street bis Kollegah – der ewig frische Klebstoff Antisemitismus

Das zeigt sich nun auch anschaulich in der neuen basisdemokratischen Partei »Die Basis«, dem Arm der Alternativbewegungen und Verschwörungserzähler in den politischen Raum. Auch hier sind erstaunlich viele Heilpraktiker und Alternativmediziner am Start, die das Gefühl, unterdrückte Opfer zu sein, tief inhaliert haben. Zudem Prominente wie Ex-TV-Talker Jürgen Fliege und der aus den #allesdichtmachen-Videos hinlänglich bekannte ›Babylon Berlin‹- Darsteller Volker Bruch.

Der Soziologe Oliver Nachtwey hat Anfang 2021 die bislang umfangreichste Studie vorgelegt zur Corona-Protest-Bewegung und dem ihr folgenden Verschwörungsmilieu. Dazu hat sein Team 1150 Maßnahmengegner befragt. Auch wenn die Arbeit eher eine Stichprobe bleibt, waren die Ergebnisse aufschlussreich: Ein Viertel der Befragten wollten demnach die AfD wählen. Mehr als jeder Zweite favorisiert neue, alternative Bewegungen wie die »Querdenker«-Kleinpartei »Die Basis«. Viele von ihnen wählten 2017 noch Die Grünen oder Die Linke.[148] Zudem überraschend: Ein Viertel der Befragten waren Selbständige, jeder Dritte hatte einen akademischen Abschluss. Das zeigt, wie anschlussfähig Verschwörungserzählungen auch in dieser Kohorte sind. Auffällig auch, dass hier keine geschlossene Verschwörungsideologie vorherrscht, sondern ein wilder Mix unterschiedlicher Thesen und Theorien, die sich sogar widersprechen können, je nach Bedarf vermischt und neu zusammengestellt werden. Nur eines müssen sie gemeinsam haben: Kritik am herrschenden System.

Vielleicht ist das die wahre »Basis« heute: Der gemeinsame Nenner des Protests ist das Dagegensein. Gegen »die da oben«. Gegen diejenigen, die vermeintlich unsere Meinungsfreiheit einschränken. Das ist das schützende Dach, unter dem sich alle ohne Berührungsängste unterstellen können. Wer gegen die Herrschenden, gegen Autoritäten ist, der hat per se recht. Erst recht in Deutschland mit seiner an Totalitarismen reichen Geschichte.

Skepsis gegenüber und Ablehnung von Autoritäten scheint das zentrale Motiv neuerer Verschwörungserzählungen zu sein. Diese Idee verbindet Gruppen, die sich sonst wenig zu sagen haben: Anarchos mit radikalen Liberalen ebenso wie mit Rechtsextremen; spirituelle Esoteriker mit Naturheilkundlern, pandemieleugnenden Alternativärzten und verwirrten Schauspielern. Alle verbindet ein Selbstverständnis des Andersseins, des Dagegenseins, der Verteidigung und Erweiterung ihrer Nische gegen den wahrgenommenen Widerstand der Mehrheit. Darum gibt es nur Umsturz oder Eskapismus, auf dass die böse, verwaltete, durchrationalisierte Welt verschwinden möge.[149] Raus aus der entzauberten Welt – zurück in die weichgezeichnete behütende Wiederverzauberung. Wie sie aussehen soll? Man weiß es nicht. Jedenfalls anders als alles, was jetzt ist.

Auch die selbsternannten Guten sind alles andere als immun gegen Verschwörungserzählungen. Auf den Occupy-Wall-Street-Protesten 2011 unter dem Motto »Wir sind die 99 %« versuchten sich Teilnehmer die Wunden der Finanzkrise zu lecken. Leider klebten einige von ihnen auch mit Freude Plakate, auf denen stand: »Google: Zionisten kontrollieren Wall Street«.[150] Im Frühjahr 2014 entstanden die Mahnwachen für den Frieden, eine Mischung aus verspäteten Ostermärschen und vorgezogenen Querdenker-Demos, noch ohne Virus aus China. Auch hier zelebrierten Teilnehmer kreischenden Antiamerikanismus, der die direkte Linie zu Rechten bildet. Galionsfigur dieses Wandels ist Jürgen Elsässer, Chefredakteur der Verschwörungs-Postille »Compact« – ein im Kreis gegangener Linker, der einst knapp dem Radikalenerlass entging und heute rechts außen herumfuhrwerkt. Elsässer hatte 2016 schon in einem Livestream auf YouTube zugegeben, dass es bei der Gründung der PEGIDA-Bewegung Überlegungen gab, die Proteste PEGADA zu nennen: »Patriotische Europäer gegen die Amerikanisierung des Abendlandes.« Das habe aber nicht geklappt, »weil das Volk das nicht kapiert«, wie Elsässer konstatiert. »Das Volk sieht: Die Islamisierung kann man stoppen, wenn man die Grenzen dichtmacht.«[151] Es führt eine direkte Linie vom bösen Amerikaner, der die Welt beherrscht, zur Kapitalismuskritik bis hin zum geldgeilen Juden, der sowieso schon immer an allem schuld war – ein Feind, der Rechte wie Linke zeitlos zu begeistern weiß.

Schon Jesus rief Juden zu: »Ihr habt den Teufel zum Vater.« Sie hätten sich gegen Jesus verschworen, ihn ermordet und damit das von Jesus vorhergesagte Werk des Teufels vollbracht.[152] Im 14. Jahrhundert brachten sie, wie oben erwähnt, die Pest. Martin Luther, glühender Antisemit der ersten Reformationsstunde, übernahm den Staffelstab im 15. Jahrhundert und bezichtigte Juden des Neids, des Geizes und des Wuchers und forderte dazu auf, die Synagogen zu verbrennen, die Juden zu enteignen und zu vertreiben. »Sie sind unsere Herren, wir ihre Knechte«, schlug der Reformator seine mehr als 95 antisemitischen Thesen an. Kaum eine Epoche ließ sich ihre Prise Judenhass nehmen: Die Romantiker machten mit, die Weimarer Republik erst recht, und auch die Gegenwart ist vorne mit dabei. Spätestens seit vor rund einhundert Jahren »Die Protokolle der Weisen von Zion« erschienen, war klar, dass Juden die Weltherrschaft anstrebten. Wer die Protokolle geschrieben hat, ist unklar. Fest steht: Sie sind eine Fälschung. Das Treffen der Führer des Weltjudentums auf einem jüdischen Friedhof in Prag ist ein Mythos. Das Spannende daran: Selbst diejenigen, die das verschwurbelte antisemitische Pamphlet als Fälschung akzeptieren, nehmen sie als Beweis für eine jüdische Verschwörung.

Der Luther des 21. Jahrhunderts heißt Kollegah und weiß im schützenden Kokon der Kunst astreinen Antisemitismus zu rappen. Kollegahs Musikvideo ›Apokalypse‹ aus dem Jahr 2018 ist ein 13-minütiges Epos über den Kampf des Guten gegen das Böse, in dem sich Kollegah als Retter der Welt geriert. Die entscheidende Schlacht findet in Ostjerusalem auf dem Tempelberg statt. Gewonnen ist diese erst, nachdem der Teufel – selbstredend der Banker im Anzug – beseitigt ist: »Buddhisten, Muslime und Christen leben friedlich zusammen«, heißt es da. Spontan fragte ich mich: Wo sind denn nur die Juden? Hat Kollegah sie vergessen, oder haben sie nicht mehr in die Lyrics gepasst? Wahrscheinlicher ist hier weniger eine künstlerische, als vielmehr eine heilsgeschichtliche Interpretation: Erst wenn die Welt vom schädlichen Juden bereinigt ist, herrscht Frieden zwischen den Menschen.[153]

Haben Verschwörungsideologen am Ende doch recht?

Verschwörungserzähler finden wir sowohl im rechts- wie im linksextremen Spektrum. Beide Milieus stehen sich hier in nichts nach. Grafisch würde ihre Verteilung wohl eine klassische U-Kurve ergeben.[154] Das macht sie so gefährlich. Sie sind die Querfront per se. Sie sind der Schmelztiegel einer radikalisierten Verbindung von ganz rechts und ganz links. Heute verläuft die Verbindung der beiden Lager nicht mehr entlang bestimmter Parteigrenzen, sondern an der Trennlinie von Krankheit und Gesundheit. Ihre Gefolgschaft huldigt der totalen Selbstkontrolle des Körpers, in den kein Staat mit seiner Nadel eindringen darf, erst recht nicht, um ihn zu infizieren – und sei es mit dem Ziel der Immunisierung. Was den Aufbau von diskursstrategischen Abwehrkräften angeht, deutet vieles darauf hin, dass es genau umgekehrt ist: Nur, wer sich gezielt infiziert, kann sich dagegen immunisieren.

Das gilt für unsere Debatten ebenso wie für unseren Körper. Abwehrbereit ist nur der vergiftete Körper, nicht der aseptisch reine, von allen Störungen und Irritationen verschonte, den der erste Schnupfen ins Bett haut. Das scheint derzeit ein schwer nachvollziehbarer Gedanke: Es wirkt, als sei die Unversehrtheit unseres vergöttlichten Körpers die letzte Bastion, die uns schützt vor der totalen Überwachung durch einen Staat, der alles wissen will über seine Bürger. Das ist vor dem Hintergrund aktueller Ausspähungsphantasien ein Gedanke, auf den man kommen kann: Regierungen wollten ja auch schon Telefone einsetzen, um Bewegungsdaten von Menschen zu tracken – natürlich nur vorübergehend, um eine Pandemie schneller in den Griff zu kriegen.

Es ist wie so oft bei Verschwörungsgläubigen: Sie haben meist eine richtige Intuition, ein feines Sensorium, erspüren in einem sehr frühen Stadium Missstände. Natürlich ist es Quatsch, wenn Verschwörungsideologen behaupten, Bill Gates wolle uns allen einen Chip einpflanzen und uns zwangsimpfen. Natürlich ist es Quatsch, wenn sie behaupten, dass

Bill Gates den ›Spiegel‹ gekauft habe. Seine Stiftung hat ihn in einem konkreten Projekt mit 2,3 Millionen Euro über drei Jahre unterstützt. Das sind, gemessen am jährlichen Umsatz des ›Spiegel‹, Peanuts. Es stimmt aber auch, dass kurz nach dem Einstieg von Gates dort ein wohlwollender Bericht über eine Firma erschienen ist, die Atomkraft neu erfinden will. Hauptinvestor: Bill Gates. Natürlich ist es himmelschreiender Blödsinn, wenn Attila Hildmann behauptet, die deutsche Regierung sei von China gesteuert und das Land werde bald den TV-Sender RTL kaufen.

Was aber stimmt, ist, dass Chinas gigantisch große Medienunternehmen im afrikanischen Medienmarkt ebenso investieren wie in Lateinamerika und im Nahen Osten. Das chinesische Modell der sogenannten Informationssouveränität – also der massiven Einschränkung der Meinungsfreiheit – kommt insbesondere in Ländern wie Russland sehr gut an. Gerade nach den Enthüllungen Edward Snowdens sind Staatschefs von Indien über die Türkei bis nach Indonesien sehr hellhörig, was mehr Kontrolle von Informationen und Meinungen angeht. Unter dem Eindruck von Snowden konnte Chinas Präsident Xi Jinping eine portugiesische Variante seiner Google-Alternative Baidu schon nach Brasilien verkaufen.

Das Problem ist: Verschwörungserzähler bleiben leider beim Gefühl stehen, verschließen sich jeder analytischen Betrachtung und folgen blind ihren Intuitionen, so dass sie am Ende ankommen in einer Welt, die selbst totalitärer und gefährlicher ist als die, gegen welche sie sich vorgenommen haben zu kämpfen: eine Welt, in der alles vorbestimmt und determiniert ist, getrieben von höheren Mächten. Eine Welt, in der Menschen nur noch Marionetten eines Weltgeists sind, gefangen in Notwendigkeiten.

Nun kann man einwenden: Aber Verschwörungserzähler und ihre Anhänger kämpfen doch gerade gegen diese Mächte, wollen sie canceln (!), um eine andere Welt zu ermöglichen, die freier wäre. Ich meine, der Gedanke greift zu kurz. Die Strippenzieher im Hintergrund, die verantwortlich sind für das Komplott, sind letztlich austauschbar. Selbst wenn Bill Gates, die Geheimdienste oder die Juden getilgt wären, würden diese Feindbilder sofort ersetzt durch einen neuen Feind, welcher die erträumte andere Welt leider schon wieder unmöglich macht. Verschwörungserzähler brauchen einen Feind, und je riesiger und unbezwingbarer er scheint, desto besser.

Viele von ihnen würden die Freiheit, die sie immer postulieren, wahrscheinlich gar nicht aushalten. Sie brauchen dieses Konstrukt fast manischer Ordnung, die Einfachheit der Erklärungen, die ewig Schuldigen und Angeklagten, um komfortabel Opfer bleiben zu können und sich unterdrückt fühlen zu können.

Der Historiker Richard Hofstadter sprach in den 1960er-Jahren in diesem Zusammenhang vom »paranoiden Stil«[155]. Das trifft einen Kern. Psychopathologisch betrachtet sind viele Verschwörungserzähler in der Nähe einer paranoiden Schizophrenie. Das bedeutet nicht, dass sie von ihrer Verantwortung freizusprechen sind. Aber Figuren wie Attila haben wohl die Grenze von der paranoiden Ideologie zur paranoiden Störung überschritten.

Warum Verschwörungsgläubige die Freiheit nicht aushalten, die sie postulieren

Ich möchte die tiefere Verwandtschaft von Verschwörungserzählungen und pathologischer Schizophrenie an einem Beispiel erläutern, das ich vor etwa fünfzehn Jahren erlebt habe, als ich nachts im Hörfunk moderierte. An einem Sonntagmorgen kurz nach 4 Uhr rief ein Hörer an, etwas kurzatmig und hektisch, der mich fragte, welche Songs als Nächstes liefen. Ich schaute auf einen meiner Bildschirme im Studio und las ihm die kommenden Songs vor. Dann wollte er die komplette Playlist der kommenden zwei Stunden wissen. Ich war etwas genervt und wollte schon abblocken. Er erwiderte, er müsse die Songs wissen, sie wiesen ihm den Weg, es sei wirklich wichtig. Ich erläuterte, dass die Musik hier vorgegeben sei von einer Software und dass mein Einfluss gegen null ginge. Daraufhin erwiderte er, es müsse ja Leute im Hintergrund geben, die diese Reihenfolge festlegten. Ich versuchte ihm zu erklären, dass das früher so war. Heute sitzen Musikredakteure zusammen, die eine Rotation festlegen – welche Titel also häufig, welche manchmal und welche selten laufen. Damit füttern sie die Software, die den Rest erledige. Das brachte ihn zusätzlich durcheinander.

Er zögerte kurz und fragte dann die Verkehrsmeldungen ab. Wo gerade Staus seien, wollte er wissen. Ich solle ihm sämtliche Staus und Behinderungen vorlesen, auch daraus könne er Zeichen lesen, die nur für ihn sinnvoll seien. Ich fragte, wo er sei. »München. U-Bahn-Station Harras.« Er sei auf der Flucht vor seinen Verfolgern, die ihn töten wollten, weil er zu viel wisse. Ich fragte ihn, wer ihn verfolge und was er wisse. Darüber dürfe er nicht sprechen. Wenn er das sage, sei ich in Gefahr, denn er werde abgehört, immer, überall. Sie hätten auch schon versucht, ihn zu töten. Gas hätten sie in seine Wohnung geleitet, aber er sei davongekommen. Sie seien ihm auf den Fersen, die Russen. Einfach, weil er damals, in seiner Jugend, der einzige Zeuge war bei einem Verbrechen, das er nicht erwähnen dürfe. Nur ich, nur das Radio, sende die Zeichen, die er brauche, um lebend davonzukommen.

Wir sprachen über eine Stunde, zwischendurch moderierte ich, aber ich spürte, wie es ihm gelang, mich immer weiter in seinen Gedankentunnel hineinzuziehen. Es war eine ungeheure Kraft. Ich war auf eine seltsame Art neugierig. Es faszinierte mich und zugleich war ich abgestoßen von dem, was er erzählte, dennoch wollte ich verstehen. Irgendwann wurde ich tatsächlich für einen Moment unsicher und erwischte mich bei der Frage: Was wäre, wenn er recht hätte? Wenn seine Wahrheit die wirkliche Wahrheit wäre? Wer weiß das schon.

Was verbindet diesen offensichtlich pathologischen Fall mit vielen Verschwörungserzählern? Sobald eine als fest und sicher geglaubte Autorität wegfiel – im ersten Fall meine als Moderator, der die Songauswahl offensichtlich nicht selbst vornahm – hatte er eine neue, scheinbar unumstößlichere, an diese Stelle gesetzt: Redakteure im Hintergrund. Als diese Position auch wieder wegfiel, wandte er sich an die fast schon schicksalshafte Kraft – die Verkehrsmeldungen. Auf Staus, wie sie entstanden und vergingen, hatte kein Radakteur und kein Moderator dieser Welt Einfluss. Sie waren nun die letzte Instanz. Hauptsache, die über allem stehende Macht – die Russen, die ihn verfolgten, blieben an ihrer Stelle. Das Leben ohne sie wäre paradoxerweise schlimmer als mit ihnen.

Diese paranoide Struktur scheint mir auch bei Verschwörungserzählern am Werk. Deswegen ist es auch so schwer, ihnen zu widersprechen. Mit Fakten kommt man selten weiter. Je mehr man widerspricht, desto scheinbar faktenbasierter argumentieren sie, oft mit falschen oder erfundenen Daten, die aber so wissenschaftlich daherkommen, dass sie für die meisten Leute unangreifbar sind. Der Amerikanist Michael Butter hat das einmal im Zusammenhang mit 9/11 beobachtet. »Wer mit Leuten diskutiert, die glauben, dass die amerikanische Regierung die Zerstörung der Twin Towers inszeniert hätte, bekommt sofort zu hören, dass der in den Türmen verbaute Stahl erst bei Temperaturen schmilzt, die niemals durch eine Explosion von Flugzeugkerosin erzielt werden können.«[156] So schmücken sich Verschwörungserzähler ironischerweise mit genau dem wissenschaftlichen Habitus, den sie sonst so vollmundig ablehnen.

»Wer will, kann gleich noch kommen«, sagt Attila Hildmann auf dem Washingtonplatz, nachdem auch Bill Gates endgültig verhackstückt ist. »In meinem Restaurant gibt es noch einen Reichsburger.« Ein Wortspiel zum Schluss kommt immer gut. Es dauert eine halbe Stunde, ehe er mit seinem Porsche GT3 davonfährt in sein Restaurant nach Berlin Charlottenburg, wo der harte Fan-Kern auf den Meister warten wird. Die Bewunderer-Schar wird ihn nur kurz zu Gesicht bekommen, wenn er aus seinem Porsche aussteigt und an den rund drei Dutzend Wartenden vorbei grußlos ins Innere seines Restaurants verschwindet. Die junge Mitarbeiterin, die hinter dem Eingang am Take-away-Gabentisch steht, fordert die ausgehungerten Anhänger immer wieder auf, Abstände einzuhalten und Masken zu tragen. Es wird nicht ganz klar, ob der Chef diese Maßnahme selbst abgenickt hat.

Wenn man genau hinschaut, ist die Wandlung vom sympathisch-smarten Vegan-Koch zum keifenden Judenhasser Hildmann gar nicht so groß. Die Linie, die alles verbindet, ist sein Selbstverständnis als Guru: »Ich sehe mich als Picasso der Ernährung« ist ein Satz von ihm. »Ich habe mein Leben der Wahrheit verschrieben«[157] ein anderer. Es sind Worte, die absolutistisch sind, eindeutig. Sätze, die keinen Raum für Zweifel lassen. Dabei verbreitete er schon früh vegane Fake News, indem er behauptete, seine vegane Küche sei neben dem Tierschutz auch gesund. Dies wiederum sei wissenschaftlich erwiesen. Haltbar waren diese Thesen nie, wissenschaftlich belegbar sowieso nicht. Attila hielt sich in einem narzisstischen Wahn immer für größer als alle um ihn herum. Verweigerte man ihm die Wertschätzung, die er für sich in Anspruch nahm, reagierte er gereizt: Einmal schrieb der Berliner ›Tagesspiegel‹ eine schlechte Kritik über seinen neuen Imbiss. Sofort postete Attila ein Foto von sich mit einer Pumpgun. Es könnte das Bild seines Lebens sein. Mit dem Gewehr im Anschlag gegen die Welt. Die Munition darin ist recht egal. Hauptsache, der Schuss sitzt.

2015 äußerte er sich erstmals öffentlich politisch. Im Zuge der Flüchtlingskrise sprach er von einer »aktuellen Selbstverstümmelung deutscher Werte und Kultur«, verwahrte sich aber gegen die rechte Ecke. Drei Jahre später bekam er einen Strafzettel, beleidigte die Polizisten, wurde festgenommen. Damals sprach er zum ersten Mal davon, dass er dieses Land irgendwann regiere – und zwar »einschließlich der Exekutive«. Das ist logisch betrachtet so, wie wenn ich sage: Ich möchte Richter werden – und zwar auch an einem Gericht. An Corona begann er aufgrund seiner Liebe zu Tieren zu zweifeln. So hörte Attila auf zu kochen und fing stattdessen an zu recherchieren. Seriöse Quellen und verschwörungsmythische Seiten im Internet flossen ineinander, es entstand ein ungenießbares Gebräu aus Wahnsinn und Wahrheit – nur, dass Attila beide schnell nicht mehr auseinanderhalten konnte. Er warf seriöse Nachrichten über die Rolle der Gates Stiftung in der WHO durcheinander mit Fake News über Gates und seine Rolle als Satanist. So las er sich in einen Tunnel, in dem er bis heute feststeckt. Im Juni 2021 verbannten sowohl der Apple Store als auch der Google Play Store seinen Telegram-Kanal. Android- und iPhone-User können seine hetzerischen Ausfälle also nicht mehr lesen. Von allen anderen sozialen Netzwerken war er zuvor schon lange verbannt. Nach und nach gehen auch die letzten Lichter aus. Er ist jetzt irgendwo im Nirgendwo, dort, wo auch kein Zug mehr entgegenkommt.

Verschwörungserzähler sind wahrscheinlich nicht die radikal anderen, für die wir Aufgeklärten sie gerne halten. Sie sind wir, nur sind sie irgendwann aufgrund eines diffizilen Zusammenspiels aus biographischen Konstellationen, Erfahrungen, psychischen Dispositionen, plötzlichem Kontrollverlust, abgründiger Unsicherheit und daraus folgender Überlastung, falsch abgebogen. Die Frage ist, wann. Wahrscheinlich schon viel früher, damals, als die Mehrheit sie garantiert für immun gegen den Wahnsinn erklärt hätte.

Der Ton ist aus – sprechen kann er trotzdem!

»Widerstand! Widerstand!«, brüllen die angeblichen 1,3 Millionen, die in Wahrheit knappe 20 000 sind, auf der Berliner Querdenker-Demo. So zeigt es ein Video, das mir mein Kameramann Sebastian vom Inneren der Demo geschickt hat. Jürgen sagt am Walkie-Talkie, wir könnten einfach aussteigen und zur Bühne laufen, alles sei wunderbar. Auch Matthias bestätigt: »Ich glaube, es ist sicher, ich glaube, man kann es gut machen, und heute ist der perfekte Tag dafür.« Wir fahren zurück zum Schloss Bellevue, biegen wieder links ab und kreisen erneut um den Großen Stern. Kurz habe ich den Eindruck, die Straße des 17. Juni sei jetzt frei. Aber der Eindruck hat getäuscht, wie so vieles in dieser Welt. Matthias' iPhone klingelt, Jürgen ist dran. »Ich glaube, der Strom ist schon abgedreht. So wie es aussieht, hat die Polizei das jetzt abgebrochen, also die Menschen sind da und es ist friedlich«, weiß Jürgen – etwa 20 Minuten später als alle um ihn herum. »Es wäre jetzt schon 'ne massive Message, wenn ihr's jetzt schafft. Wenn ihr zur Bühne kommt, kann er auch direkt sprechen.« Selbst Matthias ist jetzt einigermaßen verdutzt und fragt: »Was ist denn das für eine Message, wenn er nicht sprechen kann?«

»Wenn ihr zur Bühne kommt, kann er ja theoretisch sprechen.«

»Ich dachte, der Saft wäre weg«.

»Ich weiß es noch nicht, ich bin zu weit weg.«

Ich frage mich: Warum wollen sie mich eigentlich in ihrer Bewegung? Sie haben doch schon zwei Komiker. Mit dieser Loriot-Gedächtnisnummer wird es Kleinkunstpreise hageln, so viel steht fest. Wir fahren noch dreimal im Kreis rum, halten an der Siegessäule, wo uns Jürgen erwartet. Ich steige aus dem SUV. Er scheint schwer enttäuscht, dass der Auftritt nicht hingehauen hat. »Es wäre vielleicht nochmal zu gucken, ob sich das vielleicht nochmal ändert.« Vielleicht sind ja irgendwann so wenig Menschen da, dass sie sich um mich herumsetzen können und ich ganz ohne Mikrofon vor siebeneinhalb Leuten auftreten kann. Das wäre doch was. Ich lehne zweifelnd ab. Daraufhin lädt mich Jürgen ein, eine Woche später zu einer bedeutend beschaulicheren Demo zu kommen – nach Stuttgart. Er hoffe, dass mir diese dann nicht zu klein sei. Ich sage ihm, dass ich darüber nachdenken und mich melden werde.

Ein Querdenker im Feindesland oder: Schweigen ist Silber, Reden ist Gold

Zehn Wochen später, wieder Berlin. An einem Sonntagnachmittag Mitte Oktober fährt Querdenken-711-Erfinder Michael Ballweg vor. Er kommt in Begleitung seines Anwalts. In einer knappen Stunde startet hier, in den »Wühlmäusen«, die Aufzeichnung meiner Sendung, der ›Florian Schroeder Satireshow‹ für Das Erste. Es ist eine 30-minütige Spezialausgabe rund ums Thema Meinungsfreiheit. Ich hatte Ballweg eingeladen, nachdem mir seine Anhänger immer wieder vorgeworfen hatten, er habe mich auftreten und ausreden lassen in Stuttgart, er aber komme in meinen öffentlich-rechtlichen Fernsehformaten nicht vor. Ich wollte damit zeigen, dass die Angst vor Gesprächen mit Verschwörungserzählern wie ihm, die in vielen Medien vorherrscht, unnötig ist. Es war ausgemacht, dass er genauso viel Redezeit bei mir bekommt wie ich auf seiner Bühne – natürlich in Form eines Interviews.

Wie groß die Angst vor den Ballwegs ist, zeigte sich, als ich zusammen mit dem federführenden rbb einen Aufzeichnungsort suchte. Es gab Theater in Berlin, die es strikt ablehnten, dass ein Querdenker ihr Haus betrete, auch wenn es im Rahmen einer TV-Produktion sei, die sich ausdrücklich kritisch mit ihm auseinandersetzt. Man fürchtete Shitstorms, Gegenproteste, Randale. Selbst in meiner Produktionsfirma gab es Leute, die keinesfalls mit Ballweg sprechen wollten – noch nicht einmal im Rahmen eines sonst obligatorischen Vorgesprächs.

Schon im Vorfeld war es durchaus komplex, ihm die Spielregeln einer Fernsehproduktion zu erklären. So weigerte er sich zunächst, den Bühneneingang ins Theater zu nehmen. Aufrechte Menschen gingen durch den Haupteingang, ließ er mitteilen. Mein Team versuchte, ihm klarzumachen, dass Akteure und Gäste einer Sendung immer den Bühneneingang nähmen, erst recht wenn, wie in seinem Fall, das Publikum bereits im Saal sei. Das hat etwas mit Inszenierung zu tun, ja letztlich auch mit Größe. Der Prominente, der durch den Zuschauersaal schlappt und sich suchend über die Bühne schleppt, sich möglicherweise im Bühnenvorhang verheddert, stolpert oder gar stürzt, ist für eine Aufzeichnung eher ungeeignet und verursacht unnötige Versicherungskosten. Nun aber ist er gekommen und steht auf dem Parkplatz vor dem Bühneneingang.

Sodann folgt das nächste Problem. Erwartungsgemäß weigert sich Ballweg, eine Maske zu tragen. Als wir ihn darum bitten und auf die Hausordnung verweisen, die eine Maskenpflicht vorschreibt, droht er, sofort nach Stuttgart zurückfahren. Jetzt kann die Sendung nur noch ein Attest retten, das er vorzeigt – natürlich von einem der führenden Querdenker-Ärzte. So lassen wir ihn rein und setzen ihn mit seinem Begleiter in eine Einzelgarderobe. Kurz vor der Aufzeichnung spreche ich kurz mit ihm, wie mit allen Gästen der Show. Ich erkläre ihm noch einmal, dass wir nichts schneiden werden, egal, was passiert. Auch das war Teil der Absprache, denn wir wollen uns keinesfalls dem in Querdenker-Kreisen beliebten Vorwurf der Zensur aussetzen.

Im Gespräch präsentiert sich Ballweg konsequent als tiefenentspannt-zugewandter Kerl, an dem alles abprallt. Typ unschuldiger Bub, der gar nicht versteht, warum er auf die Finger kriegt, wenn er ständig mit Steinen die Scheiben der Nachbarn zerdeppert. Stets fröhlich lächelnd, egal, wie hart die Fragen sind. Diese Strategie, wenn es überhaupt eine ist, hat zwar keinen charismatisch-agitatorischen Vorteil, dafür die Chance auf einen Sympathiebonus. Mit jeder harten, konfrontativen Nachfrage setzt man sich als Moderator der Kritik aus, man fasse hier einen armen Jungen unverhältnismäßig hart an.

Aber ist das ein Grund, das Gespräch mit ihm zu verweigern? Ich meine, nein. Gerade im selbstgerechten Teil des linksliberalen Milieus heißt es dann gerne: Man darf den Schwurblern keine Bühne bieten! Damit macht man sie nur größer! Dann können sie sich wieder zum Märtyrer stilisieren! Populisten gehen immer als Sieger von der Bühne! Das haben wir doch alles schon tausendfach gesehen! Ich bin der Auffassung, dass diese Argumentationsmuster in doppelter Hinsicht unterkomplex und undifferenziert sind:

Erstens ist die Frage: Wo ziehen wir die rote Linie? Einen Holocaust-Leugner wie Attila Hildmann muss ich nicht einladen. Er hat eine Grenze überschritten, die strafrechtlich relevant ist, und damit ist alles gesagt. Ähnlich wie Ken Jebsen ist er in einer Sphäre angekommen, in der sie beide für rationale Argumente schlicht nicht mehr zugänglich und erreichbar sind. Was aber dennoch möglich und auch wichtig ist: diese Leute zu porträtieren, ihre Phrasen kommentierend zu flankieren und damit auch einzuordnen. Gelingt diese Einordnung, indem das Porträt genau, differenziert und kritisch ist, so ist viel gewonnen. Wird es nur eine Wiederauflage des alten Strickmusters, in der ein Autor sich bemüßigt fühlt, endlich einmal die andere Seite des Abgrunds zu zeigen – die eigentlich ganz harmlose, liebevolle und zutraulich-naive Seite des Wahnsinns, so ist eine große Chance vertan. Es gibt in den Medien immer wieder diesen Hang zu »Faszination des Bösen«-Porträts, in denen ein Journalist der gewährten Nähe zu seinem Subjekt quasi erliegt und in dieser Nähe halb abgestoßen, halb bewundernd verbrennt. Das ist gefährlich und bestätigt den gerne erhobenen Vorwurf, der Schreibende mache den Beschriebenen nur noch stärker, indem er ihn harmloser erscheinen lässt, als er ist.

> Man darf ihnen keine Bühne bieten!
> Warum eigentlich nicht?

Leute wie Michael Ballweg sind eine andere Kategorie als etwa ein Attila Hildmann. Er und seine Truppe mögen Dinge behaupten, die mir und Ihnen zutiefst fremd, vielleicht auch zuwider sind, aber er selbst ist weder Reichsbürger noch Nazi. Was ihm vorzuwerfen ist: dass er dieser Klientel eine Bühne geboten hat unter dem Deckmantel der totalen Meinungsfreiheit. Selbst wenn seine Bewegung vom Verfassungsschutz beobachtet wird, sollten wir anhören, was er zu sagen hat. Aber genau darum muss es dann im Gespräch gehen: ihn mit diesen Entscheidungen zu konfrontieren, ihn nicht von der Angel zu lassen – und zwar weniger mit dem missionarischen Eifer, ihn zu ändern und ihn am Ende als Geläuterten aus der Manege zu tragen –, sondern um einem Publikum vor den Notebooks, den iPads und den Fernsehern durch die richtigen Fragen zu zeigen, mit wem sie es hier zu tun haben. Nur so bieten wir die Chance der Auseinandersetzung.

Und damit kommen wir zum zweiten Fehler: die Annahme, man böte diesen Leuten nur eine Bühne, die sie anschließend quasi automatisch als Sieger verließen. Das bedeutet im Umkehrschluss: Journalisten halten sich für unfähig, Mystiker zu stellen? Das wäre dann wirklich eine veritable Krise des Journalismus. Zudem zeigt sich hier ein problematisches Bild von Zuschauern und Usern. Es unterstellt ja, dass ein Großteil der Menschen nicht in der Lage ist, eigenständig zu urteilen. Es unterstellt, dass eine Mehrheit von jedem dahergelaufenen Verschwörungserzähler verführbar ist und ihm anschließend in Scharen hinterherlaufen wird. Es unterstellt ein Publikum, das von den Machern paternalistisch an die Hand genommen werden muss, dem Journalisten in ›Sendung mit der Maus‹-Häppchen die Welt vorsichtig nahebringen muss, um es bloß nicht zu überfordern. Ich meine, damit unterschätzen viele Medienleute ihr Publikum sträflich. Zu Ende gedacht wäre die Folge eine andauernde Unterforderung, eine Infantilisierung des Programms und der publizistischen Produkte, gepaart mit interner Verängstigung, das Falsche zu tun. Diese Melange führt zu Mutlosigkeit, getarnt als Risikovermeidung.

Wäre das Publikum so leicht verführbar, wie einige Macher meinen, hätten die Querdenker in Berlin an jenem 1. August 2020 tatsächlich 1,3 Millionen Demonstranten haben müssen, wie sie es die ganze Zeit behauptet haben. Das hatten sie aber nicht. Sie hatten 20 000 – das bedeutet, dass eine Mehrheit selbst in einer existentiell bedrohlichen Notsituation wie einer Pandemie in der Lage ist, sehr rational und reflektiert mit der Lage umzugehen. Vor diesem Hintergrund dürfen wir auch darauf vertrauen, dass die Zeitgenossen in einer geistigen Verfassung sind, in der sie unterscheiden können, was hirnrissiges Geschwätz und was erkenntnisgeleitetes Denken ist. Auch wenn dieses im oftmals anstrengenden Graubereich zwischen Versuch und Irrtum stattfindet.

Wichtig ist nur: Wer fragt und berichtet, sollte sich bemühen, die richtigen Fragen zu stellen und kontraintuitiv zu arbeiten. Das bedeutet: Populisten niemals Fragen stellen, die den Ball ohne Not in ihr Feld spielen und sie einfach brillieren lassen. Fragen zur Flüchtlingspolitik an einen AfD-Politiker sollten tabu sein. Fragen zur Rentenpolitik, zur Bildungs- und Steuerpolitik jederzeit. Wenn sie hier mit differenzierten Konzepten überraschen, dann ist wieder Raum für Auseinandersetzung da. Wenn sie hier, wie bislang fast immer, scheitern, haben wir auch viel gelernt über Inkompetenz. Ebenso verhält es sich mit Verschwörungserzählern. Solange wir versuchen, den Unsinn ihrer Ideologien und Mythen im direkten Dialog aufzuzeigen und sie zu überführen, haben wir verloren.

Mir ist gelegentlich vorgeworfen worden, dass ich Michael Ballweg in meiner Show nicht zu den Corona-Maßnahmen befragt habe oder zur Rolle der Medien, ihm also keine Möglichkeit gegeben habe, wirklich Stellung zu beziehen und seine Sicht zu zeigen. Das habe ich absichtlich nicht getan. Aus den eben genannten Gründen. Zumal diese Thesen ja auf sämtlichen Demos schon ausreichend zu hören waren. Stattdessen erschien es mir an dieser Stelle spannender, auf gewisse innere Widersprüche des Aktivisten Michael Ballweg hinzuweisen. Ich sagte: »Sie lehnen die Corona-Warn-App ab, sind aber selbst IT-Unternehmer und haben 2013 eine App ins Leben gerufen, mit der Eltern ihre Kinder überwachen können. Außerdem kann man mit der Tourenplanung auch automatisch die Arbeitszeiten von Mitarbeitern kontrollieren. Finden Sie Überwachung nur so lange cool, solange Sie der Überwacher sind und nicht der Überwachte?«

Als ich in Stuttgart auftrat, hatte Ballweg einen offensichtlichen Fake-Tweet des früheren US-Präsidenten Trump für bare Münze genommen. In dem Post hatte er »deutschen Patrioten« von der »Querdenken«-Bewegung alles Gute gewünscht. Wenn er querdenken wolle und sich für die Speerspitze des Widerstands halte und zugleich nicht einmal einen echten von einem falschen Tweet unterscheiden könne – wäre es dann nicht besser, wieder Apps zu programmieren?

Spricht er mit mir oder an mich heran?
Wenn Freunde zu Schwurblern werden
(könnten)

Und was ist nun mit denen, die an Verschwörungserzählungen glauben? Diejenigen, die im Kreis der Familie oder des erweiterten Verwandten- und Bekanntenkreises plötzlich beim gemütlichen Beisammensein schräge Thesen über den Tisch blasen? Oder der nette Typ aus der Kneipe, den Sie gerade fragen wollten, ob Sie vielleicht in Kontakt bleiben wollten, weil der Abend bislang doch recht vergnüglich war. Es ist dann wie ein Schock, wenn plötzlich, wie aus dem Nichts, irgendeine Verschwörungserzählung kommt: Ich fühle mich im ersten Moment immer betrogen. Wie kann das jetzt sein? Bislang war das doch ein netter Kerl! Danach zweifle ich an mir selbst: Warum hast du das nicht gemerkt? Aber der war doch eigentlich ganz nett ... was hat er denn sonst so gesagt an diesem Abend? Gab es Hinweise? Hat meine Menschenkenntnis so kolossal versagt? Oder hat dieser Mensch diese Gedanken absichtlich überspielt und von mir ferngehalten, um sie jetzt in einem schlechten Budenzauber abzufackeln? Alles Strategien böser Mächte hinter ihm?

Ich habe immer wieder festgestellt: Ein guter Maßstab für das Maß der Verstrahltheit von Verschwörungsgläubigkeit des Gegenübers liegt nicht etwa in grundstürzender Gegenrede meinerseits, im argumentativen Widerspruch, im Bestreben, verschwörungsideologische Argumente zu sezieren und zu zerstören. Es liegt im Zuhören.

Was genau erzählt mir dieser Mensch? Wie behandelt mich mein Gegenüber dabei? Spricht er *mit mir* oder *an mich heran*? Will er mich überzeugen, hört er zu, reagiert er auf Fragen, Einwände? Lässt er sich noch stören von Zweifeln oder bleibt er vollständig in seiner tausendfach wiederholten Gedankenwelt und reagiert eher abwehrend bis beleidigend? Wenn Sie sich dann irgendwann austauschbar vorkommen, als seien Sie eine weiße Wand, und werden für Ihren Widerspruch eher noch diskreditiert, dann wissen Sie: Es ist jetzt auch gleichgültig, ob Sie zur Gegenrede übergehen, schimpfen oder liebevoll nachhaken wollen, um zu verstehen. Dann hat der Verschwörungsgläubige seine Abbiegung genommen und sich für diesen Weg entschieden. Je tiefer im Tunnel, desto weniger Sinn hat der Dialog. Je zweifelnder aber der Gläubige, desto mehr Austausch und Widerspruch ist am Platz – und wird in diesem Falle wohl auch mindestens gehört und aufgenommen.

Wenn offensichtlich nicht mehr viel zu bewegen ist, so mag das mehr oder weniger melancholisch stimmen, aber auch das ist doch nur eine Frucht der Freiheit, die diese Leute so energisch verteidigen wollen. Es ist wesentliches Kennzeichen der Freiheit, den irrsten Blödsinn glauben zu dürfen und sein Leben auf dem Boden dieser Überzeugungen aufzubauen und es mit weiterem dunklen, wuchtigem Mobiliar zuzustellen, bis kein Licht mehr durchs Fenster kommt. Und es ist Kennzeichen der Meinungsfreiheit, dass auch diese Meinungen gesagt werden dürfen. Nur so wissen wir von ihnen und können abschließend sagen:

Verschwörungsideologen sind Leute, die glauben, das zu wissen, was keiner außer ihnen wissen kann, weswegen sie alle zusammen die Einzigen sind, die von dem einen großen Geheimnis wissen, das angeblich keiner kennt, über das aber alle sprechen.

Was verschweigen die Medien?

Alles nur noch Lug und Trug!

Früh bin ich gewarnt worden, dass das ein Irrweg sein könnte. Schon meine Mutter warnte mich vor dem Beruf des Journalisten, weil er wenig prestigeträchtig sei. Jahrelang las ich in allerlei Rankings, dass Medienleute in der Beliebtheit der Bevölkerung noch unter Politikern stehen – und das muss man erst einmal schaffen. Wo Komiker stehen, weiß ich nicht, vermutlich gar nirgends, sie sind schlicht zu irrelevant, um überhaupt abgefragt zu werden. Bei Journalisten denken viele Leute weniger an Aufklärer im Dienste der Sache, als an Witwenschüttler, also schlecht gekleidete Horst-Schlämmer-Verschnitte, die im Auftrag irgendeiner Boulevard-Postille die Angehörigen von Opfern oder im schlimmeren Fall die Opfer selbst ans Licht der Öffentlichkeit zerren, um sie sodann, schamlos und hilflos, wie sie sind, dem Publikum zum Fraß vorzuwerfen.

Trotz der häuslichen Bedenken wollte ich eine ganze Weile seriöser Journalist werden, oder wenigstens das, was ich dafür hielt. Ich habe den Lokaljournalismus wie die Muttermilch aufgesogen – auch meine Mutter arbeitete hier. All die Überstunden, unregelmäßige Arbeitszeiten, schlechtes Essen auf die Hand in der Mittagspause. Als ich in der Schule ein erstes Praktikum machen musste, absolvierte ich dieses beim Lokalblatt im Ort nebenan.

Ein Jahr nach diesem Schulpraktikum begann ich ein richtiges – beim Lokalradio in Freiburg, aus dem später eine freie Mitarbeit in den Schulferien hervorging. Ich wusste zwar, dass meine Bestimmung eher das unseriöse Unterhaltungsfach sein würde, dennoch lernte ich begierig das journalistische Handwerk: Was ist eine Nachricht? Wie schreibt man eine Meldung? Was unterscheidet einen Bericht von einem Kommentar? Bis heute profitiere ich von der Kärrnerarbeit jener Jahre.

Öffentlich-rechtliche und andere Qualitätsmedien waren damals ein Leuchtturm, ein Fels in der Brandung und was man sonst noch so an abgeschmackten Formulierungen hier gebrauchen könnte. Zwar waren Journalisten als Individuen unbeliebt, in ihrer Gesamtheit aber als Sender oder als Blatt doch ziemlich anerkannt. Was ARD, ZDF, ›Spiegel‹, ›Zeit‹, ›FAZ‹ und ›Süddeutsche‹ sagten, das lasen die Zeitgenossen je nach ideologischer Verortung zustimmend oder ablehnend, aber dass hier Qualität vorherrsche, stand doch weitgehend außer Zweifel. Das hat sich heute, rund 30 Jahre später, geändert.

Zwischen den Medien und ihren Kunden ist etwas ins Ungleichgewicht geraten. Es hat sich ein Schleier des Zweifels, der Ablehnung und des Verdachts über fast alles gelegt, was sie publizieren. Versuchen sie, neutral zu berichten, sind sie regierungstreu und kanzleramtsgesteuert, kommentieren sie und ordnen ein, verweigern sie sich dem medienethischen Neutralitäts- und Reinheitsgebot. Das Verhältnis zwischen klassischen Medien und ihren Nutzern wirkt manchmal wie eine passiv-aggressive Beziehung, in der ein Partner versucht, alles richtig zu machen, während der andere weiter an ihm herumnörgelt. Paartherapeuten nennen diese toxischen Beziehungen Richtig-wichtig-Konstellationen. Während die eine

Seite, hier die Medien, versuchen, alles richtig zu machen und immer weniger Angriffsfläche zu bieten – sagen ihre Nutzer: »Aber ich bin euch gar nicht wichtig! Was ich wirklich denke und empfinde, das interessiert euch eigentlich gar nicht in eurer Blase!«

Woher kommt diese Beziehungsstörung? Zum einen hat sie mit dem Medienwandel durchs Internet zu tun. Klassische Presseorgane waren aufgrund ihrer Unanfechtbarkeit in ihrer eigenen Wahrnehmung oft auch Propheten. Verlautbarungsorgane, die für sich die Wahrheit gepachtet hatten. Ihr Wort war Gesetz. Sie predigten von der Kanzel. Widerspruch war selten – wenn er kam, dampfte ihn ein Redakteur aufs Wesentliche ein. Danach erschien er als Leserbrief oder als aufgezeichneter Höreranruf in der Nische.

Durch das Internet sind alle Sender geworden. Die Macht der User, der Laien, ja auch der Dilettanten ist riesig. Sie widersprechen und fordern heraus, sie pöbeln, streiten und argumentieren. Die Trutzburgen sind keine mehr, auch die Abschottung durch einen Pförtner oder ein Funkhaus im Wald, oben auf dem Berg, bringt nichts mehr. Die alte Sicherheit ist passé, jeder Tag ist ein Tag neuer Bewährung. Das hat die journalistische Arbeit auch zu ihrem Vorteil verändert: Medienleute arbeiten im besten Falle genauer, transparenter, vielschichtiger. Zugleich sind sie ängstlicher, mutloser und risikoscheuer geworden. Manchmal unterwerfen sich Redaktionen in gefühlter Selbstzensur einem vorauseilenden Gehorsam, der sich häufig in voreiligen Entschuldigungen und wohlfeilem In-den-Staub-werfen zeigt. Der Shitstorm wird antizipiert – und wer aus Angst handelt und entscheidet, tut dies meist mit zitternder, nicht mit ruhig, aber entschieden geführter Hand.

Misstrauen gegenüber etablierten Medien gab es immer wieder, insbesondere in Zeiten der Umbrüche. Das Wort »Lügenpresse« etwa hat einen langen Bart: In der ersten Hälfte des 20. Jahrhunderts waren es vor allem völkische und nationalistische Bewegungen, in der DDR war die Rede von der »kapitalistischen Lügenpresse«[158]. Im Westen wendeten die Achtundsechziger den Begriff gegen die Springer Presse, also ›Bild‹ und Co., und die Regierungskabinette galten ihnen als »institutionalisierte Lügeninstrumente«. Eine Bewegung, die angeblich »die wirklichen Interessen der Bevölkerung« ausdrückte, richtete sich gegen ein manipulatives parlamentarisches System – all das gab es also schon mehrfach, 1968 ff. eher von der progressiven Seite, heute eher von der reaktionären.[159]

Der Glaube, Medienmeute und Politik steckten eigentlich unter einer Decke, zieht sich durch die Geschichte wie Wege, die sich immer wieder begegnen, auch wenn sie auf den ersten Blick wenig miteinander zu tun haben. Dennoch hat sich heute etwas verändert, und es lohnt sich, den Unterschieden nachzuspüren, nicht nur den spontanen Gemeinsamkeiten der Geschichte.

Spalten statt versöhnen? Medien in Zeiten der Unsicherheit

Das neue Misstrauen gegenüber etablierten Medien hat sich in den vergangenen Jahren herausgebildet, verstärkt, radikalisiert. Die vergangenen Jahre haben viele Menschen als eine neue Epoche der Einstürze erlebt, wobei einige in der Wahrnehmung kaum unterscheiden, welche der Verunsicherungen von echten Ereignissen und welche überwiegend von Meinungsmache herrühren. So hört man häufig in einem Atemzug: 9/11, die Finanzkrise 2008, die Flüchtlingskrise 2015, die Wahl Donald Trumps und den Brexit 2016 und zuletzt die COVID-19-Pandemie 2020.

All diese Ereignisse haben Wirklichkeit werden lassen, was viele noch nicht einmal in ihren kühnsten Träumen für möglich gehalten hätten. Abgesehen davon, dass über Stimmungsmache auch Fakten geschaffen wurden, haben all diese Ereignisse eine neue Vermischung von Propaganda – kurz PR – in der Ummantelung des Journalismus ermöglicht. Sie haben Fake News in kaum gekanntem Ausmaß in Umlauf gebracht. Es waren Ereignisse, die Medien und ihre Nutzer zu Positionierungen geradezu gezwungen haben: Es gab nicht ein paar Geflüchtete, es gab nicht ein wenig Brexit und auch keinen halben Trump und sowieso keine Pandemie, die nur ein paar Leute trifft. Es gab nur noch alles oder nichts, dafür oder dagegen, Freund oder Feind. In diesen Fragen war eine Meinung sofort eine Positionierung, und damit ging die Schublade auf, in die der Meinende gepackt wurde. Damit war jeder, der sich äußerte, in den Augen der anderen Teil eines Lagers, einer kämpfenden Truppe – auch wer gar nicht in die Schlacht ziehen wollte.

Sind Medien in dieser Frontstellung noch Teil der Lösung oder schon Teil des Problems? Können sie noch vermitteln oder tragen sie dazu bei, die Gesellschaft weiter zu spalten? Aber ist eine gezielte Zuspitzung, etwa in einem Kommentar oder einer Kolumne, auch immer eine Spaltung? Wohl kaum. So, wie ein Text, der die Wirklichkeit verdichtet, sie nicht zwangsläufig vereinfacht. Ist Neutralität dann die Lösung? Wenn wir nur versöhnen und zusammenführen und heilen wollen, entsteht dann nicht eine Scheinharmonie, eine Schleimspur der künstlich überdeckenden Beschaulichkeit und Besinnlichkeit? Eine Art medialer Kirchentag? Und wo bleibt bei beiden Fragen die Glaubwürdigkeit? Die Medien haben doch auch schon oft bewiesen, dass sie nur Rudeltiere sind, die Existenzen zerstören wollen oder das zumindest in Kauf nehmen.

An der Uni Mainz versucht ein Forscherteam den langen, weiten Blick ohne die branchenübliche Hysterie. Am Institut für Publizistik wollen Wissenschaftler herausfinden, wie das Verhältnis der Deutschen zu ihren Medien ist. Die Langzeitstudie Medienvertrauen gibt Ende 2020 Anlass zur Hoffnung: Mehr als die Hälfte aller Befragten antwortete, man könne den Medien »wenn es um wirklich wichtige Dinge geht – etwa Umweltprobleme, Gesundheitsgefahren, politische Skandale und Krisen – vertrauen«. Immer noch knapp 30 % sind unsicher und äußern sich mit »teils teils«. Tiefe Zweifel an der Vertrauenswürdigkeit haben nur noch 16 %. Ähnlich viele (15 %) stimmten auf der anderen Seite der Aussage zu: »Die Medien arbeiten mit der Politik Hand in Hand, um die Meinung der Bevölkerung zu manipulieren.«[160]

Manipulation ist ein großes Wort, es klingt nach Plan und Absicht und nach gezielter Falschinformation. Lässt man den allzu erhitzten Begriff einmal außen vor und kühlt die Frage um ein paar Grad herunter, bleibt dennoch ein Unbehagen. Immer wieder klagen Chefredakteure hinter vorgehaltener Hand darüber, dass ihre Redakteure allesamt ähnlich denken – sie fahren Fahrrad statt Auto, schauen Netflix statt Fernsehen und interessieren sich für den Prenzlauer Berg und Hamburg Eppendorf statt für Deggendorf und Neustadt an der Weinstraße. Sie leben in dem, was sie selbst für die Zukunft halten: achtsam, nachhaltig, gewissenhaft. Sie schließen damit einen Großteil des Publikums aus oder wollen es im schlimmeren Falle belehren über das bessere Leben, das naturgemäß das eigene ist. Sie leben und bewegen sich in genau den Blasen, die sie anderen gerne vorhalten. Und wenn sie dann einmal ausschwärmen, hinaus ins Land, um den Puls der sogenannten normalen Leute zu fühlen, dann beobachten sie diese eher wie Paviane in einem Zoo als wie Menschen, für die sie eigentlich denken, schreiben und berichten sollten. Sie wirken dann fasziniert und abgestoßen von der Fremdartigkeit dessen, was hier, in diesen von der Vergangenheit wie von Efeu überwucherten, zurückgelassenen Tante-Emma-Landstrichen als Normalität gilt.

Man ist dann schnell bei der Hand mit dem Argument, der Journalismus sei linksgrün. 2009 machte die FU Berlin eine Studie über die Parteipräferenz von Politikjournalisten. Bis heute wird sie immer wieder absichtlich missverstanden: Hier sind die Grünen mit 26,9 % Spitzenreiter, gefolgt von der SPD mit 15,5 %. CDU und FDP landen im einstelligen Bereich weit abgeschlagen. Was aber auch seriöse Medien in der Berichterstattung vorsätzlich weglassen: Mit 36,1 % fühlte sich der größte Teil der Befragten keiner Partei zugehörig.[161]

Wie grün ist die ARD (hinter den Ohren)?

Ähnlich lief es bei einer internen Umfrage unter Volontären der ARD-Anstalten, der Deutschen Welle und des Deutschlandfunks: Wenn sie am Sonntag wählen würden, so bekämen die Grünen eine absolute Mehrheit, fast jeder Vierte würde Die Linke wählen, während die Union auf knapp drei Prozent käme.

›Die Welt‹ war sofort besorgt und zeigte, wie weit die jungen Leute von der Mehrheit ihrer Altersgruppe draußen entfernt seien, in der jeder Vierte die CDU, 18% die SPD und immerhin 13% die FDP wählten. Wie soll diese verstrahlte Gesinnungsgemeinschaft jemals einen Grundversorgungsauftrag sicherstellen, ohne in die Niederungen tendenziöser Berichterstattung abzudriften? Es steht zu befürchten, dass die ARD den Öko-Sozialismus salonfähig machen wird, in dem Luisa Neubauer die ›Tagesschau‹ und sämtliche Quizshows in einem Rutsch wegmoderiert. Wir standen also gefühlt kurz vor einem zweiten China, einer Volksrepublik Deutschland und einem taktischen Bündnis mit China und Indien gegen die USA.

Es ist eine Binse, dass Menschen in ihren Jugendjahren einseitiger, strenger und radikaler denken. Später weitet sich oft der Blick. An die Stelle der Überzeugung kann dann im besten Falle Neugier treten, manchmal Empathie auch fürs Unverständliche. Dass Journalisten tendenziell linksliberal sind, ist ebenso bekannt. Das ist doch auch nachvollziehbar. Konservative wollen Macht, Status und Prestige erhalten und suchen sich dafür einen Platz an der Sonne. Progressive möchten Privilegien in Frage stellen und angreifen. Wenn die vierte Gewalt also funktionieren soll, ist ein latenter Drall nach links systemimmanent. Hinzu kommt: Wer fett Kohle machen will, geht zu den privaten Sendern, und wer tendenziell konservativ ist und halbfett Kohle machen will, zu Axel Springer. Wer gewissenlos und geldgeil ist, geht schnurstracks in die Werbung. Wer also bleibt? Leute, die für vergleichsweise geringes Geld mit der Sicherheit einer Festanstellung im Rücken und einem Tarifvertrag aus dem Großraumbüro heraus die Welt verändern wollen. Und wenn wir uns anschauen, wie viele Skandale diese verdammten Linksgrünen schon aufgedeckt haben in den vergangenen Jahrzehnten, so können diese Leute so ganz daneben wohl kaum sein. Von der Ibiza-Affäre über die Panama Papers bis zu Wirecard, um nur drei prominente Beispiele aus der jüngsten Vergangenheit zu nennen.

Viel beunruhigender scheint die Homogenität vieler Journalisten weit über die ARD hinaus. Zwei Drittel aller Chefredakteure und Programmdirektoren deutscher Medien entstammen den oberen 4 % der Bevölkerung.[162] Mehr als zwei Drittel aller Politikjournalisten haben studiert.[163] Fast alle öffentlich-rechtlichen Sender setzen das voraus. Das ist auch gut so: Eine fundierte Ausbildung ist entscheidend, Medienarbeit ist ein Handwerk, das diejenigen, die es ausüben, beherrschen müssen. Nur: Wer aus den beschriebenen homogenen Kreisen kommt, fühlt sich in ihnen naturgemäß zu Hause. Das Interesse an Parteiinnenpolitik ist schnell größer als das an real existierenden Bauer-sucht-Frau-Lookalikes in abgehängten Gegenden zwischen Bautzen und Bad Berleburg.

Wenn sich also Journalismus und Politik in einer tieferen Nähe begegnen, als sie womöglich gesund ist, und damit Abstände ignorieren, die vielleicht wichtig wären, so stellt sich die Frage, wie und in welcher Weise sich diese Nähe zeigt. Ich möchte unter diesem Aspekt den Wahlkampf von und die Erregungen um Annalena Baerbock einmal genauer beleuchten. Ich meine, es lässt sich hier eine Dynamik zwischen Politik und Medien zeigen, die heute paradigmatisch geworden ist – und zwar mit Blick auf einen rasanten Aufstieg und noch rasanteren Fall, der Aufblähung eines Miniskandals und dem unprofessionellen Umgang der Partei mit einem Problem, das sich lange angekündigt hatte.

»Sie hat abgeschrieben!« Vom Aufstieg und Fall der Annalena B.

Ganz am Schluss, als alles überstanden ist, bekommt sie doch noch euphorischen Applaus – und ein ganz herzliches Dankeschön. Auch ein Küsschen wäre drin gewesen, was die Corona-Auflagen glücklicherweise gerade noch verhindert haben. Sie haben auch dafür gesorgt, dass der Beifall nur von zwei Leuten kam in diesem Fernsehstudio: von den Moderatoren Katrin Bauerfeind und Thilo Mischke. Die beiden haben der Kandidatin an diesem Aprilabend eine Dreiviertelstunde lang den roten Teppich ausgerollt, über den sie anschließend schreiten konnte. In den Augen der beiden Hosts war eher eine Liebeserklärung zu sehen als der Nachdruck eines harten politischen Interviews. Und das, obwohl der private Fernsehsender ProSieben extra die Primetime um 20:15 Uhr für dieses Gespräch freigeräumt hat. Das ist in etwa so ungewöhnlich, wie wenn das ZDF statt dem »Traumschiff« einen Porno zeigen würde. Aber was tut man nicht alles für die Weltpremiere von *How I met the next Mutti?*

Es ist April 2021, und es sind Wochen, in denen ich den Verdacht habe, dass einige Medien tatsächlich schockverliebt in Annalena Baerbock sind. Gefühlt ist sie schon Kanzlerin. Ein Kommentator bezeichnet in den ›Tagesthemen‹ schon die gespenstisch ruhige Art und Weise, wie die Grünen Baerbock zur Kandidatin gekürt haben, als »erfrischend«.[164] Bei anderen Parteien hätte man von Hinterzimmerklüngelei gesprochen. Hier aber war es Ausweis einer zur Vernunft gekommenen ehemaligen Zoff- und Rabaukenbande. Nie durfte der Verweis fehlen, dass die Kandidatin einst Trampolinspringerin war. Analogien zur Politik wurden gezogen, egal, wie sehr der Vergleich hinkte, er musste durchs Ziel gepeitscht werden. »Was ich aus meinen wenigen Sprüngen auf dem Trampolin weiß, ist, dass man besser mittig springt als am Rand«, bekannte sich ›Tagesthemen‹-Moderatorin Caren Miosga und fragte: »Bringt Sie das politisch auch eher ins Kanzleramt?« »Das stimmt beim Trampolin, das stimmt auch in der Politik«, antwortete die Kandidatin mit minimalem Zögern und sagte dann noch etwas von Vielfalt und überhaupt gemeinsam, und schon war der Drops gelutscht.[165]

Schon zuvor hatte sie im »heute journal« diese tatsächlich neue Erkenntnis zum Besten gegeben: »Wir haben ja auch in anderen Ländern der Welt gesehen, welche Kraft es entfalten kann, wenn man nicht schon jahrelang durch die Politikmühlen gerieben wurde.« Wer war gemeint? Macron in Frankreich? Sebastian Kurz in Österreich? Boris Johnson in Großbritannien? Allesamt entstammen sie den Politikmühlen. Justin Trudeau kommt sogar aus einer Politikerfamilie: Sein Vater war auch schon kanadischer Premierminister. Der Einzige, der auf Baerbocks Beschreibung wirklich passte, hatte zuvor Reality-Shows im Fernsehen moderiert und Hotels gebaut, die so hießen wie er. Ist er das Vorbild? Müssen gut situierte Grünen-Wähler befürchten, dass sie bald unter dem Hashtag #Kraftentfalten den Sturm auf den Reichstag vorbereiten müssen? Ich fürchte, dafür haben sie keine Zeit, schließlich müssen sie Bent und Leonie und Elias zum Klavier- und zum Schwimmunterricht kutschieren.

Aber Claus Kleber wäre nicht Claus Kleber, wenn er hier nicht ausnahmsweise zärtlich nachgefragt hätte: »Wer ist denn da, wenn Sie an die Welt denken, Ihr Leitbild oder Ihr Vorbild? Jemanden, der Ihnen Mut macht, weil er oder sie es geschafft hat?« Man solle niemanden kopieren, sprach Baerbock und verschaffte sich eine Atempause, um dann doch glücklicherweise noch konkret zu werden: »Aber wir haben jetzt gerade in den USA gesehen, wie wichtig in der Demokratie immer wieder ein Wechsel ist.«[166] Jetzt ist mir alles klar! Joe Biden ist der jung-dynamische unverbrauchte Typ, der nun wirklich noch in keiner Partei in den vergangenen fünfzig Jahren zerrieben wurde. Wie konnte ich das vergessen!

In derselben Woche war auch der »Spiegel« eingestiegen: Über mehrere Seiten ließ sich ein früherer Kommilitone von Baerbock aus über »Lenchen, die Kandidatin.«[167] Wäre so etwas auch über einen Mann geschrieben worden? »Minchen, der Kandidat: So war es, als ich mit Armin Laschet im Kirchenchor gesungen habe!« Oder »Küsschen, der Kandidat! Ich war mit Markus Söder im Kindergarten – und er hat sich bis heute gar nicht verändert. Wir wussten schon damals nicht, wer er wirklich ist.«

In diesen Tagen und Wochen konnte man den Eindruck kriegen, die ARD-Volontäre haben sämtliche Redaktionen gekapert. Die Umfragen der Grünen in diesen Wochen waren entsprechend. Lenchen war die Frau einer neuen Zeit, eine junge Frau, irgendwie unverbraucht, Mutter zweier Kinder, eine, die die Lebenswirklichkeit sehr vieler Menschen abbilden konnte.

Von all den zwanghaften Trampolin-Analogien und -Szenen gibt es eine, in der tatsächlich mehr von der Kandidatin steckt, als ihr bei der Entstehung bewusst gewesen sein mag: In einer NDR-Doku aus dem Jahr 2020 spricht Reinhold Beckmann nicht nur über ein Trampolin, er besucht die damalige designierte Kandidatin wirklich auf einem und fragt: »Was waren die größten Titel, der größte Erfolg, wo Sie sagen: Da war ich richtig gut?« Baerbock sagt hier einen Satz, der sie später einholen sollte: »Ehrlich gesagt: Den größten Erfolg hab ich nie geschafft. Bei mir waren es die Nerven, oder irgendwas kam immer dazwischen.«[168]

Pannen-Lenchen: Ist Baerbock der neue Steinbrück?

Wenige Wochen später scheint es so, als habe Lenchen die Kandidatin Baerbock eingeholt. Es fing alles recht harmlos an, mit zu spät gemeldeten Nebeneinkünften. Nicht schön, aber verschmerzbar. Dann folgten eher alberne Kleinigkeiten wie Korrekturen in ihrem Lebenslauf.[169] Es wirkte, als habe Annalena mehrere Leben parallel geführt – mutmaßlich das von Lenchen, das von Annalena und das von Frau Baerbock. Sie selbst gab zu, schlampig gearbeitet zu haben.

Tatsächlich war das Gegenteil der Fall: Ihr Lebenslauf wirkte so, als würde sie sich absichtlich stets ein wenig größer machen, als sie war. Die Zweifel wuchsen. Schließlich enthüllte der Plagiatsjäger Stefan Weber aus Salzburg, dass Baerbock in ihrem Wahlkampf-Begleitungs-Pamphlet »Jetzt!« abgeschrieben hatte. Weber, ehemaliger Journalist des österreichischen Boulevardblattes ›Kronen-Zeitung‹ und ehemaliger Grünen-Berater auf EU-Ebene, wusste, wie er die Bombe platzen lassen muss: »So eine Dreistheit und Dummheit habe ich in 14 Jahren Tätigkeit noch nie gesehen!« Und: »Es ist womöglich vieles, wenn nicht alles aus Netz-Versatzstücken zusammengestoppelt. Hier hat jemand sein Hirn ausgeschaltet und Textarbeit simuliert. Wahnsinn!«[170], schrieb er in bester Revolverblatt-Manier auf seinem Twitter-Account und kooperierte fortan mit der ›Bild‹-Zeitung, die jeden Tag ein weiteres kleines Detail veröffentlichte, um das Thema möglichst lange am Köcheln zu halten.

Das zeigt, dass Weber, der nach eigenen Angaben an der Grenze zwischen Wissenschaft und Journalismus unterwegs ist, eben doch kein seriöser Whistleblower ist: Diese melden sich nämlich zunächst bei der Presse, die anschließend ihre Ergebnisse verifiziert und dann gemeinsam mit ihnen veröffentlicht. Plagiatsjäger aber, die auf ihren privaten Blogs, auf Twitter und zusammen mit einem unseriösen Schundblatt koalieren, denen geht es vor allem um sich selbst – und um Demütigung und Beschämung dessen, über den sie etwas veröffentlichen. Moral vor Erkenntnisinteresse. Es ist nichts anderes als ein Shitstorm, getarnt als wissenschaftliche Aufklärungsarbeit. Das vom Plagiatsjäger erjagte Wild soll qualvoll sterben, auf dass wir uns anschließend an seinen Eingeweiden genussvoll laben können.

Baerbock und die Grünen wiederum liefen Weber mit ganzer Kraft vor die Flinte, indem sie sofort von »Rufmord!« schwadronierten. Das ist genau der Whataboutismus, den die Grünen sonst doch mit ganzer Kraft bekämpfen.

Baerbock fiel hier auch ihr barrierefreies Selbstbewusstsein auf die Füße. Die Grünen haben sich für sie statt für Habeck entschieden, weil sie bei gleicher Qualifikation eine Frau bevorzugten. Jetzt wurde zum Problem, dass hier offensichtlich einer Frau mit geringerer Qualifikation der Vorzug gegeben worden war – und man wunderte sich, wenn sie aufgrund der Unerfahrenheit scheiterte. So gelingt es, das eigene gute Anliegen mit Überehrgeiz scheitern zu lassen. Der Gleichberechtigung, die man sich auf die Fahnen geschrieben hatte, erweist man so einen Bärendienst.

Oder war es am Ende doch alles nur ein Geschlechterproblem? Dass wir noch immer schwer aushalten, wenn eine Frau ganz nach oben strebt, und sie niedermachen wollen, egal zu welchem Preis? »Ich zögere, den Gender-Aspekt dabei besonders zu gewichten. Ich glaube, es hätte jeden anderen genauso erwischen können. Natürlich ist sie in der Kombination ›Frau, Grüne, die Deutschland verändern will‹, und das stößt auf die Bequemlichkeitssehnsucht vieler Wähler – insbesondere natürlich auch männlicher Wähler«, sagt Peer Steinbrück, 2013 Kanzlerkandidat der SPD. Vieles von dem, was nun mit Baerbock passierte, erinnerte ihn an seinen eigenen Wahlkampf.

Der Unterschied ist: Es ging früher los bei ihm, und er hat das mediale Feuer um sich immer wieder neu zu entfachen gewusst, mal mit Absicht, oft ohne, manchmal schien er sich selbst nicht ganz sicher zu sein – was auch daran gelegen haben mag, dass er ein spontaner, ironischer, auch übertreibender Formulierer sein kann. Schon neun Monate vor der Wahl fiel der erste Satz, der sich später als Stein des Anstoßes erweisen sollte. In einem Zeitungsinterview sagte Steinbrück, dass jeder Sparkassendirektor mehr verdiene als der Bundeskanzler. »Damit versuchte ich, darauf aufmerksam zu machen, dass das, was ein Kanzler zu leisten hat, zumindest von der Dotierung in einem völligen Missverhältnis steht zu dem, was sogar bei den öffentlich-rechtlichen Sparkassen, geschweige denn bei Topmanagern, verdient wird.« Steinbrück, der zuvor schon als Vortragsredner durchs Land getingelt war, für Summen, die eher gewöhnlich waren, galt nun vielen als geldgeiler Sack: Wenn ich den Job machen soll, müsst ihr schon besser zahlen! Der Zusammenhang ging flöten.

Steinbrück spricht von einem »vorsätzlichen Missverständnis«. Medien hätten hier schlicht das gehört, was sie hören wollten. Der zweite Klopper folgte in einer Matinee im Berliner Ensemble: Jemand aus dem Publikum habe etwas hereingerufen und er, um keinen Konter verlegen, habe reagiert. Es ging um den berüchtigten Pinot grigio für fünf Euro, den er trinke – pro Glas oder pro Flasche, das war die Frage. Steinbrück meinte, pro Glas. Nun war er auch noch der elitäre Wein-Connaisseur aus der Partei, die sich doch den Kampf für die Schwachen auf die roten Fahnen geschrieben hatte. Also Leute, für die ein Pinot grigio, der fünf Euro kostet, in etwa so weit weg war wie ein spontaner Trip auf die Malediven für einen Kleinunternehmer.

Von nun an war er der Pannen-Peer, der nichts mehr richtig machen konnte. Das Ticket direkt in die Loser-Hölle war ausgestellt, der Zug abgefahren. Es folgte noch die Pose mit Stinkefinger auf dem Magazin der ›Süddeutschen Zeitung‹, damit war die Kandidatur final gelaufen. Nicht einmal benehmen konnte sich der sogenannte Herausforderer! Von nun an hätte die SPD auch einfach ohne Kandidaten antreten, von der Wahl zurücktreten oder eine Runde aussetzen können.

Meinungsstark gerne – aber bitte so, dass es allen gefällt – das Politik-Paradox

Ist das Phänomen, dass Medien Kandidaten vor Wahlen rauf- und runterschreiben wirklich so neu oder glauben wir das nur? Es sei »immer mit harten Bandagen gekämpft worden«, erinnert sich Steinbrück. Was sich geändert habe, seien »die technologischen Bedingungen des 21. Jahrhunderts. Sowohl das Hochschreiben als auch das Runterschreiben bringt Klicks, Auflage und Quote. Das heißt, aus einer Person kann man aus medialer Sicht zweimal eine Ernte einfahren«, sagt Steinbrück.

Tatsächlich spielt hier eine gefährliche Paradoxie mit: Medien wünschen sich meinungsstarke, kantig formulierende Politiker, die berüchtigten Klartext-Sprecher. Aber wenn sie das dann sind, dann sollen sie bitte nicht zu elaboriert und pointiert sprechen, sonst gelten sie als unbeherrscht und verhaltensoriginell, fürs diplomatische Parkett eher schwierig bis ungeeignet. Das führt dazu, dass Politiker vor allem glatt, unangreifbar und langweilig sein werden, vermutet Steinbrück. In der Konsequenz hieße das: Der Siegeszug der langweiligen Technokraten und gestanzt sprechenden Real-Life-Avatare stünde bevor. Es gäbe dann keine Orientierungspunkte mehr in der Politik, keine Figuren, die herausfordern und an denen zu reiben sich lohnen würde.

Wenn es stimmt, was Steinbrück sagt, so erleben wir eine geradezu schizophrene Situation: Auf der einen Seite beobachtbar glattere, kantenfreiere Politiker in der Mitte und umso lautere, aggressivere an den Rändern. Die Zahlen zeigen, dass der Ton in den Parlamenten rauer, lauter und schriller wird: Zwischen Herbst 2017 und März 2020 gab es im Bundestag 26 Ordnungsrufe und sechs Rügen. Bevor die AfD mit im Saal saß, waren es zwei Ordnungsrufe und keine einzige Rüge. In den Landtagen sieht es ähnlich aus: Baden-Württemberg meldet in der aktuellen Legislaturperiode 25 Ordnungsrufe, zuvor null.[171]

Analog dazu steigt die Zahl der Rügen, die der Deutsche Presserat jährlich gegen Medien ausspricht: Ihre Zahl hat sich zwischen 2017 und 2020 mehr als verdoppelt.[172] Offensichtlich hat sich wirklich etwas verschoben in der Debatte. Womöglich hat Steinbrück recht, und soziale Medien und ihre Debattenkultur haben die etablierten Medien nicht nur in der hysterischen Atemlosigkeit vor sich hergetrieben, sondern auch im grenzüberschreitenden Tonfall.

Medienwissenschaftler Bernhard Pörksen weist in diesem Zusammenhang darauf hin, dass das analoge Medienzeitalter eine Art sanften Paternalismus – also liebevolle Besserwisserei – zelebrierte: Es zeigte Lesern, Zuschauern und Hörern, was Journalisten gerade für wichtig hielten. Es war stets die Frage nach dem *Warum*, die sie antrieb. Im Zuge der Digitalisierung hat auch der Journalismus umgestellt auf das *Wie*: Wie gut funktioniert etwas? Entsprechend liefern Medien, was gefällt, wie Pörksen schreibt. Dadurch werden sie Teil der Empörungs- und Erregungsindustrie und müssen performen, also Klicks, Kommentare und damit Reichweite provozieren.[173]

Damit fallen sie als ordnende Kraft mindestens teilweise aus, indem sie sich einer Aufmerksamkeitsökonomie beugen, die nach fundamental anderen Gesetzmäßigkeiten funktioniert und sie in diese Logik hineinzwingt. Eine Logik, die kein Entkommen kennt und klassische Medien unter das Dauerfeuer des Widerspruchs setzt: Ihr Anspruch ist das *Warum*, ihre Wirklichkeit das *Wie*. Das ist insbesondere für einige Mitglieder der Boomer-Verlautbarungs-Journalisten ein Problem. Sie müssen anerkennen: Die Predigt ist vorbei, die Kanzel zerlegt, die Kirche steht in Flammen.

Ich habe schon darauf hingewiesen, dass ich Paternalismus und Moralismus für verwandte Erscheinungen halte. Der Paternalismus ist eine Art institutionalisierter Moralismus. Wenn ich in meiner Kantine die Teller verkleinere, ohne dies meinen Mitarbeitern mitzuteilen, erziehe ich sie sanft dazu, dass sie weniger essen, ohne dass sie dies zwangsläufig merken müssen. Wenn ich in meiner Zeitung schreibe, wir erlebten 2021 den »schmutzigsten Wahlkampf aller Zeiten« (›Bild‹)[174], obwohl es der langweiligste seit langem ist, so ist auch dies paternalistisch, da ich eine eindeutige Interpretation der Geschehnisse vorgebe.

Im Chaos der Meinungen und der wachsenden Verantwortung, sich in dieser Unordnung selbst eine Ordnung schaffen zu müssen, stellen wir eigene Regeln auf: Wir entpolitisieren uns und stellen oft lächerliche, überzogene moralische Ansprüche ans politische wie ans journalistische Personal. Eine Erörterung, wie dem Klimawandel wirklich zu begegnen sei, ist ermüdender und komplexer als die zackige Hinrichtung eines Lenchens als Polit-Schulmädchen. Wenn die äußeren Einordnungen wegfallen, ersetzen wir sie durch eigene, komplexitätsverweigernde moralistische Ansprüche.

Don Alphonso und Co. – die dunklen Seiten der Vielfalt

Wie also sieht es aus mit dem viel diskutierten Pluralismus in der Medienlandschaft? Immerhin reicht sie von der ›taz‹ bis zur ›Welt‹ und zur ›Jungen Freiheit‹ und wieder zurück zum ›Neuen Deutschland‹.

Auch wenn konservative Stimmen in der Minderheit sind, haben sie doch ihre Organe: Die früher konservativ-seriöse »Neue Zürcher Zeitung« hat sich in den vergangenen Jahren als konsequent neoliberales Blatt aufgestellt und schließt damit eine Lücke im Meinungsspektrum. Gabor Steingart tut mit seinem »Morning Briefing« täglich Verwandtes. Dafür gibt es Applaus: Ex-Verfassungsschutz-Chef Maaßen bezeichnete die ›NZZ‹ als »Westfernsehen‹[175] und die anderen Medien damit indirekt als gleichgeschaltet, so wie einst die Medien in der DDR. Davon distanzierte sich selbst die ›NZZ‹.

Ich bin Medien- und News-Junkie. Ich lese, was ich bekommen kann. Und ich lese die ›NZZ‹ gerne, und zwar weil sie häufig die Scheinwerfer auf einen Aspekt richtet, der mir ohne sie entgangen wäre. Oft überraschend, manchmal originell, oft zweifelhaft. Genau so soll es auch sein. Nur dort, wo das Fremde herausfordert, kann Wachstum gelingen. Darum ist die ›NZZ‹ als Antithese, als vielleicht schon wieder allzu kommod eingerichtetes Gegenmedium eine willkommene Abwechslung. Ihre Zwillingsschwester ist ›Die Welt‹, die ich ähnlich einsortieren würde: in ihren besten Momenten voller ungewöhnlicher Ideen, die ich nur hier lese – die mich erstaunen, erfreuen, dankbar sein und mich manchmal auch entsetzt abwenden lassen.

Es gibt Leute, die sich schon angewidert abwenden, wenn nur der Name ›Die Welt‹ fällt. Schuld daran ist dann oft ein Mann: Don Alphonso – die vielleicht problematischste Gestalt der gegenwärtigen Medienlandschaft. Don Alphonso war lange bei der ›FAZ‹, bis er den dortigen konservativen Meisterschreibern zu populistisch wurde. So kam er als Kolumnist zur ›Welt‹. Don Alphonso ist ein Pseudonym, ein Künstlername. Dahinter steht der vegetarische Fahrradfahrer Rainer Meyer vom Tegernsee. Er schreibt gegen die Zwangsgebühren der öffentlich-rechtlichen Rundfunkanstalten ebenso an wie gegen NGOs und deren Propaganda, über Identitätspolitik genauso wie über Cancel Culture. Es ist die übliche rechtskonservative Litanei.

Das Problem an Don Alphonso ist weniger seine Polemik gegen alles, was er irgendwie links verortet. Sein Problem sind seine Follower, die in erster Linie weibliche, migrantische und im weitesten Sinne im progressiven Spektrum tätige Personen gezielt dem Shitstorm preiszugeben scheinen. Eine Autorin musste umziehen, nachdem Don-Fans ihre alte und neue Adresse im Netz veröffentlicht hatten. Es ist nachgewiesen, dass ein Großteil seiner Follower aus dem rechtsextremen Milieu stammt, größtenteils aus dem, welches auch der Verfassungsschutz beobachtet. Eine Truppe, die selbst dann loszieht und angreift, wenn sie keinen konkreten Auftrag bekommt.

Don Alphonsos Arbeit führt zurück zu der Frage, welche Verantwortung Autoren für ihre Fans und Follower haben; welche Verantwortung Verlage und Redaktionen für ihre Autoren und deren Anhängerschaft tragen. Sind Schreiber in Haftung zu nehmen für die Leute, die ihnen folgen und für das, was sie im Namen ihres Idols mutmaßlich tun? Sollten Redaktionen Autoren absetzen, weil ihre Stoßtruppen das Leben anderer quälen?

Es gibt gute Argumente dafür, dass die Meinungsfreiheit hier an ihre Grenzen stößt, dass der Schutz der Opfer höher steht als die vorgebliche edgy-Haltung eines wild gewordenen Autors, der Clicks generiert. Man kann einwenden, dass jede prominente öffentliche Stimme sich klar positionieren und distanzieren kann von Fans, die sich entsprechend verhalten, so dass sie schnell das Interesse verlieren. Man kann einwenden, dass eine machtvolle Marke wie »Die Welt« Texte auf entsprechende Anschlussfähigkeit hin prüft. Man kann auch einwenden, dass Autoren, die so sehr am Rand des Meinungsspektrums stehen, doch bitte privat im Netz bloggen sollen. So wie der Rest der Leute auch, die ihre Meinung für so einmalig halten und sich dem Geist der absoluten Freiheit ohne redaktionelle Einsprüche verpflichtet fühlen. Aber was wäre, wenn Don Alphonso nicht bei der ›Welt‹ wäre? Ist es nicht auch Aufgabe des Journalismus, solche Figuren aufzunehmen, einzuhegen, weil sie sonst nur zu gar nicht mehr kontrollierbaren zwielichtigen Onlinemedien wie ›Tichys Einblick‹ oder Kubitscheks ›Sezession im Netz‹ verschwinden und dort als Medien-Guerilla vor sich hin wüten?

Ich bin wohl homophob – und das ist auch gut so – Meinungsfreiheit am Limit

Ein Opfer der ›Welt‹ ist Matthias Matussek, ehemaliger Kulturchef und Schönschreiber des ›Spiegel‹, genialer Reporter des Magazins in New York und Rio de Janeiro. Er war zur ›Welt‹ gegangen, nachdem er überall sonst ausrangiert worden war – aufgrund seines Charakters, aber auch aufgrund immer extremerer Positionen. Nach einer ›Maischberger‹-Sendung über Homosexualität in der Schule tippte er spontan aus seinem Heimbüro einen Text, der schon am nächsten Morgen online auf ›welt.de‹ stand: »Ich bin wohl homophob – und das ist auch gut so.« Begeisterung bei den Lesern, Befremden in der Redaktion.

Am Abend des 13. November 2015 erschütterten mehrere Terroranschläge Paris – darunter am Stade de France während eines Freundschaftsspiels Deutschland gegen Frankreich; außerdem in Bars und Restaurants sowie im legendären Musikclub »Bataclan«. Bilanz der Nacht: 130 Tote und 350 Verletzte.[176] In jener Nacht schrieb Matussek auf Facebook: »Ich schätze mal, der Terror von Paris wird auch unsere Debatten über offene Grenzen... in eine ganz neue frische Richtung bewegen«.[177] Drei Tage später warfen sie ihn raus bei der ›Welt‹. Seitdem drehte er frei.

Matussek ist natürlich auch ein Beispiel dafür, wie sich einer innerhalb der Redaktion radikalisieren konnte, die ihn vor sich hin wurschteln ließ. Nachts, von zu Hause, im Netz.

Gepostet. Veröffentlicht. Fertig. In einem funktionierenden Redaktionssystem gibt es Kollegen, Chefs vom Dienst, eine Schlussredaktion. Kurz: Ein ganzes Gespann an Leuten, die prüfen und kritisch gegenlesen und gerade den Überzeugungstätern an der richtigen Stelle widersprechen. In einer Zeit aber, in der Medien auf Clickbaiting angewiesen sind, auch, um zu überleben, gibt es eine kaum verhohlene heimliche Freude an kantigen, polarisierenden Meinungsstücken, an extremen Positionen – an Leuten, die es wagen, sich mal aus dem Fenster zu hängen. Auch hier berühren sich die Erwartungen an Politiker und Journalisten.

Am Ende war er ja Kolumnist, heißt es dann gern, letztlich Künstler, und entzog sich den sonst geltenden Maßstäben und Mechanismen. Wenn diese Voraussetzungen auf einen wilden Autor treffen – einer von denen, für die das Home Office schon seit langem eine Arbeitsbedingung war – Leute also, die wie Satelliten um Redaktionen kreisen –, dann ist das Drama schnell komplett.

Mit Kontrolle von Autoren ist übrigens nicht Zensur gemeint. Nicht jede redaktionelle Entscheidung, die dem Autor nicht passt, ist gleich eine Zensur. Wir sollten zurückhaltend sein mit diesem starken Wort – und zwar, um es nicht durch Inflationierung zu schwächen. Wer zensieren will oder für sich beansprucht, das zu tun, braucht sehr viel Macht. Staaten können zensieren. Auch große Netzwerke wie Facebook können es. Sicher, auch ein Fernsehsender oder ein Verlag könnte es, wobei wir hier schon in einem Graubereich sind. Denn der oft produktive Einspruch oder auch die Zurückweisung einer Idee oder eines Textes ist eine redaktionelle Entscheidung und kann seinem Schöpfer helfen, wenn er bereit ist und sich einlässt. Das hat von redaktioneller Seite dann etwas mit Verantwortung für den Protagonisten wie für das eigene Haus zu tun.

Ich kann aus eigener Erfahrung sagen: Ich hatte immer wieder Ideen, die ich selbst für genial hielt, weil ich mich in einen Rausch hineingeschrieben hatte. Später sahen Redakteure auf den Text und stellten Fragen, die mich ins Zweifeln brachten und mir zeigten, dass ich auf dem Holzweg war. Gerade gelernte Solisten neigen zum Größenwahn und verwechseln manchmal einen fruchtbaren Zweifel mit drakonischen Einschränkungen ihrer Arbeit. Nicht jeder Einwand ist eine Zensur, genau wie nicht jede Idee auch ein ganzer Gedanke ist. Und Genialität besteht nicht in der Verweigerung jeglichen Widerspruchs, sondern im Anerkennen der Partner als Geburtshelfer der eigenen Gedanken.

Der britische Historiker Timothy Garton Ash zeichnet den feinen Unterschied zwischen Zensur und Regulierung ein, die häufig verwechselt werden: von Diktaturen absichtlich verwischt, indem sie Regulation sagen, aber Zensur praktizieren. In Demokratien oft umgekehrt: Hier rufen wir gerne Zensur, obwohl uns Regulation nervt. Bei ARD und ZDF gibt es Rundfunk- und Fernsehräte, die Freiwillige Selbstkontrolle der Filmwirtschaft (FSK) ist für den Jugendschutz zuständig und gibt Empfehlungen heraus, ab welchem Alter ein Film für Kinder und Jugendliche geeignet ist. Die Landesmedienanstalten entscheiden darüber, welche Fernseh- und Radiosender frei empfangbar sein sollen. Im Internetzeitalter greifen viele dieser Regulationsmechanismen nur unzureichend. In einer Zeit, in der Fernsehen, Radio, Zeitung und Internet sich vermischen, entgrenzen und ineinanderfließen, braucht es einheitlichere Vorgaben, die dennoch individuelle Ermessensentscheidungen der einzelnen Publisher zulassen.[178]

Damit auch dies gesagt sei: Selbstverständlich gibt es bei Sendern und Verlagen gefährliche Eingriffe in die redaktionelle Freiheit, in die Meinungs- und Kunstfreiheit. Eingriffe, die einer Zensur nahekommen. Oft fehlt einfach der Mut zum Risiko oder das Rückgrat, manchmal ist schlicht die Angst vor dem Gewicht der Beschwerden zu groß – die Kämpfe mit Vorgesetzten, Gremien und am Ende dem Presserat, man weiß ja nie. All das ist gefährlich, insbesondere wenn es zu einem voreiligen Kotau vor Parteien oder Politikern führt. Vor diesem Hintergrund ist es vielleicht gut, dass Don Alphonso noch immer bei der ›Welt‹ publiziert, dass er noch immer Teil eines etablierten bürgerlich-konservativen Mediums ist – auch wenn es ihm Reputation, Legitimation und damit auch Zugang ermöglicht zu Kreisen, die für ihn sonst kaum erreichbar wären. Vielleicht ist es ein wenig wie die Frage nach einem NPD-Verbot. Am Ende machen sie im Untergrund weiter, und das bringt noch mehr widerspruchsfreie Zustimmung. In etwa so, wie wir es von YouTube-Ideologen kennen, bei denen die einzige Kontrolle die Algorithmen, die Watchtime und die Monetarisierung sind – also faktisch gar keine.

Zweifelsfrei zeigen ›NZZ‹, ›Welt‹ und andere, wie viel in deutschsprachigen Medien sagbar bleibt, dass der berüchtigte Meinungskorridor kaum kleiner geworden ist, weil die zugespitzte Stimme oder die spitze Zunge, die eine starke Meinung zum Ausdruck bringt, mehr denn je gefragt scheint.

Starke Meinungen sind eine heiß begehrte Ware auf dem Markt der Aufmerksamkeit. Mein Eindruck der vergangenen Jahre ist, dass sie in Medien auch gerne zum Synonym für Beweis- und Begründungsfreiheit wurden. Wer nicht argumentieren kann, hat eine starke Meinung. Das entwertet den wichtigen Begriff der Meinung – denn Meinung ist mehr als ein halber Gedanke. Eine Meinung ist immer auch ein Versuch, die Welt zu verstehen – zugespitzt, übertrieben, originell und gerne mal übers Ziel hinaus –, auch eine Übertreibung muss ein Fundament haben, auf dem sie steht.

Ein ähnlich schlimmes Wort ist der Begriff Haltung geworden. Was soll das sein? Eigentlich eine leere Hülle. Haltung bedeutet oft im Streit mit anderen Meinungen zu bestehen, dagegenzuhalten, nicht einzuknicken. In meinen Ohren klingt das zu verpanzert. Ich finde es wichtig, dass Journalisten eine Haltung haben, genau wie Satiriker. Aber Haltung, wie ich sie verstehe, ist beweglich, sie ist veränderbar. Sie erkennt die Welt an und verhält sich zu ihr. Meine Haltung kann eine nachdenkliche, vorsichtige und unsichere sein, sie kann aber auch eine harte, kompromisslose sein. Und ich habe nur dann eine Haltung, wenn ich diese ändern kann. Wenn ich eingestehen kann, dass ich mich getäuscht habe, dass ich dazugelernt habe, dass ich vorsichtiger oder eben entschiedener, im Zweifel auch ambivalenter geworden bin. Das bedeutet übrigens nicht haltlosen Opportunismus, das Fähnchen gleichsam nach dem Wind zu hängen – heute so, morgen anders zu meinen. In diesem beweglichen Sinne kann, ja soll es so viel Haltung wie möglich geben, die dann, wie ein Muskel trainiert, im besten Falle auch vor allzu großen Haltungsschäden bewahrt.

Die Kölner Silvesternacht – das große Medienversagen?

Schauen wir auf ein Ereignis, das den Medien viel berechtigte Kritik eingebracht hat: Die Kölner Silvesternacht 2015/16, als es zu massiven Übergriffen von Menschen mit Migrationshintergrund auf Frauen kam – vor allem vor dem Kölner Hauptbahnhof. Zunächst war die mediale Berichterstattung zurückhaltend. Am Neujahrsmorgen meldete die Kölner Polizei: »Ausgelassene Stimmung – Feiern weitgehend friedlich.« Das war just in den Stunden, in denen sich eine beachtliche Zahl von Strafanzeigen bei den Beamten türmte: Insgesamt sollten es 1200 werden, davon 650 wegen sexueller Gewalt.

Am Neujahrsabend stiegen lokale Kölner Medien ein, berichteten von sexuellen Übergriffen und ließen Opfer zu Wort kommen. Erst am Tag danach meldete sich die Polizei mit der trockenen Nachricht, sie habe eine Ermittlungsgruppe eingerichtet. Weitere zwei Tage später, am 4. Januar 2016, bekundeten auch überregionale Medien ihr Interesse an dem, was in Köln geschehen war – mit erheblicher Verspätung also. Der damalige ZDF-Chefredakteur Elmar Theveßen musste sich entschuldigen, dass die Ereignisse in Köln in der 19-Uhr-Ausgabe von ›heute‹ noch nicht einmal vorkamen. Es wirkte, als wollten viele Medien nicht wahrhaben, was da geschehen war, ja, als wollten sie verschweigen, dass die Täter fast ausschließlich aus Algerien, Marokko, Irak, Libyen und Afghanistan kamen.[179]

Vielleicht versuchten sie zu verhindern, was ohnehin nicht zu verhindern war. Diese Nacht stellte für sehr viele Menschen das Scheitern des deutschen »Wir schaffen das!«-Optimismus in der Flüchtlingsfrage dar. Schon im Oktober hatte das ZDF-Politbarometer gewarnt: Viele Mitbürger hielten die Zahl der Geflüchteten für kaum noch verkraftbar. In dieser Gemengelage konnte der Eindruck entstehen, Medien versuchten absichtlich, die Wahrheit, mindestens einen Teil davon, zu verschweigen. Das ist so natürlich Humbug. Eher möglich erscheint, dass viele Medienleute schlicht Angst hatten, selbst in den Verdacht des Rassismus zu geraten, wenn sie nun Nationalitäten nannten.

Was wäre gewesen, wenn sich herausgestellt hätte, dass auch Deutsche unter den Tätern waren? Immerhin war die Lage ungewiss. Vielleicht wollten auch einige Journalisten ihrer weltoffenen, menschenfreundlichen Haltung gegenüber Geflüchteten möglichst lange die Stange halten und hätten sich als populistisch empfunden, wenn sie sich an die Spitze eines Zugs gestellt hätten, dessen Zielort unbekannt oder – noch schlimmer – ein Sackbahnhof gewesen wäre.

Wir müssen die Ängste der Menschen nicht ernst nehmen!

Ich weiß aus Erfahrung, wie schwer es ist, die eigenen Scheuklappen fallen zu lassen. Meine Haltung bis dato war auch sehr klar. Ich tönte mit den Mitteln des Komikers schon recht laut ins »Refugees welcome!«-Megaphon – über weite Strecken aus Überzeugung, woran sich bis heute nicht fundamental etwas geändert hat, aber graduell. Im wohlfeilen Glauben daran, auf der richtigen Seite zu stehen, fing ich nach der Silvesternacht an, eher reflexhaft und weniger reflektierend mit der veränderten Situation umzugehen. Kurz: Ich wurde selbstgerecht. Das lässt sich schön zeigen an einer Radiokolumne, die ich im Januar 2016 gemacht hatte. Mir geht es im Folgenden weniger um einzelne Pointen, an denen man sich mehr oder weniger reiben kann. Mir geht es um eine Art Selbstvergewisserung, die ich damals betrieben habe, weil das, was in dieser Silvesternacht passierte, schlicht nicht in mein Weltbild passte. Je lauter die xenophoben Stimmen in diesen Tagen auf den Plan kamen, desto stärker hatte ich das Gefühl, dagegenhalten zu müssen – auch wenn der Posten, auf dem ich stand, zwar nicht verloren, aber, wie die Ereignisse zeigen sollten, eher zu einer vielleicht doch schneller schmelzenden Scholle geworden war:

»Null Toleranz gegenüber kriminellen Ausländern!«, sagte Sigmar Gabriel. Und er hat wie immer recht! Denken wir nur an die Horden nordamerikanisch aussehender Männer, die unserer Kanzlerin und Millionen anderer Frauen das Handy ausspioniert haben, die Drohnen von Ramstein aus in Richtung Afrika gesteuert haben und von ihren Stützpunkten aus andere Länder bombardierten.

Es gibt hunderttausende schlecht integrierte Männer in diesem Land. Organisierte Kriminalität ist keine Frage der Herkunft! Horden testosterongeladener Männer, die sich vor allem in Frankfurt in Hochhäusern verschanzt haben, die aussehen wie Phallussymbole. Unter den Augen der Politik entstand eine männliche Parallelgesellschaft, die sich immer mehr radikalisiert und mit Massenvernichtungswaffen wie Hedgefonds in Weltkriege zieht, um nordafrikanisch aussehende Kriminelle erst hervorzubringen. In dieser Parallelwelt herrscht hier eine ungeheure Frauenverachtung. Ihr Anteil liegt jedenfalls seit Jahrzehnten vatikanös niedrig bei 2 %. Stattdessen rund um ihre Türme Puffs, so weit das Auge reicht. Geld haben heißt Sex haben mit Nullen.

Aber es ist auch der alltägliche Mob sexualisierter Jungmänner, der uns Sorgen machen muss: Horden männlicher Alkoholiker sorgten allein in einem einzigen Kölner Viertel an nur einem Karne-

valsabend im letzten Jahr für 55 Strafverfahren, ein paar dutzend Raube und ein paar hundert Körperverletzungen. In München ist es genauso schlimm: Drei Umarmungen von wildfremden Männern, zwei Klapse auf den Hintern, ein hochgehobener Dirndlrock und ein absichtlich ins Dekolleté geschütteter Bierschwall sind die Bilanz einer Kellnerin auf dem Oktoberfest – nach 30 Metern morgens um 11. Auf dem Oktoberfest gibt es jedes Jahr im Schnitt zehn Vergewaltigungen. 156 Übergriffsopfer meldeten sich allein 2013. Da muss der Araber lange für antanzen!

Und zwischen Karneval und Oktober übergießen diese Banden Spanierinnen auf Mallorca mit Sangria oder hinterlassen ihr Erbgut in Thailand. Und das Hotel-Handtuch, mit dem die Liege am Pool besetzt wurde, wird mit nach Hause genommen. Ja, wir haben ein Recht auf ein Happy End.[180]

Da ist klassischer Satire-Whataboutismus – ein oft erprobtes Mittel der Komik. Das kann man machen, und ich stehe dazu.

Warum erzähle ich das? Weil ich meine, dass Journalismus und Satire benachbarte Gebiete sind – mit großen Unterschieden, aber auch Parallelen und Gemeinsamkeiten. Eine besteht darin, dass beide Genres versuchen, die eigene Zeit zu erklären, oft unter Zeitdruck, oft mit bruchstückhaften Fakten, oft mit unzureichenden Mitteln. Wir alle, die wir im aktuellen zeitdiagnostischen Geschäft zu Hause sind, versuchen, navigationsfähig zu bleiben im Ungefähren, im Unvollendeten, im Lauf des Unfertigen und Ereignishaften. Dabei verkommen Haltung und Meinung auch manchmal zum Dogma: Ich bin hier, weil ich recht habe, und ich habe recht, weil ich hier bin.

Im Nachhinein lässt sich zeigen: Die Kölner Silvesternacht war ein Wendepunkt in der sogenannten Flüchtlingskrise –

sowohl in der Politik als auch in der Berichterstattung darüber. Von nun an änderte sich der Ton. Der Medienwissenschaftler Michael Haller legte 2017 eine umfangreiche Studie vor, in der er über 17 000 Berichte aus 50 Regionalzeitungen verglich. So kam er unter anderem zu dem Ergebnis, dass es insbesondere zwischen Sommer und Winter 2015 einen »Gleichklang zwischen Politiker- und Medienaussagen« gegeben habe. Die meisten Zeitungen seien mit Bezug auf die Willkommenskultur geradezu »werbend« gewesen. »Wirtschaftlich notwendig und gesellschaftlich erwünscht« sei all das gewesen, was mit dem Wort ausgedrückt werden sollte. Selbst als sich im Oktober 2015 viele Kommunen überlastet sahen mit der Betreuung der ihnen zugewiesenen Geflüchteten, lernten viele Presseorgane wenig dazu: »Kommentatoren belehrten die frustrierten beziehungsweise verzweifelten Bürger, dass Deutschland hunderttausende junger Flüchtlinge unter anderem als Maßnahme gegen die Überalterung der einheimischen Bevölkerung dringend brauche.«[181]

Kurz nachdem die Studie erschienen war, wurden sie und ihr Autor selbst zum Thema einer Debatte über Meinungsfreiheit. Die »Neuen Deutschen Medienmacher« bezichtigten Haller, das Geschäft der Rassisten zu betreiben, indem er entsprechend geframte Begriffe wie »politische Eliten«, »Mainstreammedien« und »besorgte Bürger« einfach übernehme, ohne sie kritisch zu reflektieren. Schnell waren die beiden Seiten bei der alles entscheidenden Frage: Wer hat das gesellschaftliche Gespräch wann abgebrochen? Aus Sicht der neuen Medienmacher waren es die Wütenden, die sich letztlich übergangen und von der angeblich einseitigen Meinungsdoktrin der Medien nicht vertreten sahen. Haller dagegen argumentierte, dass »der Abbruch auch von den meinungsführenden

Medien befördert wurde – quasi stillschweigend, indem Menschen mit abweichenden Meinungen und Ängsten auch deshalb ausgegrenzt wurden, weil man sie zur dunklen Welt der Fremdenfeindlichkeit zählte.«[182]

Hier hat Haller sicher einen Punkt: Medien und letztlich wir alle machen den Fehler, dass wir sehr schnell sind mit der Nazi- oder Verschwörungsideologiekeule und dabei auch viele treffen, die wirklich nur verunsichert sind und sich dann schwerer bis gar nicht mehr trauen, ihre Meinung zu sagen und dies in geschlossene, widerspruchsfreie Kammern des Internets verlagern. Hier gilt es, den schwierigen Spagat hinzukriegen, der doch so schwer zu schaffen ist: Auf der einen Seite nicht dumpf jeden Verunsicherten zum Nazi machen. Zugleich aber auch nicht das »Ich bin kein Nazi, aber...!«-Geschwätz, nach dem meistens eben Nazi-Geschwätz folgt, mit Angst und Sorgen zu rechtfertigen. Der Begriff der Angst ist in den Jahren nach 2015 in einer Art und Weise geradezu sträflich entkernt worden, dass es schon beim Zuschauen und Zuhören wehtun muss:

»Wir müssen die Ängste der Menschen ernst nehmen« ist eine solch widerliche Politikerfloskel. Zunächst scheint sie richtig zu sein. Jeden, der sagt, er habe Angst, sollten wir ernst nehmen. Schon der Dichter Erich Fried schrieb: »Zweifle nicht an dem, der dir sagt, er hat Angst. Aber habe Angst vor dem, der dir sagt, er kennt keinen Zweifel.« Das Problem an diesem Satz ist, dass er das Ernstnehmen vom Mittel zum Zweck macht. Jeder Therapeut nimmt die Ängste seiner Klienten ernst – aber als Mittel zum Zwecke einer Haltungsänderung: Er nimmt sie ernst, um Perspektiven zu erarbeiten, wie der Klient mit ihnen umgehen, sie einordnen und verstehen oder vielleicht sogar überwinden kann. Darum meine ich:

Der Satz »Wir müssen die Ängste der Menschen ernst nehmen« ist im Grunde herablassend und arrogant. Im Sinne der Selbstermächtigung sollte es also viel eher darum gehen, die Bedingungen der Ängstlichen und Verängstigten so zu verändern, dass sie diese ihre Ängste selbst überwinden wollen und können, weil sie sie nicht mehr brauchen. Wenn man meine Ängste immer ernst genommen hätte, ich hätte nicht laufen gelernt, ich wäre auf kein Fahrrad gestiegen, ja, ich hätte mich nie getraut, ein ganzes Buch über das Thema Meinungsfreiheit zu schreiben.

Cancel Culture – Die Inquisitoren übernehmen das Ruder

Im Juni 2020 zeigte die ›taz‹, wie Journalismus heute funktioniert. Die Kolumnistin Hengameh Yaghoobifarah veröffentlichte unter der Überschrift »All cops are berufsunfähig« eine Kolumne, in der sie forderte, dass Polizisten in Zukunft auf der Müllhalde arbeiten sollten – unter ihresgleichen, dem Abfall.[183] Das alles aber erst, wenn die Polizei abgeschafft sei, der Kapitalismus aber nicht. Das war die Prämisse. Es handelte sich also um eine Art satirische Dystopie, oder Utopie, je nach eigener politischer Standortbestimmung. Mit der Wirklichkeit hatte es wenig bis nichts zu tun: Es scheint aktuell eher unwahrscheinlich, dass die Polizei abgeschafft wird. Dass der Kapitalismus derweil weiter bestehen bliebe, wenn die Polizei weg wäre, scheint mit anarchistischen Träumereien und Phantasien schwerlich zu vereinbaren.

Ich erwähne all dies nur so explizit, weil diesen Zusammenhang viele lautstarke Kritiker gern absichtsvoll übersehen wollten, die der Autorin unterstellten, dass sie die Polizei mit Müll gleichsetze. Diese Assoziation kann man haben, aber sie gibt den Text und das, was ihn ausmacht, eben nur unvollständig wieder. Vor allem vor dem Hintergrund seines Genres: eine Kolumne. Gemeinhin ein Format, in dem auch in seriösen Zeitungen einmal verrückter Quatsch in zwei Spalten Platz haben darf. Hengameh Yaghoobifarah schreibt aus der Sicht einer nicht binären Autor*in mit iranischem Migrationshintergrund. Sie schreibt also ein satirisches Stück aus der Position einer doppelt Marginalisierten und schaut mit diesem Blick und einer komödiantischen Brille auf die Polizei und ihre Erfahrungen. Insgesamt eine handwerklich klare Arbeit, geschmacklich sicher streitbar – aber genau so soll das bei Kolumnen ja sein. Preisen wir diese Faktoren ein, wirkt das, was dann passierte, umso absurder.

Die Chefredaktion warf sich auch direkt in den Staub und tat eilfertig Buße mit dem Bekenntnis, der Text sei »schiefgegangen«. Lieber die eigenen Leute den Gegnern zum Fraß vorwerfen, als sich dem Shitstorm zu stellen und Rückgrat beweisen. Das muss diese berühmte linke Solidarität sein, von der immer alle reden. Ist das dann Self-Cancel Culture? Wer solche Genossen hat, braucht keine Feinde mehr. Den Höhepunkt der populistischen Infantilität lieferte der damalige Innenminister Seehofer, der die Autorin erst anzeigen und dann doch nur zusammen mit der Chefredaktion zum Rapport ins Innenministerium bestellen wollte. Vermutlich mit dem Ziel, ein kleines Coaching über satirische Kolumnen abzuhalten.

Wesentlich spannender war, was sich danach in der Redaktion der ›taz‹ abspielte.[184] Dort fand eine Lagerbildung statt, die mittlerweile in vielen Großraumbüros progressiver Presseorgane zu beobachten ist. Auf der einen Seite der ältere

Teil der Redaktion, Linke, die sich wohl als universalistisch beschreiben würden. Auf der anderen Seite die Verbündeten der Autorin: jüngere Angehörige der Inquisitoren, der Fraktion Helen. Wer sich weigerte, mit der Autorin bedingungslos solidarisch zu sein, ist in dieser Gruppe im Handumdrehen im Lager der Gegner und damit ein schlechter ally, also ein schlechter Alliierter.

Wer selbst einen Migrationshintergrund hat oder Person of Color ist und anderen Menschen mit Migrationshintergrund abspricht, alles, wirklich alles sagen zu dürfen, einfach aufgrund ihrer Identität, ist ein »token« – also eine von Weißen manipulierte Person. Der Grundsatz lautet: Wenn auch nur eine einzige Person mit Migrationshintergrund etwas als rassistisch empfindet, dann ist das rassistisch. Andere Kategorien oder Meinungen zählen nicht, allein die Empfindung entscheidet. Wer hier widerspricht, ist dann wohl ein miserabler token ally.

Dieser Konflikt einer Zeitungsredaktion strahlt unterdessen weit in die Gesellschaft hinein. Es geht um die Frage: Wo verlaufen die Grenzen des Sagbaren und wer legt sie fest? Wer darf sprechen, und wenn ja, in wessen Namen? Etwas vereinfacht gesagt: Es ist die Post-Neunundachtziger-Generation, die sich von den Post-Achtundsechzigern nicht mehr repräsentiert fühlt. Die Begründung geht so: Das alte liberale Motto »gleichen Respekt und gleiche Aufmerksamkeit« funktioniert in Zeiten sozialer Medien schlicht nicht mehr. Es war ein gutgemeinter Ansatz, der für diese Generation gescheitert ist, da sie sich im Netz einer neuen, unverhohleneren intoleranten Grausamkeit ausgesetzt sieht. Wie war der Tod von George Floyd möglich, wenn es gleichen Respekt und gleiche Aufmerksamkeit gibt? Wie war das System Weinstein möglich? Und wie konnten Staaten wie Großbritannien ihre eigene Kolonialgeschichte zulassen und sich weigern, sie aufzuarbeiten? Vor dieser Folie wird die Wut, der Schmerz und die daraus resultierende Unerbittlichkeit nachvollziehbar, die hier auf den Plan treten und für Mitglieder der weißen Mehrheitsgesellschaft oft schwer nachvollziehbar erscheinen.

In ihrer radikaleren Konsequenz führt dieser Ansatz dann zu dem, was gerne No Platforming – also keine Plattform bieten – oder Cancel Culture genannt wird: keine Bühne für diejenigen, die auf der falschen Seite stehen. Nur ist die falsche Seite dann schnell alles, was nicht unmissverständlich auf die eigene einzahlt. Für die Folgen des No Platformings und der Cancel Culture gibt es einige Beispiele aus den USA: So musste ein Autor der ›New York Review of Books‹ gehen, weil er einen Essay des Musikers Jian Ghomeshi veröffentlicht hatte, dem mehr als 20 Frauen sexuelle Belästigung vorwarfen. Im Juli 2020 reichte die konservative Kolumnistin Bari Weiss ihre Kündigung bei der ›New York Times‹ ein. Es herrsche eine zusehends illiberale Stimmung, Gesinnung sei wichtiger als Auseinandersetzung. Sie beklagte eine respektlose Atmosphäre, Selbstzensur werde normal. Sie sei als Rassistin und Nazi bezeichnet worden. Mitarbeiter wollten, dass sie gehe, damit die ›New York Times‹ inklusiv sein könne.[185]

Donald McNeil Jr., Wissenschaftsreporter der ›Times‹, musste gehen, weil er zwei Jahre zuvor bei einer Studienreise das N-Wort benutzt hatte – als Zitat.[186] Auch außerhalb der Medienblase kann es in den USA schnell eng werden: Die Dekanin für die Ausbildung von Krankenpflegern an der Universität Massachusetts Lowell verlor ebenfalls ihren Job: Sie hatte nach dem Tod von George Floyd angemerkt, dass Schwarze überproportional oft von Polizeigewalt betroffen seien, beendete ihre Mail aber mit den brandgefährlichen Worten: »Black lives matter, but also, everyone's life matters.«[187] Das reichte schon. Eine Frau, die Leben retten soll, verliert ihren Job, weil sie es wagt, darauf hinzuweisen, dass jedes Leben zähle, was eigentlich nur ihre Jobbeschreibung sein sollte.

Der Datenanalyst David Shor arbeitete für eine Agentur der Demokraten und nahm auch im Zuge von Black Lives Matter auf Twitter Bezug auf die Studie eines Schwarzen Princeton-Professors: Der hatte herausgefunden, dass schon 1968 gewaltsame Proteste dem republikanischen Präsidentschaftskandidaten Richard Nixon zum Wahlsieg verholfen hätten. Friedliche Demonstrationen dagegen helfen eher den Demokraten. Was er damit sagen wollte: Je friedlicher die Proteste bleiben, umso besser für die Demokraten, da die Republikaner kein Kapital daraus schlagen können. Eine Woche später stand er ohne Job da. Der Grund: Als Weißer habe er kein Recht, sich zu Protesten von Schwarzen zu äußern. Dabei war er sowohl selbst Demokrat als auch ausgesprochener BLM-Unterstützer.[188]

150 prominente Autoren, Journalisten und Akademiker unterschrieben einen Aufruf gegen das illiberale Meinungsklima in den USA. Wo es nur noch Drohungen gebe bei abweichenden Meinungen, da könne es keinen Diskurs mehr geben. Zu den Unterzeichnern gehörten unter anderem Salman Rushdie, Daniel Kehlmann, Margret Atwood, J. K. Rowling und Noam Chomsky. Kurz darauf folgte ein Gegenaufruf von einer ähnlichen Zahl an öffentlichen Intellektuellen, die den Unterzeichnern vorwarfen, sie hätten dank ihrer Prominenz nichts zu fürchten – im Gegensatz zu den Stimmen der Minderheiten, die nicht gehört würden.[189] So geht es dann munter hin und her.

»Identitätspolitik« – wie wir es schaffen, denen zu schaden, denen wir helfen wollen

Was hat sich verändert? Was firmiert unter den allzu inflationär gebrauchten Begriffen wie »Cancel Culture« und der ihr vorgeschalteten »Identitätspolitik«? Angefangen hat alles im Jahr 1977, als eine schwarze Lesbengruppe, das »Combahee River Collective« formulierte: »Wir glauben, dass die tiefste und möglicherweise auch radikalste Politik direkt unserer Identität entspringt und nicht der Aufgabe, der Unterdrückung von jemand anderem ein Ende zu setzen.«[190]

Dieses Denken breitete sich in den Jahren danach pandemisch aus. Es ist ein Paradigmenwechsel: Von nun an geht es in bester narzisstischer Tradition nur noch um Nabelschau. Die eigenen Gefühle und Bedürfnisse stehen im Fokus. Jeder emanzipatorische Ansatz, der über die eigene Problemlage hinausführt, spielt keine Rolle. Was sich empathisch gibt, ist im tiefsten Inneren frei von jeder Einfühlung in andere. Es unterstellt dem Gegner stets klare Absichten – nämlich im Zweifel eine beleidigend-abwertende, wahlweise rassistische oder sexistische. In dieser Überbelichtung von Absichten und dem damit einhergehenden monokausalen Weltbild treffen sich diese ach so sensiblen, empfindsamen Gestalten ausgerechnet mit den Verschwörungserzählern, die in verwandten Einbahnstraßen denken und allen, die nicht so denken wie sie, böse Absichten unterstellen.

Was als berechtigte Sichtbarmachung von Minderheiten begann, hat sich in sein Gegenteil verkehrt: Es hat zu einem neuen Separatismus, zu Segregation geführt. Unter dem Vorwand der Inklusion soll alles verschwinden, was der angeblich diversen, aber im Grunde vollkommen homogenen Gruppe entgegensteht oder diese infrage stellt. Letztlich führt das erstens zum Ausschluss von Menschen, die aufgrund ihrer Hautfarbe nicht mitreden dürfen, in diesem Fall Weißen, zweitens schadet es auch denjenigen, denen die Bewegung doch eigentlich helfen sollte, nämlich marginalisierten Gruppen.

Über Jahrzehnte saßen in Talkshows so gut wie nur Weiße, um über Probleme von People of Color zu sprechen – wie etwa Rassismus. Insofern ist es überaus wichtig, dass wir endlich denen zuhören, von deren Erfahrungen wir wirklich lernen können. So sind Talkrunden überfällig, in denen fünf schwarze Menschen sitzen, damit diejenigen sprechen können, die das Problem betrifft – und nicht betroffen nickende, oft auch schlicht selbstgerechte Weiße.

Ich würde mir dennoch wünschen, dass dies eine möglichst kurze Übergangsphase bleibt. Mittelfristig wäre natürlich das Ziel, dass Menschen anderer Nationen oder Hautfarben vollkommen selbstverständlich mit am Tisch sitzen und miteinander diskutieren, um so durch Handeln hinzuarbeiten auf eine Gesellschaft, in der die Hautfarbe genau wie die sexuelle Identität eben endlich keine Rolle mehr spielt. Die ungeklärte Frage ist: Kommen wir da schneller hin, indem wir das Anderssein der anderen derart betonen, obwohl dieses doch eigentlich gar keine Rolle spielen sollte? Oder laufen wir Gefahr, Menschengruppen, die wir unterstützen wollen, zu Opfergemeinschaften zu machen, die sich darin gegenseitig verstärken und versichern, statt dass wir ihnen dabei helfen, aus genau diesen Haltungen herauszutreten?

Es ist der Ansatz des Universalismus, den ich hier verteidigen und in Erinnerung rufen möchte. Ihm geht es um die

Gleichbehandlung aller Menschen um ihrer selbst willen – jeder sollte sich in seiner Einmaligkeit entfalten können, ohne Diskriminierung und die Forderung nach Unterwerfung in klassische Rollenbilder. Jeder Mensch sollte denken und sagen können, was er will, und zwar ohne Ansehen der Person, ohne die Frage, welche Hautfarbe oder welches Geschlecht und welche sexuelle Orientierung er, sie oder es hat. Gleichheit und Gleichberechtigung können nur entstehen, wenn Sprecherpositionen gar keine Rolle mehr spielen. Diskriminierung können wir nur überwinden, wenn wir keine Gruppe bevorteilen oder anderweitig ins Schaufenster stellen aufgrund primärer Identitätsmerkmale. Mit der oben beschriebenen Epoche der Einstürze ging eine zunehmend fluidere Vorstellung von Identität einher, ja, Identität war etwas Überwindungswürdiges, das dekonstruiert werden sollte. Die Kinder der Einstürze gehen hier allzu oft mit der Absicht des Fortschritts gleich mehrere Schritte rückwärts.

Lebendige, bewegliche und fluide Identitäten haben es schwer in einem Klima, in dem das Fließen vorrangig verunsichert und verängstigt. Darum wählen Menschen Hochhausbauer zu Präsidenten, und darum bauen sie Mauern der Identität um sich, von wo aus sie die eigene Bastion verteidigen und Identitäten gegeneinander in Stellung bringen können. Darum ist der Ansatz der inquisitorischen Helen tatsächlich mit dem des verhassten Märtyrers – Hans-Peter – nicht identisch (!), aber strukturell verwandt – und zwar in der Trutzburgenhaftigkeit, der Stellungskriegs-Bereitschaft, ihres intoleranten Beleidigtseins und der Glorifizierung des Opferstatus.

Die »Islam – Linke« auf dem Vormarsch

Ich habe Beispiele angeführt von Leuten, die im US-amerikanischen Sprechraum gecancelt wurden. Es erscheint mir aber ebenso wichtig festzuhalten, dass die Situation in den USA mit der in Deutschland nicht vergleichbar ist. Wir haben hier schlicht keine Cancel Culture in diesem Sinne. Es gibt Indizien, die in diese Richtung weisen, auf die ich später im Satireteil noch eingehen werde. Aber wie das Beispiel Don Alphonso zeigt, dürfen in deutschen Medien auch Leute schreiben, die in problematischen Graubereichen unterwegs sind. Man muss hierzulande schon sehr aggressiv auftreten, um wirklich rausgeschmissen zu werden. Aber in den Redaktionen deutet sich bei der Post-Neunundachtziger-Generation, ein vergleichbarer Habitus an, der in ähnlicher Form zu agieren scheint.

Es mag also sein, dass wir auch hier eine Art verspätete Nation sind und die Cancel Culture nachholen müssen. Dann vielleicht in bester deutscher Tradition ebenfalls besonders gründlich. Jedenfalls höre ich immer häufiger aus Redaktionen, dass jüngere Kollegen Sitzungen damit eröffnen, dass sich doch nun mindestens alle weißen Privilegierten erst einmal klarmachen sollten, dass sie alle Rassisten seien, bevor es losgehen könne. Das setzt eine Reinheitsphantasie auf die Agenda, die ungerecht und illusorisch ist. »Noch nie in der ganzen Menschheitsgeschichte hat eine Gruppe derart perfekte Umstände verlangt, um Erfolg haben zu können«, sagt der US-Linguist John McWorther, selbst Person of Color, über seine inquisitorischen Brüder und Schwestern.[191] Keiner Bewegung sei es je gelungen, die Seele des Menschen so reinzuwaschen, ja, von allen Sünden zu befreien, dass jedes falsche

Wort sofort rassistisch, sexistisch oder misogyn auszulegen wäre. Versucht haben es in verwandter Weise nur fundamentalistische religiöse Gruppen.

Das ist punktuell auch im Kampf gegen Rassismus zu beobachten. Der US-Historiker Ibram X. Kendi etwa bezeichnet nur den Gedanken daran, dass es selbst verschuldete Probleme in der schwarzen Community geben könnte, als Ketzerei. Darum schlägt er ein eigenes Minsterium für Antirassismus vor. So weit, so richtig. Nur steckt der Teufel im Detail: Dieses Ministerium soll, wie es Kendi formuliert, »mit Disziplinarbefugnissen ausgestattet werden, mit denen Politiker und Regierungsvertreter zur Rechenschaft gezogen werden, die nicht freiwillig auf rassistische Anordnungen und Ideen verzichten«.[192] Das wäre das Ende der Demokratie im Namen ihrer Verteidigung.

In Frankreich schaffen antirassistische Feministinnen schon heute einen Sprung in Richtung Gottesstaat, indem sie die Nation of Islam, die Hamas und die Muslimbruderschaft unterstützen. Hier ist schon die Rede von der »Islam-Linken«. Das bedeutet weniger, dass die Linke konvertiert wäre. Es heißt vielmehr, dass einige linke Kreise eine kritische Diskussion über den Islam gezielt unterdrücken. Beliebt ist dabei auch der Begriff der »Islamophobie« für die Diskriminierung von Muslimen.[193] Tatsächlich handelt es sich hier aber um einen Kampfbegriff, der islamistischen Extremisten in die Hände spielt, weil er Muslime per se zu Opfern erklärt. So übernehmen inquisitorische Linke die Begriffe einer Religion, in genau derselben Weise, wie sie den Märtyrer-Rechten – zu Recht – vorwerfen, dass sie rechtsextremistisches Vokabular anzapfen. Das sogenannte intersektionale Denken der Fraktion Helen bleibt also vor allem eines: sektiererisch.

Und damit einem tumben Gut-Böse-Weltbild verschwistert. Nur, dass hier diejenigen, die sonst böse sind, plötzlich Opfer sind.

Im überaus wichtigen Kampf gegen Sexismus und Rassismus bringen die fundamentalistisch-totalitären Reinigungsversuche rein gar nichts: Vielmehr sorgt dieses Denken dafür, dass die dunklen Seiten, die in uns allen wuchern, wenn wir ehrlich zu uns selbst sind, in den Untergrund gehen und dort ihr Unwesen treiben und sich fortpflanzen – das sprachliche Darknet nach allen Säuberungen wird eines der Radikalisierung und nicht der empathischen Gleichheit sein.

Ein Sternchen, das deinen Namen trägt – über das Gendern

Damit sind wir beim wohl spannendsten Anschauungsbeispiel des Komplexes Meinungsfreiheit – dem Gendern. Es ist der zentrale Schauplatz eines Lagerkampfes. Hier sind die Mauern so weit hochgezogen, dass wirklich keiner mehr darüber schauen kann.

Ich muss gestehen, ich beobachte die Stellungskämpfe hier von der Seitenlinie, ohne die gebotene Wutschnauberei. Ich kann die Explosivität des Themas und die aufgeheizte Emotionalisierung nur halb nachvollziehen – oder um es deutlicher zu sagen: Mich kotzen die selbstgerechten Sprachregulierer und elitären Vorschreiber, wie zu sprechen sei, genauso an, wie die militant-borniert-infantilen Sternchen- und Doppelpunkt-Verweigerer, die sich seit Jahrzehnten in ihrem Kopf offensichtlich keinen Zentimeter mehr bewegt haben. Und den Rest ihres Körpers vermutlich auch nicht, aber das ist ein anderes Thema. Ok, ich gebe zu, das war jetzt doch schon ziemlich emotional. So schnell kann es gehen.

Wie so vieles, was so simpel klingt, ist das Gendern ein komplexes Thema, das in sehr viele Bereiche hineinspielt. Darum möchte ich zunächst die Positionen kurz darstellen, und zwar ohne Schaum vor dem Mund, schlicht deshalb, weil ich meine, dass beide Seiten starke Argumente auf ihrer Seite haben und es Zeit braucht, um eine der beiden Haltungen, mindestens vorläufig, als die nähere sich anzuverwandeln.

Beginnen wir mit den Gender-Befürwortern. Es sind zumeist die Post-Neunundachtziger, die Kinder der Einstürze, die hier auf dem Platz stehen – und zwar ziemlich geschlechtsunabhängig. Sie argumentieren in etwa so: Das generische Maskulinum (»Lehrer verdienen gutes Geld«) lässt im Kopfkino ausschließlich männliche Vertreter vorbeimarschieren. Entsprechend assoziieren wir eine männliche Gesellschaft, von Männern bestimmt und dominiert. Frauen aber sind nur mitgemeint und nicht mitgenannt und fallen damit durchs Raster. Da Sprache Macht ist, entsteht Ungleichheit, da Frauen und Diverse, sowie Transmenschen schlicht unsichtbar bleiben. Es gehe aber gerade um Sichtbarkeit, deshalb müsse diese auch sprachlich am Platz sein, denn Sprache bestimmt und verändert das Denken.

Wenn wir also inklusiver sprechen, werden wir auch inklusiver wahrnehmen, denken und handeln, was vor dem Hintergrund einer noch immer rassistisch und sexistisch geprägten Welt dringend am Platz ist. Wenn also Fernsehmoderatorinnen und -moderatoren das Gender-Sternchen mitsprechen mit dem kleinen Glottisschlag vor dem »Innen« – so brechen sie damit zugleich die jahrhundertealte Vormachtstellung des weißen Mannes und damit eine Welt, in der seine Gesetze und

Unterdrückungsmechanismen galten und funktionierten. Darum ist der erste Gegner der Pro-Gender-Fraktion auch der berüchtigte alte weiße Mann, der endlich lernen muss, seine verdammten Privilegien abzugeben oder diese mindestens mit anderen Gruppen zu teilen. Wer dagegen ist, der bleibt ein »Ewiggestriger, gefangen im eigenen Ego-Denken.«[194] Der Pro-Gender-Fraktion gelingt immer wieder das Kunststück, ihre berechtigten Anliegen so sehr zu übertreiben, dass sie einen ganzen Haufen Unterstützer*innen verliert. Sie kommen nicht ohne ihren Gegner und dessen Diskreditierung aus.

Das ist nun der Moment, in dem die Gender-Gegner die Bühne betreten, die nun ihren Teil zum Gezänk beitragen. Die Kritik an den Gender-Befürwortenden geht so: Sie behaupten, für alle zu sprechen, sind aber selbst schwer elitär: Es bedarf hoher Sprachsensibilität und damit höherer Bildung, Intelligenz und vor allem Zeit, um sich dieses Habitus formvollendet zu bemächtigen.

Das sprachliche Gendern möchte bislang eher unsichtbare Minderheiten der Gesellschaft sichtbar machen, schließt aber zugleich so viele andere aus, die nicht die kognitiven Fähigkeiten und / oder die Zeit haben, sich dieser Sprache zu bemächtigen. Es dürften Millionen sein, für die es ein Problem sein wird, gendergerecht zu sprechen – und das sind vor allem Angehörige anderer Minderheiten: Menschen mit Behinderung, Menschen mit Migrationshintergrund, Menschen aus bildungsferneren Schichten. Für Blinde und Sehbehinderte etwa sind schon Sternchen ein Problem, solange die maschinelle Lesehilfe sie noch einfach mitliest. Das klingt dann so: »Liebe Leser Stern Innen, unser Autor Stern Innen Team...«. Barrierefreiheit sieht anders aus.

Zudem argumentieren viele Gegner, dass gendergerechte

Sprache selbst sexistisch sei, indem sie ja das biologische Geschlecht betont, obwohl ihre Apologeten es doch gerade überwinden oder mindestens zurückdrängen wollen. Die Biologie werde damit ins Licht gerückt, statt zweitrangig bis überflüssig zu werden und das Schattendasein zu fristen, das sie verdient habe. In dieser Spur liegt auch der berechtigte Widerspruch, dass es zwei mögliche gendergerechte Schreibweisen geben soll: Binnen-I, Doppelpunkt, Sternchen – also die gezielte Hervorhebung und Sichtbarkeit des Geschlechts – oder eben die neutrale Form (Lehrende, Medienschaffende, Studierende, Fußballspielende), die das Geschlecht unsichtbar machen und sprachlich zum Verschwinden bringen soll.

Aber worum geht es dann? Um die Sichtbarkeit oder die Unsichtbarkeit? Um die Betonung oder die Überwindung? Und ist die neutrale Sprechweise nicht ebenso diskriminierend, indem sie bislang unsichtbare Gruppen weiterhin unsichtbar sein lässt und die bislang Sichtbaren in genau die Unsichtbarkeit rückt, aus der die marginalisierten Gruppen gerade raus sollen? Diese Antwort bleiben sowohl die Verfechter*innen, als auch die Verfechtenden leider schuldig.

Sprachlich falsch, wissenschaftlich dünn und ohne Kontext?

Darum nun in bester dialektischer Absicht zu meiner Position: Sie werden es sicher schon festgestellt haben, dass ich mich hier in diesem Text gegen das Gendern entschieden habe. Ich habe während der ganzen Zeit, in der ich an diesem Buch schrieb, darüber nachgedacht, wie ich mit diesem Problem umgehen soll. Ich gestehe also meine tiefe Ambivalenz ein und argumentiere hier mit dem Vorbehalt der Vorläufigkeit.

Gender-Befürworter machen einen eklatanten Fehler, indem sie biologisches und grammatikalisches Geschlecht gleichsetzen. Das ist sprachlogisch ein Fehler und sprachgeschichtlich zumindest problematisch. Es hat nämlich null zu tun mit Pimmeln und Pussys, ob man beides hat oder nichts davon und ob man sich schon dafür entschuldigt hat. Die Bezeichnung »der Lehrer« kann sowohl die spezifische Bezeichnung eines Mannes bedeuten (Sexus) als auch eine geschlechtsneutrale Personenbezeichnung – das wäre dann das generische Maskulinum. Das Suffix »-in«, also die weibliche Bezeichnung, ist immer eindeutig einer Frau, also dem Geschlecht Frau, zuzuschreiben. Um Analoges bei einem Mann kenntlich zu machen, müssten wir sprachlich deutlich mehr Aufwand betreiben, etwa durch die Bezeichnung »die männlichen Lehrer an der Schule.« Der Vorteil des generischen Maskulinums ist ja gerade, dass er auf alle Menschen verweist und nicht auf ein spezifisches Geschlecht.[195]

Darum ist es sowohl sprachlich als auch ethisch fragwürdig, etwa ein generisches Femininum einzuführen, also grundsätzlich sternchenfrei und doppelpunktfrei von Lehrerinnen zu sprechen. Das bliebe der Logik der Unterdrückung verschwistert: Nachdem Frauen unsichtbar waren, machen wir nun Männer unsichtbar. »Jetzt seht Ihr mal, wie es ist, nur mitgemeint zu sein!« Das ist Tit for tat – wie du mir, so ich dir, und damit der Vorhof der barbarischen Vergeltungslogik. Zudem bereitet dieses Vorgehen nur den nächsten ebenso reaktionären Gegenschlag – in diesem Falle der männlichen Seite – vor. Und die nicht-binären und Transmenschen blieben weiterhin außen vor. Zugleich ist die ebenfalls beliebte Gleichsetzung des generischen Maskulinums mit dem Patriarchat mindestens problematisch – oder gar Teil des Sexismus, den Gender-Verfechter doch zum Glück überwinden wollen. Der Verdacht, ›Wo ein Maskulinum ist, lauert ein potentiell herablassender, ignoranter, sexistischer, diskriminierender Schwanz‹, ist zumindest problematisch.

Der zweite Grund, warum ich das Gendern problematisch finde, ist die fehlende wissenschaftliche Basis: Bislang gibt es keine wirklich überzeugende psycholinguistische Studie, die empirisch luzide belegt, dass das generische Maskulinum im Kopfkino eine Art Männerüberschussparty auslöst. Vielmehr scheinen viele von ihnen methodisch dünn und voreingenommen. In den meisten Studien ist die angenommene Dominanz von männlichen Bildern nur in wenigen Prozentpunkten wahrnehmbar. Umgekehrt haben Studien gezeigt, dass wir bei Schreibweisen wie dem Binnen-I offenbar stärker an Frauen denken.[196]

Darüber hinaus scheint mir in der bürokratisierenden Herangehensweise an Sprache, die stark verordnenden Charakter hat und deren unselige Folgen wir auf dem Schauplatz der Rechtschreibung noch immer zu tragen haben, eines unverhältnismäßig stark aus dem Blick zu geraten: der Kontext. Sprache ist, sobald wir sie verwenden, mehrdeutig. Sie ist unterschiedlich versteh- und anwendbar. Wenn ich zu einem fremden Menschen sage: «Hey, Du Arschloch», ist das eine Beleidigung. Wenn ich es zu einem Freund sage, kann der gleiche Begriff zwischen uns sehr liebevoll sein. Sprache ist abhängig von denen, die sie sprechen, von den Zusammenhängen, in denen sie steht. Jedes Wort ist Teil eines Satzes, jeder Satz Teil eines Absatzes, jeder Absatz Teil einer Buchseite, jede Buchseite Teil eines Buches, jedes Buch ein Teil aller Bücher, die je geschrieben wurden.

Das generische Maskulinum ist mehrdeutig, aufgelöst werden kann diese Ambiguität allein durch den Kontext. »Der Lehrer Norbert Lehmann verlässt in diesem Jahr die Schule« ist ein anderer Satz als »Kein Lehrer würde so etwas jemals durchgehen lassen«.[197] Im ersten Beispiel geht es um einen bestimmten Lehrer, dessen biologisches Geschlecht männlich ist. Beim zweiten Satz handelt es sich um eine allgemeine Aussage über alle Lehrer, die männlichen, die weiblichen und die nicht-binären.

Die Bemühungen, Sprache über gendergerechte Regeln zu reglementieren, erscheinen mir darum auch als Versuche, der Sprache scheinbare Eindeutigkeit zu verleihen. Sie liegen damit in einer Linie unseres Zeitalters der Eindeutigkeit. Leider enden diese Bemühungen dann oft im Reich der Symbolpolitik und des Moralismus – darum vielleicht werden sie von einigen ihrer Vertreter auch so autoritär vorgebracht. Wenn die Veränderung der Welt schon zu komplex ist, dann ändern wir in einem bürokratischen Akt eben schnell die Sprache. Wenn wir schon den Klimawandel nicht in den Griff kriegen, wenn wir schon hilflos zuschauen, wie die von uns gewählten Regierungen Waffen zu den schlimmsten Autokratien schicken und totalitäre Regime unterstützen, dann ist es doch ein schöner Gratismut, ein paar Moral-Karmapunkte zu sammeln, indem wir wenigstens unser Reden revolutionieren und alle, die auch nur leise zweifeln, ins Reich der Arschlöcher abschieben.

Die punktuelle Unverständlichkeit der gegenderten Sprache ist dabei nur ein Umweg, um der Maßnahme symbolisches Gewicht zu verleihen. Bildungsbürger aller Länder und Epochen wussten: Nur Unverständlichkeit ebnet garantiert den Weg zur Bewunderung. Jede Avantgarde wollte und musste unverstanden sein. Symbolpolitik und Moralismus treffen sich in einer selbstgefälligen Attitüde, die in ihrem Kern unpolitisch ist. Sie begnügen sich mit der wahlweise empörten oder beleidigten Geste, um ganz sicher auf der korrekten Seite zu stehen. Hier treffen sich das beknackte Geschrei um Annalena Baerbocks Buch und das stampfende Geplärre über gendergerechte Sprache.

Zum Schluss ein hoffentlich konstruktiver Vorschlag für eine kontextaffine, integrative Lösung: Gendern in der Anrede und bei Stellenausschreibungen immer – also überall da, wo der Kontext es verlangt. Ansonsten macht jede*r, was er / sie / es will.

Die Zukunft der Medien – oder: Der Siegeszug des Hörens

Ist der Journalismus also einseitig in seiner Berichterstattung? Das eher nicht. Was zugenommen hat, ist eine Art Rudelbildung: »Alle Journalisten freuen sich erst mit den auf Syrer wartenden Willkommens-Münchnern am Hauptbahnhof, nur um sich ein paar Monate später genau über diese Leute lustig zu machen. Synchronmaulen folgt auf Synchronjubeln folgt auf Synchronfragen: »Gibt es nichts Wichtigeres?«. So beschreibt es ›Spiegel‹-Autor Juan Moreno.[198]

Die große Herausforderung der Zukunft wird es sein, tragfähige Bezahlmodelle für Medieninhalte zu entwickeln. Sie sind die Basis für guten, Hintergründe auslotenden und Sachverhalte kritisch darstellenden Journalismus. Das ist schon jetzt eine schwierige Aufgabe. Im Netz bekommen viele Medienhäuser Aufmerksamkeit vor allem über Google. Auf *spiegel.de* kommt mehr als jeder fünfte Leser über Google, bei *welt.*

de und *sueddeutsche.de* ist es fast jeder dritte.[199] Das lässt sich das Fürstentum Google entsprechend fürstlich bezahlen. Von einem Euro, den Verlage derzeit für Werbung ausgeben, bleiben nach Schätzungen 85 Cent bei den Konzernen. Mittelalterlich, wie sie organisiert sind, nehmen sie Wegezoll wie einst die Raubritter.[200] Eine solide Finanzierung ist schon deshalb eminent wichtig, weil wir seriöse, sauber arbeitende, gewissenhaft einordnende Medien in Zeiten der Fake News mehr denn je brauchen. Um Manipulationen und Lügen zu entzaubern, braucht es Menschen, die diesen Job machen wollen und können. Viele, auch renommierte Verlagshäuser, zahlen heute insbesondere freien Mitarbeitern so wenig Geld, dass Aufwand und Ertrag bei längeren Recherchen in keinem Verhältnis mehr stehen und es zum Überleben kaum reicht. Was Peer Steinbrück über Politik sagte, gilt auch für den Journalismus: Die Frage der Zukunft wird sein, wer den Job noch machen will. Wer will die Entbehrungen auf sich nehmen, die Angriffe, die Bedrohungen, den Hass? Wer will noch warten, kalte Nächte im Regen auf sich nehmen, um eine lebendige Reportage zu schreiben, die den Grautönen der Welt gerecht wird und nicht ihrem Bedürfnis nach schnellem Trost? Wer wird die wochen-, oft monatewährenden Langzeitrecherchen auf sich nehmen, all die Telefonate, Mails und Treffen mit über Jahre angebahnten und gepflegten Kontakten, an deren Ende nur manchmal ein großer Coup steht? Wer telefoniert unablässig Menschen hinterher, die nicht mit einem sprechen wollen?

Wer wird all dies tun, vor allem, wenn man in der benachbarten PR-Branche wesentlich angstfreier zu mehr Geld kommen kann. Schon 2014 gab es in den USA mehr als 264 000 PR-Spezialisten und Lobbyisten. Ihnen standen gerade einmal

47 000 Journalisten gegenüber.[201] Tendenz: sinkend – also auf Seiten der Journalisten.

Damit substantieller Journalismus möglich ist, braucht es vor allem eine robuste Pressefreiheit. Ein Grundrecht, das in den aufgeregten Debatten über Meinungsfreiheit unter die Räder zu geraten droht – auch hierzulande. Aufgrund der vielen Übergriffe auf Journalisten im Rahmen von Corona-Demos stufte die Menschenrechtsorganisation *Reporter ohne Grenzen* Deutschland im internationalen Ranking von »gut« auf »zufriedenstellend« herab. Platz 13 von 180. Am besten ist die Lage in Norwegen, Finnland, Schweden und Dänemark. Schlusslichter bleiben wenig überraschend Nordkorea, Eritrea und China. In chinesischen Gefängnissen sitzen derzeit mehr als 100 Medienschaffende – mehr als in jedem anderen Land. In fast drei Vierteln der Welt haben Machthaber die Pressefreiheit bedeutend eingeschränkt.[202] Dafür war die Pandemie gerade vielen autokratischen Führern sehr willkommen.

Auch wir als Nutzer müssen unseren Beitrag zu gutem Journalismus leisten: Nachdem Medienhäuser uns nun jahrelang beigebracht haben, dass Inhalte online umsonst sind, müssen auch wir umlernen. Guter Journalismus kostet Geld. Das war vor dem Internet so und wird auch jetzt wieder so sein.

Derzeit erscheinen mir zwei Strömungen in der Medienlandschaft bedeutungsvoll: Im linearen Fernsehen dominieren die Formate, die Eindeutigkeit versprechen: Talkshows, Krimis und Quizshows. Talkshows sind Arenen, in denen es kaum um Erkenntnisgewinn und Austausch geht, als vielmehr darum, die Matadoren mit ihren zuvor festgelegten Meinungen aufeinander loszulassen, um das »Zoff-Barometer« (»Bild«) in die Höhe schießen zu lassen.

Der Krimi ist nur am Anfang unsicher, wenn die große Frage lautet, wer wohl der Mörder sein wird. Ein bisschen Spannung, ein bisschen Gruseln und dann schnell wieder Händewaschen und unschuldig sein, sich des eigenen Gutseins versichern. Moralisches Greenwashing – das ist das unausgesprochene Versprechen des Krimis. Quizshows kennen nur richtige und falsche Lösungen. Es ist letztlich Faktenwissen, abgepackt in einfache Multiple-Choice-Lunchpakete zum Mitnehmen.

Alle drei genannten Formate suchen Täter und Opfer, Gewinner und Verlierer, Sieger und Unterlegene. Alle drei sind klassische TV-Formate – gemacht fürs lineare Fernsehen, gemacht vor allem fürs Auge und fürs Sehen. Je weiter wir uns den nichtlinearen Formaten annähern, umso stärker lösen sie sich von der Eindimensionalität des Eindeutigen und verlagern sich vom Sehen zum Hören, vom Eindeutigen zum Einmaligen.

Meine These ist: Das Sinnesorgan des 21. Jahrhunderts wird das Ohr sein. Das gesprochene Wort wird das Medium des Zeitalters. Warum ist das so? Das 19. Jahrhundert war das Jahrhundert des geschriebenen und gedruckten Wortes, das 20. das des Bildes – das 21. könnte das des Hörens sein. Das Bild hat immer wieder enttäuscht, es ist ein Medium der Fakes, der Unechtheit, ein Medium der Manipulation, das die Grenzen zwischen Wahrheit und Lüge wie kein anderes aufzulösen weiß – und das stets im Gewand der Eindeutigkeit. Ein Medium, in dem die Grenzen zwischen Meinung, Information und Werbung verwischen – mit Instagram ins parodistische Extrem getrieben. Das Hören dagegen verspricht das Unmittelbare, Authentische, Unverstellte. Statt lange zu tippen, verschickt der Mensch der Gegenwart Sprachnachrichten. Der Adressat hört eine vertraute Stimme, außerdem das Stammeln, den Wind, das zugehaltene Mikrofon und alles, was sonst noch hilft, um auch den letzten Rest an Verständlichkeit zu tilgen.

Warum Podcasts das Medium unserer Zeit sind

Seit einigen Monaten gibt es Clubhouse – für genau 2 ½ Tage der neueste heiße Scheiß und dann – vergessen. Eine Art CB-Funk für Medienleute, Alphamännchen und Politiker. Eine Audio-only-App mit Chatrooms voller Bullshit deluxe. Es gibt keine Likes, keine Kommentare und keine Retweets und vor allem ist alles live und dann weg. Alles ist jetzt, nichts bleibt. Unmittelbare Unmittelbarkeit. Clubhouse ist eine Podiumsdiskussion als App – etwas, wovor die meisten Leute schreiend flüchten, wird hier dank künstlicher Verknappung – zunächst nur iPhone-User, nur auf Einladung – hochbegehrt. Wie bei jedem obligatorischen CDU-Grüne-SPD-Onlineparteitag erkennt man die Gäste, die teilnehmen, daran, dass ihnen der Moderator sagen muss, dass sie bitte ihr Mikrofon an und den Lautsprecher ausmachen sollen, nicht umgekehrt, und dass sie bitte die Zahnbürste erst aus dem Mund nehmen und dann sprechen sollen oder die Waschmaschine nebenher leise ausräumen und im Hintergrund nicht piepen lassen.

Vielversprechender sind da schon Podcasts: Von unvorbereiteten Cisgender-Männern im besten Mittelalter bis zu ausgefuchsten Interview- und True-crime-Formaten ist alles dabei. Der Podcast ist das Medium der Stunde, das Medium des mobilen Menschen: Er hat den Podcast auf dem Ohr, während er fliegt, fährt oder läuft, er ist ganz bei sich und doch außerhalb – er lauscht nur einer, zwei oder vielleicht auch drei Stimmen in seinem maximal isolierten Noise-Reduction-Kopfhörer. Wo auch immer er sich bewegt, der Podcast bleibt, wie ein stiller, treuer Begleiter, der nie von der Seite weicht – egal, wie lange man ihn auch einmal ignoriert aufgrund wichtigerer Vorhaben. Seine Worte verbindet sein Hörer irgendwann mit fremden Orten, für die diese gar nichts können: Mit Häusern, Straßenzügen oder Feldern, die mit dem Gesagten zusammenschossen, weil das Auge des Zuhörers auf sie fiel, während er hörte. Orte werden zu Orten von Worten – verschmolzen mit Gedanken, Gefühlen und Assoziationen. Bilder werden nicht länger von außen schein-objektiv aufgezwungen, sie dürfen individuell entstehen und vergehen.

Sind wir damit in der oralen Phase des Internets angekommen? Bei Kindern ist das die primitivste Stufe der psychosexuellen Entwicklung zwischen Geburt und dem Alter von zwei Jahren, in der sie alles in den Mund stecken und damit erobern. Wenn wir psychosexuell durch psychodiskursiv ersetzen, kämen wir dem Phänomen schon näher. Vielleicht bringt uns das Hören ja nach Jahren des Gebrülls tatsächlich in eine erste Phase, in der wir die Erotik des Aufnehmens wieder ernsthaft entdecken – unschuldig und spontan und staunend wie ein Kleinkind in der oralen Phase. Wir blenden alles aus, was unsere Sinnesorgane täuschen könnte, schließen die Augen und verlieren uns ins Spiel des Hörens. Sogar die Wellen des angstmachenden Fließens unserer Zeit lassen sich hier ruhig ans Ufer legen. Gespräche in Podcasts sind direkt, spontan, improvisiert, fehlerbehaftet, unvorhersehbar. Mal besser, mal schlechter. Sie tragen mehr vom wirklichen Leben in sich als all die dramaturgisch durchgestylten und durchgescripteten Medienformate, die der Logik der Arena folgen. Selbst dort, wo Podcasts orchestriert sind, wo sie Geschichten erzählen und wie gute TV-Dokus zum Hören funktionieren, entlassen sie den Hörenden in seine Welt. Die Bilder können in seinem Kopf entstehen und lassen die Freiheit der Phantasie. Ein vergleichbar intimes Medium ist nur das Radio, das sich selbst in die Position des bedeutungslosen Begleit-Dudelfunks gejingelt und so Podcasts erst ermöglicht hat. Die Annahme, dass Menschen beim Radiohören nicht gestört werden und vor allem die immer gleichen drei Hits im Dauerloop hören wollen, hat Spotify und andere Streaming-Dienste erst in die Poleposition gebracht, in der sie heute sind.

Der Erfolg des Genres Podcast wirft ein Licht auf das offensichtlich unterschätzte Interesse von Menschen an dem, was andere unmittelbar zu erzählen haben – und sei es noch so improvisiert und langatmig. Das Wort, das sich selbst sucht und erst im Dialog findet, verweist auf eine tief verankerte, offensichtlich unerfüllte Sehnsucht des Menschen: Nach einer Meinungsäußerung, die genauso diffus und unfertig ist wie die eigene, die so schwankend ist wie die Stimmungen des Lebens und dennoch im Fließen des Unsicheren heimisch werden kann: zweifelnd, zögernd, lachend, lernend und dabei immer in Bewegung. Das Neue – es wird unerhört sein und kommt eben darum notwendig durchs Ohr.

Abgehängt!
Kunst- und Satirefreiheit in Not

Schluss jetzt! Ein Einspruch!

So langsam neigt sich dieses Buch ja dem Ende zu – endlich und viel zu spät! Der Schinken heißt doch »Schluss mit der Meinungsfreiheit!«. Und das Einzige, was dieser Schroeder nicht kann, ist das, was vornedrauf steht: Schluss machen! Darum möchte ich hier einmal unterbrechen – nein, ich muss.

Mein Name ist Helen, Sie kennen mich. Erst einmal Glückwunsch, dass Sie bis hierhin durchgehalten haben. Das zeugt von Masochismus oder dem verblendeten Glauben, hier könne noch etwas kommen, was auch nur ansatzweise von Belang sein könnte. Ich bin selbst Satirikerin, wie Sie wissen, und ich kann Ihnen sagen: Da kommt nichts mehr.

Das hier ist ein einziger Verkehrsunfall. Bitte gehen Sie weiter, hier gibt es nichts zu sehen. Ich lese die Ergüsse dieses pseudointellektuellen mittelalten weißen Mannes auch nur, weil ich mich noch einmal bestätigen möchte, dass er genau so ist, wie ich immer dachte: Ein weißer Cis-Mann mit kleinem Schwanz. Ich darf das hier so sagen, denn ich bin eine Frau, heterosexuell, zudem mit Migrationshintergrund und ich hatte einige – Schwänze und Männer. Ich erkenne die Kleinschwanzigkeit von Typen wie ihm in ihrem Gesicht. Seine Fresse ist ja groß auf dem Cover. Typisch. Ich hasse Bücher von Kerlen mit ihren Fressen drauf. Fresse groß – Hirn klein.

Schroeder ist ein Lurch – das sieht man an seinen Anzügen, sei-

nen Fernsehsendungen und seinen Anzügen, die er in seinen Fernsehsendungen trägt. Das Einzige, was er wirklich kann, ist an der falschen Stelle lachen, da ist er ganz groß. Macht einen auf Komödiant, war aber noch nicht einmal der Pausenclown – nein, er hat dem Pausenclown die Tasche getragen und am lautesten über ihn gelacht, weil er dazugehören wollte.

Allein schon, wie er sich hier einen drauf runterholt, dass er bei diesen verfickten Querdenker*innen aufgetreten ist. Seitenlang labert er hier rum, jede Fliege, die vor seiner selbstverliebten Fresse rumgeflogen ist, erwähnt er hier. Wäre er ein echter Typ, hätte er das gar nicht nötig. Wie arm muss man sein! Applausheischender Spacko, echt. Andy Warhol hat doch mal gesagt: Jeder wird einmal im Leben fünfzehn Minuten Ruhm haben. Die schlechte Nachricht: Das galt auch für Schroeder. Die gute: Wir haben sie schon hinter uns.

Seien wir mal ehrlich: Wenn ein Mann über Meinungsfreiheit schreibt, wissen Sie schon, was dabei herauskommt. Das immer gleiche Geschwätz. »Wir dürfen alle nichts mehr sagen!« und dieses Gejammer. Schroeder macht das genauso, er hat nur drei Fremdwörter zu viel auswendig gelernt, darum merkt man's nicht ganz so schnell wie bei den anderen Dösköppen! Wenn ein weißer Mann über dieses Thema schreibt, brauche ich das Ganze gar nicht mehr zu lesen. Gut, ja, ich hab's getan – aber zur Recherche. Und mein Urteil war auf Seite zwei klar: die Rosamunde Pilcher unter den Sachbüchern.

Aber hey, ist die Fresse bekannt aus Funk und Fernsehen, ist der Inhalt zweitrangig. Groß hätte ich gefunden, wenn er den Platz im Verlagsprogramm freigemacht hätte für eine Person of Color. Die hätte zwar nicht über dieses Thema geschrieben, aber dafür über ein wichtigeres, größeres. Wahrscheinlich haben sie hier bei DVA oder dpa oder wie der Kackladen hier heißt, wieder keine PoC gefunden. Und warum? Weil man nie eine findet, wenn man mit einem wie Schroeder dazu beiträgt, dass sie unsichtbar bleiben!

Wenigstens das Papier hättet ihr sparen können – und den Strom für die drei versehentlichen E-Book-Käufer*innen. Stattdessen in der Programmankündigung ein leerer Platz für all die Unterdrückten, die hier nicht gedruckt werden in diesem Saftladen! »Hier könnte ein gutes Buch eines Mitglieds einer marginalisierten Gruppe stehen. Unser struktureller Rassismus hat es verhindert, darum als Zeichen der Anerkennung ein schwarzes Quadrat.« So hättet ihr ein Zeichen gesetzt, DKP-Verlag! Aber nein. Hier hat man gesagt: Lieber ein schlechtes Buch rausbringen, als gar keines rausbringen. Typisch Kartoffeln!

Kartoffeln stört Sie? Weil das diskriminierend gegenüber Deutschen ist? Dann sind Sie bei diesem Springer-Hofnarren hier ja richtig. Also nochmal zum Mitschreiben: K-A-R-T-O-F-F-E-L! Damit sind Sie gemeint, sofern Sie weiß sind und heterosexuell und aus fuckin' Deutschland. Und wenn Sie sich da diskriminiert fühlen? Dann haben Sie das als fucking white privileged person auch mal auszuhalten. Denn das ist verdammt nochmal nichts gegen das, was ich aushalten muss.

Und als Person of Color darf ich das. Oder wollen Sie ein schlechter Ally sein? Hat Ihnen der weiße Quacksalber doch im letzten Kapitel erklärt, was das ist! Schon vergessen, ja? Ok, ab ins Körbchen, Sie Rassist*in. (By the way: Solange ich hier schreibe, wird gegendert!).

Also nochmal: Ein schlechter »Ally« ist ein/e schlechte/r Alliierte/r, Verbündete/r, also eine/r, der/die aus dem Glied tritt. Ok, das war scheiße: Glied – das ist Kriegs- und alte weiße Cis-Männer-Pimmel-Rhetorik. Sorry, tut mir leid. Obwohl, nein, tut mir gar nicht leid, denn ich darf das. Wenn Sie bei Ally an Ally McBeal denken, sollten Sie besser die Fresse halten. So wie Sie überhaupt häufiger die Fresse halten sollten.

Damit auch das gesagt sei: Ja, ich bin für bedingungslose Gleichheit. Mit einer Ausnahme: bei Meinungen. Da muss auch mal

Schluss sein mit Meinungsfreiheit – und zwar in dem Moment, in dem Meinungen gleichwertig sein sollen. Hier gilt auch mal Fresse halten für die Kartoffeln. Einfach mal zuhören und gar nichts sagen, wenn ich spreche. Und mir recht geben! Egal, was ihr sagt: Eure Meinungen re-traumatisieren mich! Ihr könnt ja weiterreden, wenn ich aus dem Raum gegangen bin. Aber wehe, ihr tut es hinter meinem Rücken!

So, genug gelabert. Am Ende kaufen dieses Buch noch Leute nur meinetwegen – dann will ich aber Tantiemen. Wird mir die windige Wendehals-Kartoffel Schroeder sicher verweigern in seinem Rassismus. In fünf Jahren ist der bei der AFDP. Wetten?

»Sorry, aber das ist ja wirklich der allerletzte Quatsch! Schroeder ist doch nicht einer von uns, der ist doch durch und durch grün – nicht nur hinter den Ohren! Nur deshalb ist er doch Hofschranze bei der ARD!

Wieso darf dieser Hans-Peter hier auch noch seinen old white Bullshit hinterlassen? Typisch Schroeder! Klar, du als sein misogyner Kompagnon musst hier auch noch mal ein Plädoyer für Klassismus und Sexismus halten! Man muss es schließlich allen recht machen, bloß keinen verschrecken! Auch die Hans-Peters kaufen Bücher – gut, Sie lesen sie zwar nicht, aber die Kohle kommt auf dem Konto an – und darum geht es doch!

Ich werde den Quatsch nicht kaufen! Und auch nicht lesen. Nicht einen Cent würde ich ausgeben für den Mainstream-Clown. Okay – doch! Für den Plagiatsjäger, der nachweist, wo er überall abgeschrieben hat! Da würde ich sogar ein paar Euro drauflegen.

Das ist eine sehr gute Idee. Wir könnten zusammenlegen, Hans-Peter!

Jaaa! Und dann wird er jammern und behaupten, das sei Rufmord!

Und sich einen Anwalt nehmen, um uns fertigzumachen. Vielleicht den von Erdogan oder von Putin oder so! Der Satiriker, der sich auch mit den größten Schweinen zusammentut, wenn es ihm nützt! Das würde so zu ihm passen! Ich poste das gleich mal auf Twitter! Es liest bestimmt jemand mit, der uns da helfen kann!

Ja, wunderbar! Dann schreibe ich was auf Facebook! Hasspredigern wie Schroeder muss man das Handwerk legen!

»Hassprediger doch nicht – viel zu groß für diese Hanswurst!«

Eine Wurst ja, aber kein Hans, das wäre mir wichtig!

Er hat ja echt nochmal Glück gehabt, dass wir beide hier wirklich geschrieben haben. Stell dir mal vor, wir wären nur seine Erfindungen, Parodien auf ein altes weißes rechtes Arschloch und eine marginalisierte Muschi!

Ich bin kein rechtes Arschloch! Ich bin liberal, verdammt nochmal! Dafür würde ich ihn verklagen. Wenn er hier in meinem Namen schreiben würde, müsste er mich schon fragen, bevor er es einfach macht! Er kann ja nicht Sätze von mir klauen, die ich gar nicht gesagt habe. Das ist mein Persönlichkeitsrecht. Wenn nicht einmal mehr das gilt in dieser Bananenrepublik! Ja, wo leben wir denn eigentlich?

Noch schlimmer wäre, er hätte aus meiner Sicht geschrieben – als weißer Mann über eine Frau aus einer marginalisierten Gruppe, in die er sich nicht hineinversetzen kann, worüber zu schreiben ihm also absolut verboten ist! Dann wäre die Hölle los! Das wäre ja dann Blackfacing mit Buchstaben!

Und bei mir Whitefacing!

Ach, halt deine Fresse! In meinem Fall wäre es ein Grund, das Buch wegen rassistischer Aneignung sofort vom Markt zu klagen. Und dann würde ich persönlich mit einem Shitstorm dafür sorgen, dass er nie wieder einen Sender oder einen Verlag findet. Dann wäre er raus! Für immer, überall. Wie gut also, dass er diesen Fehler seiner eigenen Existenzvernichtung nicht gemacht hat, sondern uns wirklich gefragt hat. Das ist nett von ihm, aber er ist und bleibt trotzdem ein verdammtes Arschloch!

Vielen Dank für diesen kleinen Einwurf, der uns zu der Frage bringt: Was kann, was soll, was muss, was darf Satire eigentlich noch oder wieder? Ich habe dieses letzte Kapitel begonnen mit einem kleinen Hip-Hop im Minenfeld. In einigen Kreisen ist das der größtmögliche Tabubruch: Schreiben aus der Perspektive einer Frau mit Migrationshintergrund und dazu noch in satirisch-parodistischer Absicht. Das nennen Fachleute kulturelle Aneignung.

Ein Begriff, der jungen Datums ist, genauer: Er ist grade einmal 13 Jahre alt und treibt wie alle Pubertierenden in diesem Alter ziellos sein Unwesen: Ein furchtbar überstrapaziertes Wort, das jeden bezichtigt, der sich von Einflüssen einer ihm fremden Kultur inspirieren lässt, diese ausbeuten zu wollen: Katy Perry auf Instagram mit blonden Zöpfen? Grund für eine sofortige Entschuldigung, weil sie sich als weiße privilegierte Frau mit Zöpfen, einer afroamerikanischen Frisur, gezeigt hatte. Kim Kardashian sah sich wegen eines ähnlichen Fotos ebenso einer Tracht Online-Prügel ausgesetzt. Der Modedesigner Marc Jacobs entschuldigte sich ebenfalls eilig, weil er seine Models mit Dreadlocks frisiert hatte.[203] Dabei hat der Begriff der kulturellen Aneignung ja einen Sinn – und zwar, wenn etwa westliche Museen Kunstwerke ausbeuten, die sie gestohlen und geraubt haben, etwa die Bronzen von Benin.[204]

Würdigung von Kunst ist kein Raub. Jede Kunstform ist Ergebnis des Einflusses anderer, fremder Kunstformen. So haben Künstler gerade Unterdrückten oft eine Stimme gegeben. Elvis Presley hat sich der schwarzen Musik eines Chuck Berry bedient, die weiße Radiosender in den USA bis dahin aufgrund ethnischer Vorbehalte nicht spielen wollten. Die Rolling Stones haben den Blues in den weißen Mainstream gebracht und bis dahin unterdrückte Künstler wie Muddy Waters aus dem schwarzen Radio-Ghetto geholt und berühmt gemacht.[205] Die Annahme, dass jede Aneignung von Stilen und Codes ein Raub sei, sorgt zu Ende gedacht für eine neue Ghettoisierung gerade von Schwarzen, gefordert von ihren eigenen Vorkämpfern.

Was passieren kann, wenn man sich erdreistet, aus der Position eines anderen Kulturraums zu schreiben, zeigt diese Geschichte aus Kanada: Im Jahr 2017 widmete die Zeitschrift »Write« den Indigenen eine eigene Ausgabe. Der Chefredakteur machte sich dafür stark, dass jeder sich in fremde Kulturen und Identitäten hineinversetzen sollte. Er machte sich sogar für einen eigenen Preis stark – den Aneignungspreis: »Für das beste Buch eines Autors, der über Menschen schreibt, die nur ganz entfernt mit ihm selbst und seiner Kultur zu tun haben.«[206] Was folgte? Wütende Tweets und Blogs von Schriftstellern, die drohten, den verantwortlichen Schriftstellerverband zu verlassen. Der Chefredakteur erklärte sich, was den Protest weiter anheizte. Kurz drauf trat er zurück. Seine Redaktion entschuldigte sich für ihn und wollte nun eine »aufrichtige Debatte« führen, indem sie dem weltoffenen, empathischen Schritt des Chefs noch einmal in den Hintern trat.

In dieser Tradition der bewussten Aneignung versteht sich die Passage oben.

Geschmack spielt überhaupt eine Rolle!

Gute Satire tritt nach oben, nicht nach unten, heißt es häufig. Das ist ein Leitsatz, der zweifellos richtig ist. Aber vielleicht ist er komplexer, als er im ersten Moment scheint: Was ist das überhaupt heute, dieses Unten, von dem alle reden? Ist ein Gag über Greta Thunberg ein unethischer Tritt nach unten? Ich würde sagen: Nein. Greta hat sich sehr zum Vorteil von uns allen in die erste Reihe internationaler Prominenz bugsiert. Sie hat auf dem Weltwirtschaftsforum gesprochen und ist bildmächtig über den Atlantik gesegelt. Sie hat Millionen Follower auf Twitter und hat damit Wort- und Wirkmacht.

Warum sollte es also falsch sein, sich auch über sie lustig zu machen? Es ist immer noch die Frage, wie man es tut: Gags, wie sie gerne aus der rechten Drecksecke kommen, die auf ihre Asperger-Krankheit anspielen oder unterstellen, sie sei instrumentalisiert von ihren Eltern und ähnlicher Hohlbirnen-Schiss – derlei braucht keiner, es ist stil- und würdelos, aber gedeckt von der Kunst- und Meinungsfreiheit. Zum Glück erlaubt, aber trotzdem fast immer schlecht.

Der Kontext entscheidet: Warum mache ich den Gag? Um das Denken derer zu überspitzen, die genau in der beschriebenen Ecke mit Dreck werfen und sie damit zu überführen? Indem ich also in bester dialektischer Absicht die Denkmuster des Gegners übernehme? Dann kann es schon wieder legitim und sogar gut sein.

Wir sollten bei der Bewertung von Kunst zwei Dinge in den Hintergrund rücken: Geschmack und Moral. Warum? Beide sind Privatsache, beide dürfen Sie gerne als Meinung abtun, aber sie sind letztlich bedeutungslos. Ich kann sagen: Ich finde diese Musik schrecklich, aber dennoch könnte es sein, dass er in Fachkreisen sehr angesehen ist, toll singen kann oder eine kunstvolle Show macht. Das alles kann und will ich nicht beurteilen, weil ich mich so intensiv nicht mit Gabalier beschäftigt habe und das auch nicht vorhabe. Also sage ich: Dislike, und halte ansonsten die Klappe. Wer's mag, bitte schön. Nach vorne stellen möchte ich stattdessen gerne den Kontext: Dort nämlich spielt sich die Frage ab, wie er sich vom Homophoben zum Liebling der LGBTQ-Szene wandeln konnte.

Wird es moralisch, geht es meist nur darum, Künstler und Werk mit billigen Mitteln zu diskreditieren. Kunst ist ausschließlich ästhetisch oder im Zweifel juristisch zu betrachten, aber nie moralisch. Geschmack und Moral führen nur auf Gleise, welche die Freiheit der Kunst schwächen. Schnell dienen sie als Stichwortgeber jener, die sie aus politischen oder anderen Gründen einengen wollen.

Selbstverständlich darf und soll jeder seinen Geschmack haben und diesen äußern, gern auch oft und laut. Auch das ist Meinungsfreiheit. Geschmack ist auch nicht begründungspflichtig – oft geht das auch gar nicht, einfach, weil Geschmack Empfinden ist. Er sollte nur nicht zum Maßstab eines Urteils oder einer Verfahrensweise mit einem Künstler oder Werk werden, das ist alles.

Das oberste Gebot der Kunst ist es, »Chaos in die Ordnung zu bringen«, das wusste schon der Philosoph Theodor W. Adorno.[207] Das bedeutet: Sie soll irritieren, stören, über Grenzen gehen und das Publikum bewegen, seine eigenen Selbstverständlichkeiten zu hinterfragen. Warum nur geht genau das so oft schief?

Das ist doch nicht lustig!
Satire im Fadenkreuz

In meiner Jugend war ich glühender Fan von Harald Schmidt. In den späten 1990er-Jahren gab es Phasen, in denen ich jede seiner Late Night Shows auf SAT1 aufnahm und am nächsten Tag als Hausaufgabe nachschaute – oft anstatt der Schulaufgaben. Schmidt war ein Meister, von vielen als zynisch abgetan, was den Kern seiner Arbeit nie traf. Schmidt war meist Ironiker, das machte es vielen Deutschen so schwer mit ihm. Er war geachtet, aber nicht geliebt wie Thomas Gottschalk. 2005 machte Schmidt ein Jahr Pause und kam danach in der ARD noch einmal zurück. Aber der Motor wollte nie wieder so richtig anspringen. Er wechselte noch einmal zurück zu SAT1, dann zu Sky und irgendwann war Schluss – vor fast leeren Rängen und ohne TV-Publikum.

Was war passiert? An Schmidt lässt sich eine fundamentale Veränderung des Humors zeigen: Schmidt machte Polenwitze und verglich lesbische TV-Kolleginnen mit Klobrillen (»die würde kein Mann freiwillig anfassen!«). Schon damals echauffierten sich viele über seinen Humor und fragten, ob das denn vielleicht doch die Grenzen des Sagbaren sprenge. Aber die Diskussionen waren nicht so hart wie heute, nicht so verbissen, eher kopfschüttelnd-irritiert, mit heimlicher Freude an einem, der sich traut, hier unterstellte Tabus zu brechen.

Wenn Schmidt Witze über autoklauende Polen machte, dann stetes mit der ironischen Attitüde: Ich mache jetzt einen Witz darüber, wie andere Leute ernsthaft Witze über Polen machen. Diese Meta-Ebene und Selbstbeobachtung des eigenen Tuns ist vielen kläffenden Kritikern entgangen. Er ironisierte quasi den ihm unterstellten Zynismus gleich mit. Das war hohe Kunst. Außerdem war immer klar: Schmidt ist durch und durch eine Kunstfigur. Niemand wusste, wer er eigentlich privat war – oft nicht einmal Kollegen aus seinem engsten Umfeld.

Alles Prätentiöse war ihm fremd. Das unterschied ihn von amerikanischen Late Night Hosts wie damals David Letterman und Jay Leno, die mit verwandter Haltung doch mehr Nähe zulassen konnten. Sie teilten auch ihre Befindlichkeiten mit dem Publikum – ihre Launen, manchmal ihre Sorgen. David Letterman machte in seiner Show öffentlich, als er erpresst worden war und war in der ersten Show nach 9/11 den Tränen nahe. Sein Studio war wenige hundert Meter von Ground Zero entfernt. Schmidt dagegen machte eine Pause, bis die Gefahr vorüber war, Gefühle zeigen zu müssen. Sein Hass aufs Prätentiöse verschüttete auch jede persönliche Regung.

Es war der Humor einer Zeit, in der es einen Sender und einen Empfänger gab. Schmidt sendete mit der Attitüde des kalten Predigers. Und wenige sahen zu, diese aber treu und verbunden. Diese humoristische Kanzelposition funktioniert heute nicht mehr. Sie hatte ihre Zeit in den späten 1990er- und, schon wackeliger, in den jungen 2000er-Jahren. Es war das Ende von Kohl, der Anfang von Rot-Grün, und die AfD gab es noch nicht. Damals war das cool, heute wäre es kalt. Heute strebt der Humor in die Gegenrichtung: Es herrscht schon fast Haltungs- und Bekenntniszwang zwischen aufgeklappten Erklärbär-Flipcharts und Grafikboards wie in den Hauptnachrichten. Wer heute Satire macht, soll sichtbar werden, persönlicher, differenzierter. Dies geschieht durchaus zum Vorteil des Genres. Zugleich fehlt oft das Schnelle, das Alberne und

Spielerische. Man spürt bis an die Grenze des Prätentiösen: Humor ist eine ernste Sache.

Eckhart, Nuhr, Omagate: Endlich reden alle nur noch über Quatsch

Die Kompetenz, Anführungszeichen zu lesen, scheint in den vergangenen Jahren insgesamt geschwunden zu sein: Lisa Eckhart sah sich dem Vorwurf des Antisemitismus ausgesetzt, weil sie in den WDR-»Mitternachtsspitzen« über einige jüdische #metoo-Verdächtige sprach. Der inkriminierte Ausschnitt ging so: »Aber am meisten enttäuscht es von den Juden: Da haben wir immer diesen dummen Vorwurf gewettert, denen ginge es nur ums Geld, und jetzt plötzlich kommt heraus, denen geht's wirklich nicht ums Geld, denen geht's um die Weiber und deswegen brauchen sie das Geld.« So weit, so antisemitisch. Klappe zu, Affe tot!

So läuft das, wenn die Bewohner von Wokistan sich in Satirekritik üben. Dafür, dass sie so erwacht sind, haben sie ganz schön lange gebraucht, um das Video zu finden: Ziemlich genau zwei Jahre. So lange war die Erstausstrahlung der Sendung im Moment seiner Skandalisierung nämlich her. So lange war es im Netz problemlos zu finden. Zwei Jahre – in Zeiten von Mediatheken und YouTube eine Ewigkeit. Was die überschäumenden Kritiker aber großzügig übersehen hatten, war der Kontext. Es ging nämlich noch weiter: »Da haben wir unsere Schützlinge endlich aus den Fängen der Rechten befreit, und dann tun sie sowas! Untereinander. Was ist denn das für ein sittlicher Inzest, wenn sich ein Opfer an einem Opfer vergreift? Da kennt sich ja kein Mensch mehr aus«.[208]

Das ist eine klare satirische Überspitzung von gesellschaftlichen Vorurteilen – von einer Zeit, die nur Täter und Opfer kennt. Sie spielt mit antisemitischen Klischees, um sie zu dechiffrieren und kenntlich zu machen. Ein Stück, das hinweist darauf, wie sehr sich viele Leute wünschen, es möge doch jeder in der ihm zugewiesenen Rolle bleiben: Die Opfer sollen Opfer bleiben und die Täter bitteschön Täter. Bloß kein Durcheinander. Damit überspitzt sie die Logik derer, die sich anschließend lautstark beschwert haben. Ein Volltreffer. Antisemitisch? Wohl kaum.

Dann wäre auch einer der Besten des Fachs, Gerhard Polt, ein Rassist. In dem berühmten Sketch »Mai Ling«, sitzt er in der Figur eines (mittel)alten weißen Mannes neben einer Asiatin, von der er behauptet, sie kürzlich aus einem Katalog bestellt zu haben. Er sagt: »Sie ist auch sehr sauber, sie schmutzt nicht, wie der Asiate an und für sich überhaupt nicht schmutzt.« Etwas später dann: »Sie ist ein bisserl gelb, das weiß man ja vom Asiaten, aber sie ist schon ein bisserl sehr gelb ausgefallen, obwohl ich finde, sie passt hier sehr gut rein.«[209]

Man könnte sagen: Diese 5:44 Minuten reproduzieren schlimmste rassistische Klischees und wirken re-traumatisierend. Falsch. Es ist einfach nur eine grandiose, präzise gezeichnete, in seiner Harmlosigkeit umso bösere Parodie auf die Alltagsrassismen einer sich selbst für aufgeklärt haltenden Männergestalt.

Im Fall Eckhart kam der Shitstorm von den Inquisitoren. Wenige Monate zuvor in einer anderen Angelegenheit von den Märtyrern. Das ist wichtig für die Gleichberechtigung, bloß kein Durcheinander. Auf WDR2 lief das Kinderlied »Meine Oma ist ne alte Umweltsau«, aufgenommen mit dem WDR-Kinderchor. Eine Parodie auf »Meine Oma fährt im

Hühnerstall Motorrad«. Auch hier handelte es sich um eine Wiederholung, der Song war schon in einschlägigen WDR-Satireformaten gelaufen. Nun aber, an Weihnachten, hatten auch Rechtsextremisten Langeweile und ausreichend Zeit, einen Shitstorm zu orchestrieren. Wie sich später zeigte, war die ganze Aufregung, die selbst Intendant Tom Buhrow zu einer Entschuldigung motivierte, ein erfolgreiches Trolling rechter Netzwerke – und zwar wie aus dem Shitstorm-Lehrbuch.[210] Ihnen war es gelungen, den angeblichen Skandal via Twitter, Facebook und später Telegram mit entsprechendem Framing (»Instrumentalisierung von Kindern«) in die Breite zu spülen. Die im Song angesprochene Zielgruppe – Oma und Opa – blieben insgesamt eher ruhig und unaufgeregt.

Manchmal geht Satire auch schief, wenn sie gar keine ist, sondern der Komiker nur eine Botschaft hat: Dieter Nuhr flog von der Webseite der Deutschen Forschungsgemeinschaft, weil er in einem Beitrag, den diese angefordert hatte, in Zweifel zog, ob es wirklich richtig sei, »der Wissenschaft zu folgen«. So fordert es Friday for Future. Auch hier knickte die DFG vorschnell ein, weil es einen Shitstorm gab. Er sei ein Klimawandel-Leugner und zweifle die Kompetenz der Wissenschaft an, hieß es wiederum von den Inquisitoren. Nuhr selbst zweifelte eher an dem Prinzip des bedingungslosen Folgens als eines quasireligiösen Glaubens, der mit der Arbeitsweise der Wissenschaft nicht zu vereinbaren sei. Motto: Gerade Wissenschaft lebt vom Zweifel, nicht von Jüngern. Das war es, was Nuhr hier ausdrücken wollte, wenngleich ein wenig ungelenk und sperrig, was zu Widerspruch einlud. Später kam der Beitrag mit ausführlicher Erläuterung zurück.

Was zeigen uns die drei Fälle? Nun, Verschiedenes: Bei Lisa Eckhart vor allem der Wille, die Unschuldsvermutung für

Kunst nicht gelten zu lassen. Kunstfreiheit ist der Meinungsfreiheit verschwistert, aber sie folgt noch einmal anderen Kriterien. Wir können das Wort eines Komikers eben nicht gleichsetzen mit seiner Privatperson, es sei denn, er gibt bewusst dazu Anlass, indem er die Trennung von Künstler und Werk selbst aufhebt. Bei Eckhart aber wollten die Empörten Sinn und Zweck der Rollenprosa bewusst aushebeln. Vielmehr sollte sich der Verdacht erhärten, dass die Künstlerin ihre Rolle geradezu missbrauche, um das zu sagen, was sie eigentlich denkt, wohinter sie sich aber mit billigen Taschenspielertricks verschanze, um dann das Unschuldslamm zu mimen und wie ein Kind zu rufen: »Ja, ich habe den Kaugummi geklaut, aber ich war's nicht, denn ich hatte ja die Räuberverkleidung an!« Das stellt das Prinzip von Komik und Satire auf den Kopf und gefährdet die Kunstfreiheit.

Bei Omagate und Nuhr vs. DFG kommt in erster Linie eine gefährliche Unfähigkeit dazu, mit dem Internet und den Mechanismen des Shitstorms souverän umzugehen und die Taktiken von Trollarmeen zu verstehen, zu durchschauen und entsprechend zu reagieren. Diese zittrig-nervös-hysterische Haltung liefert den Erregern nur noch mehr Futter.

Zugleich muss ich aber auch sagen: Seit ich mich mit Komik und Satire beschäftige – also seit über zwanzig Jahren – ist es zumindest in meiner Wahrnehmung das erste Mal, dass komische Formate und Texte so sehr im Fokus stehen wie heute. Das hat auch Vorteile. Jahrelang hörte ich, Satire sei ja letztlich Blödsinn, ich war Hofnarr oder Clown, Experte für Brot und Spiele für die leicht zu begeisternden Massen. Wer keine Haltung hatte, brauchte eben Unterhaltung. Das hat sich geändert. Auch wenn die Diskussionen manchmal kleinkariert scheinen und eher zum Kopfschütteln animieren, so sind sie am Ende doch wichtig und zeigen, dass Komik eben nicht nur als leichte Muse für frühverrentetes Abopublikum und Kulturbeflissene oder andere Randgruppen fungiert, sondern dass sie als Korrektiv auf Augenhöhe mit Politik, Wirtschaft und anderen Institutionen steht – und dass ihr Wort Gewicht hat.

Jetzt erst recht! Charlie Hebdo – das 9/11 der Satire

Der Moment, in dem die Satire von der Peripherie ins Zentrum rückte, war ein trauriger: Die Terroranschläge auf die französische Satirezeitung »Charlie Hebdo« im Januar 2015. Ich war damals mit meinem Jahresrückblick auf Tour. Es war eine dieser Situationen, in der ich als Satiriker reagieren muss – auch wenn es verdammt schwer ist. Schnelle Gags verbieten sich, Schweigen ist aber auch keine Option. Was also tun? Schnell gleitet man ins Pathetische oder Prätentiöse ab. Beides eher unangenehm, denn Humor ist Abstand, das gilt auch in einem Moment persönlicher Anteilnahme – in diesem Falle besonders: Der Anschlag war ein Anschlag auf Kollegen. Erstmals standen Künstler aufgrund ihrer Arbeit im Fokus des islamistischen Terrors. »Charlie Hebdo« hatte immer wieder mutig böse Mohammed-Karikaturen gedruckt, das war der Grund, weswegen sie ins Fadenkreuz der Terroristen geraten waren.

Ich entschloss mich also, in die Offensive zu gehen und sagte abends auf der Bühne: »Dieser 7. Januar war das 9/11 der Satire. Und ständig fragen jetzt alle: »Darf man jetzt einfach so weiter lustig sein?« Nein, wir dürfen es nicht, wir müssen! Aufrüstung mit Witzen. Jetzt fragen mich Leute:

»Haben die da bei ›Charlie Hebdo‹ es nicht vielleicht auch übertrieben? War das nicht ein bisschen hart? Waren die nicht auch ein bisschen selber schuld mit ihren Mohammed-Karikaturen?« Das ist so pervers wie Leute, die sagen: »Hätte das Mädchen mal keinen kurzen Rock angezogen, wäre ihm auch nichts passiert.«

Dann zitierte ich Herbert Feuerstein, der einen der Grundsätze des liberalen Humors aussprach: »Jeder hat das Recht, verarscht zu werden. Ob er Prophet ist oder sich nur dafür hält. Ich möchte von niemandem hören, dass er sich in seinen religiösen Gefühlen verletzt fühlt. Ich fühle mich jeden Tag in meinen atheistischen Gefühlen verletzt, wenn ich einen Kirchturm sehe. Und trotzdem gehe ich da nicht mit der Kalaschnikow rein.«

Im Wesentlichen sehe ich das bis heute so. Gefühle dürfen nicht darüber entscheiden, welcher Witz in Ordnung ist und welcher nicht. Das läuft auf eine gefährliche Selbstbeschneidung hinaus. Humor ist per se eine Grenzüberschreitung. »Witz kommt von wissen«, heißt es bei Robert Musil. »Der Witzige ist immer vorwitzig, er setzt sich über die gegebenen Grenzen hinweg, an denen der voll Fühlende haltmacht.«[211] Darum ist Humor fast notwendig verletzend, respektlos und ungerecht. Dies begradigen zu wollen, weil sich ein Fühlender auf den Schlips getreten fühlt, hielte ich für sehr problematisch.

Dennoch ist der Anarchismus des Humors kein Freibrief für sinnlose Beleidigungen. Für diese Fälle haben wir glücklicherweise Gerichte. Das ist die rechtliche Ebene, und sie steht über der ethischen. Aber wir werden uns dem ethisch-moralischen Aspekt dennoch stellen müssen: Das Argument, wir seien hier in Europa und haben die verfassungsrechtlich verbrieftе Freiheit, uns über alle lustig zu machen – im wahrsten Sinne des Wortes über Gott und die Welt –, hat auch eine problematische Seite, so sehr ich sie unterstütze. Die Weltgegenden, in denen es verboten ist, den Propheten ins Bild zu setzen, sind dank Internet nur einen Link entfernt. Zudem wäre dieses »Aber hier ist das erlaubt, also machen wir das, denn wir sind hier in Europa, nicht im Mittelalter!« dann doch ein erschreckend eurozentristisches Weltbild, mit dem ich auch einen Mitgliedsantrag bei der AfD stellen könnte.

Wie also damit umgehen, wenn wir von unserer Kunst- und Meinungsfreiheit Gebrauch machen wollen und doch die Normen und Werte anderer Gegenden mindestens im Blick behalten wollen, ohne sie zu unseren zu machen oder sie zu teilen? Timothy Garton Ash schlägt vor, anstößiges Material im Netz hinter eine »Einen Klick entfernt«-Wall zu setzen, so dass es eine freie Entscheidung bleibt, entsprechende Fotos anzuschauen – oder es eben bleiben zu lassen. Das ist unter all den schlechten Lösungen höchstens eine unterdurchschnittliche. Erstens kann es praktisch jede Gruppe ermutigen, das, was sie gerade aus einem Gefühl heraus für anstößig hält, in einen »Einen Klick entfernt«-Raum zu verbannen. Damit erweitern wir den Raum der Tabuisierung, nicht den des Austauschs.

Außerdem: Wer sich aufregen möchte und bereit ist, im Namen eines Gottes oder eines Propheten Menschen zu töten, wird sich von einer gutgemeinten Klick-Schranke wohl kaum aufhalten lassen. Vieles spricht dafür, dass er sie sogar nur deswegen zu überwinden trachten wird. Fundamentalisten und Märtyrer interessieren sich eher selten für westlich-liberale Schranken, die dem Einzelnen eine Entscheidungsfreiheit zumuten. Es ist ja genau dieses Hohelied auf die Selbstbestimmung, welches Hardcore-Gläubige inbrünstig hassen. Wer bereit ist, den Tod von Menschen in Kauf zu nehmen, wird die Anlässe dafür finden wie ein Spürhund den Sprengstoff.

In Sachen Meinungs- und Kunstfreiheit stehen sich die beiden fundamentalistischen monotheistischen Religionen Katholizismus und Islam übrigens in nichts nach: Papst Franziskus machte nach den Anschlägen auf »Charlie Hebdo« mit dem Bekenntnis auf sich aufmerksam, wenn jemand »meine Mutter mit einem Schimpfwort beleidigt, dann muss er mit einem Faustschlag rechnen. Das ist ganz normal.« Der Glauben anderer dürfe nicht beleidigt werden. Das ist doch für den Boss einer so bedingungslos nächstenliebenden Gemeinschaft ein erstaunlich gewaltbereiter Satz, geradezu solidarisch mit den Terroristen von Paris.

In der Ausgabe zum ersten Jahrestag der Anschläge war auf der Charlie-Titelseite ein blutverschmierter, bärtiger Gottvater mit einer Kalaschnikow auf dem Rücken zu sehen. Die Bildzeile lautete: »Ein Jahr danach: Der Mörder ist noch immer auf der Flucht.« Der Vatikan beschwerte sich wieder. Ausrichten konnte er nichts. Schon bei den »Satanischen Versen« von Salman Rushdie 1989 stand der Heilige Stuhl übrigens stramm an der Seite jener radikalen Muslime, die das Buch als Gotteslästerung bezeichneten und damit Verfolgung und Tod ihres Autors in Kauf nahmen.

Wer inklusiv sein möchte, muss verletzen

Der letzte größere Fall eines Cancel-Culture-Versuchs der katholischen Kirche stammt aus dem Jahr 2008: Ein gekreuzigter grüner Frosch des Künstlers Martin Kippenberger im Bozener Museum für moderne und zeitgenössische Kunst erregte damals Papst Benedikt XVI. Der Frosch hielt einen Bierkrug in der einen, ein Ei in der anderen Hand und streckte dem Betrachter die Zunge entgegen. Benedikt beschwerte sich persönlich beim Museum. Der Frosch verletze die religiösen Gefühle vieler Menschen, die das Kreuz als Symbol von Gottes Liebe und Erlösung betrachteten. Doch der Frosch blieb im Museum.[212]

Trotz all dem liebedienerischen Unterhaken unter Monotheisten-Buddys müssen wir eines bedenken: Der Vatikan tritt zwar jede Meinungs- und Kunstfreiheit mit Füßen, aber er tut es mit Briefen, Beschwerden und Bekenntnissen – nicht mit Kalaschnikows.

Es gibt hier also keine wirklich gute Lösung. Da die Rücksichtnahme auf jedes Gefühl zur Selbstzensur führt, werden wir damit leben müssen, dass wir Menschen mit Satire verletzen – absichtlich und unabsichtlich. Christen, Muslime, Männer, Frauen, Nicht-Binäre, Transen, Soldaten, Beamte, Fahrradfahrer, Veganer und Komiker, die sich selbst meist besonders ernst nehmen. Es geht nicht darum, mutwillig Menschen zu kränken und zu beleidigen. Aber wir können nicht a priori in vorauseilendem Gehorsam ganze Gruppen als Ziel von Witzen und Satire ausnehmen. Das wäre nur eine neue Stufe der Diskriminierung.

Der Ausschluss von Gruppen kann auch mit ihrem vorgeblichen Schutz beginnen. Damit sorgen wir dafür, dass sie eben doch nur unter dem Tisch sitzen und nicht am Tisch. Was wir lernen können, ist, dabei genau und sensibel zu bleiben, ohne in falsche Rücksichtnahme zu verfallen. Einmal bin ich aufgetreten beim Werkstättentag der behinderten Menschen. Beim

Briefing sagte mir einer der Veranstalter: »Machen Sie sich ruhig lustig auch über behinderte Menschen. Sie haben viel Humor und wollen als normale Menschen wahrgenommen werden. Schlimm wäre, wenn sie spürten, dass Sie Berührungsängste haben. Nur eines sollten Sie beachten: Sprechen Sie nicht von Behinderten, sondern von behinderten Menschen oder Menschen mit Behinderung. Aber Behinderte, das ist verletzend.«

Ich erinnere mich an die letzten Sendungen von »Ottis Schlachthof«, als Ottfried Fischer schon schwer an Parkinson erkrankt war. Traditionell freute er sich immer, wenn Gäste kamen, die ihn parodierten. Einer von ihnen war ich. Vor der Aufzeichnung fragte ich ihn, ob er einverstanden sei, wenn wir am Tisch in der Sendung einen kurzen Talk machten »Otti trifft Otti« und wir beide zu Ottfried Fischer würden. Die Redaktion hatte Zweifel, es könne wirken, als ob ich einen Kranken vorführen wolle. Fischer erwiderte, er sei zwar krank, wolle aber darüber nicht so behandelt werden, sondern so wie jeder andere Mensch auch.

Der Talk war ein großer Spaß für alle. Das Schlimmste ist die Stellvertreterbetroffenheit von Nichtbetroffenen, die meinen, sich für angeblich sprechunfähige Gruppen vor einen Zug werfen zu müssen, der gar nicht einfährt und die dabei nicht merken, dass sie selbst so paternalistisch sind, wie sie es sich selbst verbitten würden.

Ende 2020 flammte kurz noch einmal eine Diskussion auf, die im Kern schon älter ist: Sollten die Mohammed-Karikaturen auch im Schulunterricht gezeigt werden? Ja, hieß es in einem Aufruf zahlreicher Wissenschaftler, Politiker und Intellektueller.[213] Ich schließe mich dem unbedingt an – allerdings verbunden mit einer weiteren Forderung: der Abschaffung des Religionsunterrichts. Auch wenn es hier sicher mitunter säkularisierte und engagierte Lehrer gibt, würde ich doch hier einen pädagogischen Befangenheitsantrag stellen wollen.

Vielmehr sollten wir Ethik, als konfessions-ungebundenes, unabhängiges Fach installieren. Ein Fach, in dem philosophische, weltanschauliche und selbstverständlich auch religiöse Ansätze dargestellt und gelehrt werden. Später dann kann es die alten Fächer katholische und evangelische Religion als eigenständige Wahlfächer gerne geben. Auch islamische, buddhistische und hinduistische Religion wäre möglich. Das würde doch zu einer global denkenden und lebenden Weltgemeinschaft gut passen.

Ist das brav oder kann das weg?
Cancel Culture in der Kunst

Das 21. Jahrhundert ist das Jahrhundert der Offenen Briefe. Wer etwas zu mosern hat und sich im Recht fühlt, wendet sich direkt an die Öffentlichkeit. Das ist ressourcensparend, weil man sich erst gar nicht mit den Leuten, die man kritisiert, auseinandersetzen und sprechen muss. Am Ende könnte man Konflikte ganz ohne Reibungsverlust lösen, indem man sich an einen Tisch setzt. Das sorgt erfahrungsgemäß oft für Probleme, weil das Gegenüber – so fremd es auch erscheinen mag – am Ende doch gar nicht der Dämon ist, zu dem man es stilisiert hat. Man müsste umdenken, umlernen, das macht Arbeit und strengt an. Das kann niemand wollen. Da ist es doch wesentlich aufregender und wilder, wenn man einen Offenen Brief schreibt, entweder an die Verwaltung, die Direktion, die Intendanz oder direkt ins Internet hinein. Tipp für Insider: Twitter eignet sich am besten! So hat man, wenn alles gutgeht, gleich die gesamte Öffentlichkeit an seiner Seite. Und der Adressat gerät auch ins Schwitzen bei der Frage, was um Himmels willen denn nun zu tun sei.

Im Frühjahr 2020 erreichte mal wieder ein Offener Brief das Licht der Öffentlichkeit, von Autoren des Rowohlt Verlags, die sich gegen einen anderen Autor zur Wehr setzen mussten, und zwar einen Teufel, wie er (Achtung, Wortspiel) im Buche steht: Woody Allen. Dessen Autobiographie sollte in deutscher Übersetzung bei Rowohlt erscheinen, eine Unverfrorenheit sondergleichen! Darum wollten sich die Autoren mit Allens Stiefkindern Dylan und Ronan Farrow solidarisieren. Ein so alter wie beliebter Trick: Solidarität heucheln, Kollegen meucheln.

Die aktivistischen Anti-Allen-Autoren verspürten Rückenwind aus den USA: Dort hatten Autoren und Mitarbeiter von Allens Verlag Hachette schon einen Sieg errungen: Die Zusammenarbeit mit dem Übeltäter war beendet und die Veröffentlichung gestrichen worden. In den USA hatte sich der Starreporter Ronan Farrow, der Sohn von Allens Ex-Frau Mia Farrow, mit seinem Buch »Catch and Kill« an die Spitze der MeToo-Bewegung gestellt. Auf Deutsch war der Text wenige Monate zuvor bei Rowohlt erschienen. Jetzt also auch noch die Autobiographie des Stiefvaters? Das war nun wirklich zu viel des Bösen.

Kurz zum Hintergrund: Woody Allens Tochter Dylan Farrow, die Schwester von Ronan, wirft Woody Allen vor, sie 1992 sexuell missbraucht zu haben, und sieht die Veröffentlichung der Memoiren ihres Ex-Stiefvaters als Verrat.[214] Seit nunmehr 30 Jahren steht in der Sache Aussage gegen Aussage, weder Allens Schuld noch seine Unschuld sind bewiesen. Neben der

Aussage von Ronan steht die Aussage von Moses Farrow, der zu seinem Vater hält. Seine Aussagen sind genauso plausibel wie die seines Bruders.[215] Aber warum soll man sich seine Meinung von einem frech abweichenden Sachstand kaputtmachen lassen?

Woody Allen ist mittlerweile toxisch, seine Darsteller distanzieren sich von seinen Filmen, blöderweise erst, nachdem sie schon abgedreht sind, Schauspieler wollen nicht mit ihm in Verbindung gebracht werden, seine Filme finden in den USA keinen Verleih.[216] Man will sich die Hände nicht schmutzig machen. Gäbe es ein Desinfektionsmittel, um sich vor ihm zu schützen, es wäre ausverkauft. Als wäre er ein Virus, gegen das es noch immer keinen Impfstoff gibt.

Vielleicht ist das auch eine Konsequenz aus der Diskursverschiebung der vergangenen Jahre: Je weiter die Grenzen der Meinungsfreiheit auf Seiten der Populisten und Autokraten verschoben werden, je salonfähiger also der Dreck wird, mit dem die Putins und Erdogans dieser Welt die Atmosphäre vergiften, umso deutlicher möchten sich einige Zeitgenossen reinwaschen, sauber halten, moralisch auf der richtigen Seite stehen.

Manchmal, wenn der Wille überbordend ist, geht das auch schief: »Wir haben keinen Grund, an den Aussagen von Woody Allens Tochter Dylan Farrow zu zweifeln«[217], schrieben die Rowohlt-Autoren. Es ist ein Satz, der strotzt vor genau der moralischen Selbstüberhöhung, gegen die Kunst doch gerade aufbegehren sollte. Hier wollen Moralisten Richter spielen, nur leider haben sie keine Robe. An anderer Stelle sind sie Psychotherapeuten: Bei Woody Allens Autobiographie handele es sich um »das Buch eines Mannes, der sich nie überzeugend mit den Vorwürfen seiner Tochter auseinandergesetzt hat«[218]. Haben die Autoren Woody Allen auf die Couch gelegt, tiefenpsychologische Interviews geführt, eine Diagnose geschrieben und sie zur Bewilligung an Allens Krankenkasse geschickt? Man weiß es nicht. Aber die Ferndiagnose, der Spielplatz der halb-professionellen Psycho-Scharlatane, feiert fröhliche Urständ und fühlt sich naturgemäß im Recht.

Außerdem seien die Fakten der Allen-Memoiren nie wirklich geprüft worden – ein Vorwurf, den auch Ronan Farrow dem Verlag Hachette machte. Es ist natürlich immer gut, gegen Fake News zu sein, aber Fakten in einer Autobiographie? Wer will die nichtöffentlichen Teile eines Lebens überprüfen? Herr Allen ist ein alter Mann, da ist das mit der Erinnerung so eine Sache.

Was hier passiert, war eine doppelte Grenzverschiebung: Künstler fordern, dass ein anderer Künstler nicht veröffentlicht werde – mit dünnen Argumenten. Eine Fortsetzung dieses eifrischen Gegockels gab es im Herbst des vergangenen Jahres, als die Veranstalter des Hamburger Harbour Front Literaturfestivals Lisa Eckhart ausluden – und zwar aufgrund von angeblich konkreten Gewaltandrohungen des Schwarzen Blocks. Später zeigte sich, dass es diese nie gegeben hatte. Was es gab, waren zwei andere Autoren, die anonym bleiben und keinesfalls mit ihr auftreten wollten.

Gegen so viel Feigheit und Niedertracht aus den Büschen heraus, werden einem doch die Absender von Offenen Briefen fast schon wieder sympathisch. Autoren, denen es die Sprache verschlägt? Autoren, die unfähig sind, den öffentlichen Raum der Bühne vom privaten Raum zu trennen? Autoren, die eine Kollegin behandeln, als sei sie Gift? Der Grund, warum sie die Bühne mit Eckhart nicht teilen wollten, blieb im Dunkeln. Vielleicht war es der oben geschilderte Ausschnitt aus dem WDR. Eingeladen worden war sie aber aus einem ganz anderen Anlass: Weil eine Jury ihren ersten Roman in der Endrunde für einen Literaturpreis nominiert hatte. Es ist schon erstaunlich, dass selbst Autoren versuchen, unliebsame Kolleginnen oder Kollegen zu verhindern und damit das Geschäft von autokratischen Führern betreiben, bei denen bekanntlich die Unterstellung einer Gesinnung reicht, um sie loszuwerden.

> Politik wird radikal, Kunst wird bieder –
> wie konnte es so weit kommen?

Auf einer tieferen Ebene zeigt sich, dass hier offensichtlich zwei verschiedene Sphären gefährlich durcheinandergeraten sind – die der Politik und die der Kunst. Auf der einen Seite scheint das Meinungsspektrum in der Politik immer größer zu werden – insbesondere rechtsextreme Positionen feiern erstaunlich viele Mitmenschen als willkommenen Tabubruch auf den »Endlich sagt's mal einer«-Festspielen. Der Gestus der Grenzüberschreitung und der abfeiernde Applaus für diesen Mut ist eigentlich eine Haltung der Kunst gegenüber.

Wenn Kunst aber die Grenzen überschreitet, was im Unterschied zur Politik ihre Aufgabe ist, zeigen sich viele schockiert und fordern, dass das, was ihnen da missfällt, sofort abgesetzt, beendet oder anderweitig aus dem öffentlichen Raum getilgt werden soll. Diese Forderung gibt es zwar auch gegenüber Politikern, aber hier ist sie angemessen und diskussionswürdig. Erstaunlich oft bleibt sie ohne Konsequenzen. So bewerten wir Kunst heute nach den zu Recht engeren Maßstäben der Politik, während viele die Politik in genau der Überschreitungsgeste feiern, wo einer ihrer Protagonisten laut das Unsagbare ausspricht. Während Politiker, die von der Provokation leben, weiterkommen, indem sie sich nicht entschuldigen, kriechen die Künstler reihenweise zu Kreuze.

So hatte es Billie Eilish vor ein paar Jahren gewagt, die Lippen zu einem Lied zu bewegen, das mutmaßlich Asiaten schmähte. Außerdem soll sie deren Akzent parodiert haben. Der Shitstorm folgte, Billie Eilish fiel brav auf die Knie und bat … nicht um Entschuldigung – nein, sie räumte ein, dass es für dieses, ihr Verhalten »keine Entschuldigung« gebe. Eine Selbstkreuzigung, die ihresgleichen sucht.

Lana Del Rey kennt das schon – sie traf es immer wieder. Zuletzt hatte sie ihre knuddelige Instagram-Fanblase irritiert mit der Frage, warum Beyoncé, Cardi B und einige andere schwarze Sängerinnen für ihre Darstellung von Sexualität in ihrer Musik gefeiert würden, man ihr aber vorhalte, weibliche Unterwürfigkeit zu feiern. Der Vorwurf: Rassismus. Die Antwort: ein fettes Sorry.[219] Schon eine ganze Weile vorher hatte sie um Verzeihung gebeten, weil sie in einem Kurzfilm die Chola-Ästhetik aus den Latino-Ghettos aufgegriffen hatte.[220]

Das erfolgreichste Frauentrio der USA, The Dixie Chicks, haben sich gleich für ihren Namen entschuldigt und ihn geändert: Sie heißen jetzt nur noch The Chicks, da »Dixie« den alten Süden der USA und damit seine rassistische Vergangenheit feiere. Zwar kommen sie weder aus Texas noch feiern sie den Staat und seine Geschichte, und ihr Name hat damit auch nichts zu tun. Dass sie sich 2003 bei George W. Bushs Irak-Feldzug öffentlich schämten, dass Bush aus Texas komme, spielte ebenfalls keine Rolle.[221]

Woher kommt es, dass Künstler, deren Arbeit für Freiheit, Exzess und Provokation steht, oft strenger bewertet werden als Politiker? Vielleicht müssen wir dazu einen Schritt zurücktreten und eher mit einer weiteren Perspektive auf diese Frage blicken.

Nach meiner Wahrnehmung liegt eine der wesentlichen Ursachen in der Epoche der Einstürze, genauer bei 9/11. Wenige Tage nach den Anschlägen in New York bezeichnete der Komponist Karlheinz Stockhausen diese als »das größte Kunstwerk, das es je gegeben hat.« Für einen Shitstorm waren die damals gebräuchlichen 128-kbit/s-Modems noch zu langsam, aber die allgemeine Aufregung war vergleichbar über diesen menschenverachtenden Zynismus. Es lohnt sich, das, was Stockhausen damals sagte, mit dem Abstand von zwanzig Jahren und frei von augenrollendem Moralismus noch einmal wahrzunehmen: »Stellen Sie sich das doch vor, was da passiert ist. Da sind also Leute, die sind so konzentriert auf eine Aufführung, und dann werden 5000 Leute in die Auferstehung gejagt, in einem Moment. Dagegen sind wir gar nichts, als Komponisten. Manche Künstler versuchen doch auch über die Grenze des überhaupt Denkbaren und Möglichen zu gehen, damit wir wach werden, damit wir uns für eine andere Welt öffnen.«[222]

Stockhausen hat hier einen Punkt: Bis zu diesem Ereignis war es die Aufgabe der Kunst, Grenzen zu sprengen, radikal zu sein, die Tradition zu zerstören und die Welt zu schockieren durch Sprengung unserer Gewohnheiten, unserer Wahrnehmungen und Selbstverständnisse. Nur die radikale Kunst war die wahre Kunst. Selbst der eher wehleidig-elitäre Thomas Mann, alles andere als ein bellizistischer Waffennarr, notierte in seinen »Gedanken im Kriege«, es gebe »gleichnishafte Beziehungen, welche Kunst und Krieg miteinander verbinden.« Dazu gehören: »Schonungslosigkeit gegen sich selbst, moralischer Radikalismus, Hingebung bis aus Äußerste, Blutzeugenschaft, voller Einsatz aller Grundkräfte des Leibes und der Seele. Mit großem Recht hat man die Kunst einen Krieg genannt, einen aufreibenden Kampf.«[223] In diesem Schutzraum waren Explosionen des Exzesses und des Rausches möglich.

Wenn es bislang Aufgabe der Kunst war, Bilder unserer Wirklichkeit zu zeichnen – egal ob in Filmen, Fotos, auf Acryl oder in Büchern, so hatten nun erstmals die Terroristen diesen Job übernommen. Die Bildmacht der Anschläge hatte einen dystopischen Charakter, wie man ihn sonst nur aus Hollywood-Filmen kannte. Sie lieferten in ihrem Wahnsinn eine perfekte Inszenierung. Die Politik reagierte fortan mit dem berüchtigten Krieg gegen den Terror, der die folgenden Jahre bestimmte.

Es war auch ein Krieg der Bilder. Die Fotos aus dem irakischen Gefängnis Abu Ghraib, die brutale Folter irakischer Häftlinge durch US-Soldaten zeigten; die Bilder von Saddam Husseins Leiche im Erdloch; die perfekt inszenierte Tötung von Osama bin Laden mit Bildern von Präsident Obama im Situation Room des Weißen Hauses. Auf der anderen Seite die Enthauptungsvideos des Islamischen Staats – Videos äußerster Brutalität – Terror, perfekt inszeniert. Keine reinen Bilder der Gewalt, sondern Videos, die eine klare Dramaturgie hatten und einem Skript folgten, das einem modernen Splatter-Movie-Drehbuch den Rang ablaufen konnte. Die Politik – hier in ihrer Fortsetzung mit kriegerischen Mitteln – hatte im Zuge dieser Jahre die Regeln der Kunst indoktriniert, um Gegner und Publikum zu erpressen und auch zu manipulieren. Da viele Quellen schwer nachvollziehbar waren, konnte kaum jemand gesichert sagen, was echt war und was fake, was nur der Inszenierung und Irritation galt und was der Wahrheit.

Wenn also der politische Raum bildmächtiger und zerstörerischer ist als der künstlerische, mit welchem Recht sollte dann die Kunst mit denselben Mitteln operieren? Was war nun ihre Rolle? Sollte sie versuchen, mit den Mitteln der Kunst die Politik zu übertreffen? Da hatte sie schon verloren, bevor sie den Kampf aufgenommen hatte. Sollte sie diese Politik entlarven durch Imitation? Wozu ist sie dann noch die Autonomie beanspruchende Kunst, wenn sie nur imitiert, was die Ebene vorführt, die sie kritisieren sollte.

Jahrelang war ich großer Fan der Serie »House of Cards« mit Kevin Spacey als eiskaltem Politiker Frank Underwood. Ich hielt diesen Stoff für das beste Kammerspiel der vergangenen Zeit, aber eben Fiction. Dann kam Trump, und »House of Cards« wirkte wie ein Vorprogramm bevor sich der Vorhang zur Realität hob. Wenn die Politik radikaler ist als die Kunst, schien der Kunst nur noch ein Ausweg zu bleiben: Die ursprüngliche Aufgabe der Politik zu übernehmen: erbaulich sein, konstruktiv, positiv. Lösungen statt Probleme, Aufbau statt Abriss, dafür statt dagegen, Synthese statt Analyse, Biedermeier statt Ekstase, Wasser statt Whiskey, Makramee statt Marihuana, Kirchentag statt Woodstock. Da mag Schönes dabei sein. Aber Kunst, die sich affirmativ in den Dienst der Sache, und sei sie noch so gut, stellt, wird meist schnell brav, sentimental und pathetisch. Sie führt schnell auf abschüssiger Rampe zu Harmlosigkeit und schenkelklopfender Volkstümelei. Oder um es einfacher zu sagen: Letztlich sind die Attentäter von 9/11 schuld an 5000 Toten – und an Helene Fischer.

Vor diesem Hintergrund lässt sich vielleicht auch erklären, warum die Sensibilität gegenüber vielen unbequemen, scheinbar querliegenden Äußerungen so groß ist. Wenn Hass, Rassismus, Sexismus, Demütigung und Gewalt von immer größeren Kreisen als legitimes politisches Mittel begriffen werden – wer braucht dann noch eine Kunst, die all dies im Gewand der Übertreibung und der Parodie doch heimlich nur verstärkt? Wer braucht die Provokation auf der Bühne, wenn sie in den Parlamenten schon viel ruchloser betrieben wird? Wer braucht noch einen Abend im Theater, in dem mir die Darsteller den Spiegel vorhalten? Wozu soll ich in einen Spiegel gucken, um ein Gesicht zu sehen, das den ganzen Tag in der Insta-Story unehrlicher, aber dafür besser aussehend daherkommt?

So ist auch die unangenehme Lagerbildung in der Kunst und das obsessive Zeichensetzen für oder gegen etwas besser nachvollziehbar. Mit jedem Furz setzt der Künstler ein Zeichen. Jede noch so kleine Äußerung wird aufgeladen mit einer Bedeutung für oder gegen die gute oder böse Sache. Kein Schritt ist mehr unschuldig. »Da schau, in dieses Lager gehört der also. Verdammt! Jetzt ist es raus!« Schublade zu, Künstler tot. Damit entsteht jedes Wort, jeder Strich, jedes Bild unter dem Verdikt des Verdachts, der Vorstufe der Selbstzensur: »Na, bevor es so oder so verstanden wird, lasse ich es vielleicht besser bleiben.« Der verbissene pathetische Ernst, der fast schon pathologisch nur noch Zeichen von, für oder gegen etwas sieht, ist dabei, der Kunst ihre wichtigste Kraft zu nehmen: das Spielerische. Das heiter tanzend Probierende. Das Verrückte. Ohne das Spielerische, ohne Chuzpe, ohne den Mut zu Größenwahn, Albernheit und absurdem Schwachsinn ist noch kein großer Künstler erwacht und gereift.

Herbert Grönemeyer forever!

Was also vereint oder unterscheidet all die unterschiedlichen Fälle von Cancel Culture, über die wir uns nun ständig echauffieren. Ein paar Annäherungen: Im April 2020 erschien das folgende Gedicht mit dem Titel »Wenn du schläfst«: »Ich schlafe gerne mit dir, wenn du schläfst / Wenn du dich überhaupt nicht regst« und knatternd reimt es weiter: »Etwas Rohypnol im Wein. Kannst dich gar nicht mehr bewegen. Und du schläfst, es ist ein Segen.« So weit, so schlecht. Es handelt sich um ein Gedicht des Lyrik-Praktikanten Till Lindemann von der bekannten Band Rammstein. Er besitzt den Gestaltungswillen eines Klospruchs – getreu dem Motto: »Und hängt der Tropfen noch so lose, der letzte geht doch in die Hose.«

Empörungsbereite Kreise machten Lindemann gerade deshalb zum Hashtag Nummer eins auf Twitter, von Vergewaltigungsphantasien war die Rede, was so nicht stimmt, denn rein ästhetisch ist es zwar eine Vergewaltigung – aber eben in erster Linie eine der Sprache. Lindemanns Verlag wehrte sich gegen die Anwürfe der Empörten und gab augenrollend zu Protokoll, das lyrische Ich sei nicht mit dem Autor Lindemann gleichzusetzen. Deutschunterricht, fünfte Klasse. Aber heute schon so etwas wie höhere Mathematik.

Der Hinweis auf das lyrische Ich ist dennoch punktuell problematisch, denn schnell bringt er vieles durcheinander und ehe man sich versieht, werden Lindemann, Woody Allen und Joseph Goebbels in einen Topf geworfen und zu einer ungenießbaren Melange verrührt. Bevor wir also diskutieren, mit welchem Rammstein-Song Woody Allen Joseph Goebbels inspiriert haben könnte, wäre es vielleicht wichtiger, den Sänger Lindemann nicht mit dem Autor Lindemann gleichzusetzen. Die Kunstfreiheit gilt nun einmal auch für schlechte Kunst. Fazit: Das Gebrüll war umsonst, Lindemanns Lyrik-Bändchen blieb auf dem Markt.

Denken wir auch an die schöne Ironie, dass es ausgerechnet viele der Lindemann-Hater waren, die noch wenige Tage zuvor Die Ärzte feierten – und zwar für ihren Corona- Quarantäne-Kracher »Ein Song für jetzt«, in dem es hieß: »Der Premium-Bereich von Porn Hub ist für alle freigestellt ... Wichsen und Musik sind die beste Medizin ... Eure ›Die Ärzte‹ aus Berlin.« Es waren übrigens dieselben Ärzte, die 1986 einen bis heute verbotenen Song namens »Geschwisterliebe« rausbrachten: Ein grotesker, spätpubertär-alberner Titel, etwas verstörend vielleicht. Aber für woke Ohren sicher in schlimmstem Maße Inzest mit einem minderjährigen Mädchen glorifizierend. Ich darf zitieren (Trigger-Warnung!):

»Jetzt bist du 14 und du bist so weit / Wir warten eine Ewigkeit Sind unsere Eltern auch dagegen / Ich würd' dich gerne mal flach legen

Ich hoffe, dass du keine Kinder kriegst / Weil du doch schließlich meine Schwester bist

Die Eltern die sind weggefahren / Auf die Gelegenheit warte ich seit 14 Jahren

Noch sitzen wir hier und spielen Schach / Aber gleich leg ich dich flach.«

Dafür würden sie heute hundertfach auf Twitter flachgelegt – also geblockt und der Hölle des Sturms preisgegeben. Misogynie! Kindesmissbrauch! Anzeige! Knast lebenslang!

Anders lief es beim expressionistischen Maler Emil Nolde, dessen Bild »Brecher« das Kanzlerinnen-Büro von Angela Merkel schmückte. Leider war er Antisemit und Hitler-Verehrer. Anhänger also genau jenes Systems, das seine Werke als entartet ansah und aus den Museen geräumt hatte. Nolde hatte wohl eine Art künstlerisch-politisches Stockholm-Syndrom. Seine Begeisterung für die Nazis spielte er in seiner

Autobiographie herunter und erklärte sich selbst zum Verfolgten. Eine tief widersprüchliche, sehr aktuelle Figur also, von der viel zu lernen wäre – über Täter und wie sie sich zu Opfern stilisieren und umgekehrt.

Es hätte also ein gesellschaftliches Gespräch entstehen können über die Bedeutung von Bildern, über die Trennung von Künstler und Werk, über die Frage, wie unschuldig all die Blumen und Wellen sind, die Nolde in jener Zeit zeichnete. Oder dürfen wir genau diese Ebenen nicht vermischen? Es hätte gehen können um die Frage, ob eine solch ambivalente Figur im Zentrum der Macht Deutschlands am Anfang des 21. Jahrhunderts hängen sollte? Es gibt wahrscheinlich mehr Gründe dagegen als dafür.

Der öffentliche Raum des Kanzleramts unterscheidet sich von dem der privaten Angela Merkel. Das Kanzleramt unterscheidet sich ebenso von einem Museum, wo Nolde selbstverständlich hängen muss und wo es auch erlaubt ist, sich an diesen Bildern zu erfreuen oder sie scheußlich zu finden – mit und ohne Berücksichtigung der Biographie des Künstlers. All das wäre doch eine spannende Debatte geworden, von der wir hätten lernen können. Die Kanzlerin aber winkte ab und wählte den bequemen Weg. Wie immer, wenn sie keine Lust hatte, sich zu stellen, schickte sie ihren Regierungssprecher vor, der brav zu Protokoll gab, es sei nicht die Aufgabe der Bundeskanzlerin, hier historische Bewertungen vorzunehmen.[224] Doch, genau das ist es, wenn man Interesse hat an einer Debattenkultur, die sich wieder für die Graubereiche interessiert, in denen das Leben zu Hause ist und nicht nur für die schattierungsfreien Schwarz-Weiß-Malereien, wie sie unsere Zeit kennzeichnen.

Wenn Kunst nur noch von guten Menschen für gute Menschen gemacht wird, ist das ihr Ende – eine komplett entkernte Kunst, die sich nur noch ihrer eigenen Bedeutungslosigkeit versichern kann. Puristisch, streng, brav. Sie näherte sich dann der modernen Architektur an, all den Hochhäusern aus Glas, die so transparent scheinen, aber doch nur kalt bleiben.

Zu Ende gedacht würde das bedeuten, wir dürften überhaupt nur noch Kunstwerke von moralisch einwandfreien Künstlern lesen, sehen, hören. Filme nur noch mit Hannes Jaenicke in der Hauptrolle, Bücher ausschließlich von Förster Peter Wohlleben, Musik nur noch von Sting und Phil Collins, in Deutschland dürften überhaupt nur noch Herbert Grönemeyer und Die Prinzen singen. Obwohl – die Prinzen? Moment, die haben doch mal gesungen, dass sie »Alles nur geklaut« haben? Da sollte vielleicht nochmal ein Plagiatsjäger drüber gehen, bevor wir da bekennende Räuber im Radio spielen. Oder war das alles nur Ironie und Spaß? Dann müssten sie das vielleicht vorher sagen – bitte eine Trigger-Warnung vor den Song. »Achtung, ab hier witzig gemeintes Lied!« Aber macht man noch Witze übers Klauen? Am Ende fühlt sich jemand verletzt, der schon einmal beklaut wurde? Also vielleicht doch besser ohne Die Prinzen. Vielleicht fragen wir vorher einfach nochmal den Ethikrat.

Garantiert verschwinden müssten: die Frauenfeinde Bertolt Brecht und Pablo Picasso, der Emigrantenschreck Gottfried Benn, Ernst Jünger, der alte Stoßtruppführer sowieso, Rainer Maria Rilke, der heimliche Nazi ebenfalls. Außerdem: James Brown, Miles Davis, Charlie Parker, Bill Cosby, John Galliano, Ezra Pound, Michael Jackson. Alles Bastarde! Die Bayreuther Festspiele des Judenfeinds Richard Wagner – verbieten! Das ist natürlich nur eine rudimentäre Auswahl – wenn Ihnen noch mehr Arschlöcher einfallen, tun Sie sich gerne zusammen, bilden Sie ein Rudel und schreiben Sie mir auf Twitter einen Offenen Brief.

Dass ich hier eine so lange Reinigungsliste im Konjunktiv aufstellen kann, bedeutet auch: Wir sind davon offenbar noch weit entfernt. All diese Künstler werden gelesen, gesehen, gehört, gesendet – weil sie als zu wichtig gelten. Insgesamt sind die Cancel-Firewalls bei Sendern, Kuratoren und Verlagen doch sehr funktionsfähig. Und ja, es gibt auch zahlreiche Fälle von angeblich schlimm gecancelten Figuren, die danach noch viel erfolgreicher waren als zuvor.

So durfte schließlich auch Woody Allens Autobiographie erscheinen – in den USA bei einem anderen Verlag, in Deutschland wie geplant bei Rowohlt. Zum Glück. Immerhin davon war einiges zu lernen: Dass es Widersprüche gibt, die wir aushalten müssen, statt sie aufzulösen. Dass ein Mensch vielleicht toxisch ist und genau deshalb seine Bücher erscheinen müssen. Dass die wichtige und notwendige Diskussion über sexuellen Missbrauch weder beendet noch gemindert wird dadurch, dass Vater und Sohn, so sehr sie sich verachten mögen, im selben Verlag publizieren.

Nur ein Schwuler darf einen Schwulen spielen – Positive Diskriminierung in Film und Theater

Die Debatte über das, was Kunst heute kann, soll oder nicht mehr darf, ist immer eine über das Verschwinden auf der einen und das Erstrahlen auf der anderen Seite. Die einen sollen weg, die anderen fühlen sich nicht gesehen und wollen endlich auch ins Scheinwerferlicht. Besonders deutlich wird das am Theater und im Film: Im März 2021 berichtete der Schauspieler Ron Iyamu davon, wie er am Düsseldorfer Schauspielhaus während der Proben als »Sklave« bezeichnet worden sei und wie ihm ein Kollege ein Messer in den Schritt gehalten habe – verbunden mit der Frage, »wann man dem N**** die Eier abschneiden« werde.[225] Es begann eine Diskussion über Rassismus im Theater, eine Gruppe schwarzer Schauspielerinnen beendete die Zusammenarbeit mit dem Haus und forderte eine eigene Bühne nur für schwarze Schauspieler, einen Safe Space, um den »seit 2000 Jahren andauernden weißen Blick« zu durchbrechen. Um Rassismus zu durchbrechen, ist paradoxerweise auch hier wieder die Hautfarbe entscheidend. Theater und Film sind nicht erst seit MeToo Orte brutalen Machtmissbrauchs – Sexismus und Rassismus sind an der Tagesordnung –, oft und viel zu lange verschwiegen. Das liegt auch am noch immer herrschenden Geniekult, den viele Regisseure hier zelebrieren und der damit verbundenen Erwartung an Schauspieler, sich als Material des Meisters auszuliefern, zu unterwerfen. Ein idealer Nährboden für emotionale und körperliche Ausbeutung. Hinzu kommt: Die Arbeitsbedingungen sind hart, große Rollen begehrt, die Konkurrenz riesig. Der langjährige Intendant des Berliner Ensembles, Claus Peymann, hat die sanfte Diktatur an seinem Haus einmal so erklärt: »Kunst steht immer im Widerspruch zur Demokratie. Kunst ist immer eine Einzelentscheidung. Der Schauspieler wird von Claus Peymann besetzt und muss sich durchsetzen. So ist das. Ich verstehe mich nicht als Feudalherr. Ich bin ein »aufgeklärter Monarch«.[226] Dass dies kaum zu mehr Diversität führt, scheint logisch. Der »Hollywood Diversity Report« der University of California Los Angeles zeigt die Folgen: Im Jahr 2018 wurden knapp 14 Prozent der Hauptrollen mit Angehörigen von Minderheiten besetzt12,6 Prozent der Regiestellen und acht Prozent der Drehbuchautoren – und das, obwohl sie 40 Prozent der Bevölkerung ausmachen.[227] Das sind Werte, da erscheint jede Investmentbank diverser – und das in einem Milieu, das sich sonst gerne als kreativ, weltoffen und progressiv darstellt.

Im Juni 2021 reagierten die Amazon Studios darauf und gaben einen Leitfaden heraus: In ihren Produktionen sollen von nun an nur Darsteller spielen, »deren Identität (Geschlecht, Geschlechtsidentität, Nationalität, Rasse/ethnische Zugehörigkeit, sexuelle Orientierung, Behinderung) mit der Figur übereinstimmt.« Das hat mich doch sehr gewundert: Ich mag vielleicht naiv sein, aber ich war immer am meisten beeindruckt von Schauspielern, die eine Rolle so überzeugend spielten, dass ich den, der sie darstellte, vergaß und einging in die berauschende Kunst dessen, der sich eine ihm fremde Rolle so sehr einverleibte, dass er mich alles drum herum vergessen ließ. Die Amazon-Maßgabe zeitigt so gut wie nur negative Folgen: Wenn nur ein schwuler Mann einen anderen schwulen Mann spielen darf, muss er dann seine sexuelle Identität nachweisen? Das ist doch eigentlich Privatsache. Kommt er als Bisexueller noch durch oder ist er schon zu hetero? Der syrische Geflüchtete soll dann so lange den syrischen Geflüchteten spielen, bis er für immer für den syrischen Flüchtling gehalten wird, der er wahrscheinlich nie sein wollte – auch dann noch, wenn er längst die deutsche Staatsbürgerschaft hat? Das ist schlicht positive Diskriminierung.

Dahinter stecken die eitrigen Ausflüsse des Authentizitäts-Wahns: Menschen können nach dieser Überzeugung nur das überzeugend darstellen, was sie selbst erlebt haben. Das ist eine Ohrfeige für den Schauspielerberuf als Ausbildungsberuf: Was am Ende beim Zuschauer die Magie erzeugt, ist ein Handwerk, das darin besteht, in fremde Rollen zu schlüpfen, eben gerade ohne mit ihnen identisch zu sein. Oder muss ein Schauspieler jemanden umgebracht haben, um einen Mörder spielen zu können? Darf ein Chirurg nur noch die Beine operieren, die er sich selbst einmal gebrochen hat? Darf der Psychotherapeut nur noch die Störungen behandeln, die er selbst durchlitten hat? Muss ich Bundeskanzler werden, um einen parodieren zu können? Ich fürchte, ich stehe vor dem Scherbenhaufen meines Berufslebens.

Diese klebrig-sentimentale Verschmelzung von Darsteller und Figur sind das Ende der großen Kunst und des Schauspielberufs. Um mit einer Figur vor Publikum identisch zu werden, braucht es das Gegenteil: Der Künstler muss Abstand halten, Distanz wahren. Ich kenne das aus der Parodie. Wenn ich einer Figur zu emotional begegne, sie liebe oder hasse, stelle ich sie meist schlechter dar. Wenn ich kühleren Abstand halte, sie zu verstehen, zu analysieren und zu durchdringen versuche, komme ich weiter.

Der Schriftsteller Gottfried Benn schreibt einmal über den Künstler, er sei kalt, denn »das Material muss kaltgehalten werden, er muss ja die Idee, die Räusche, denen die anderen sich menschlich überlassen dürfen, formen, d. h. härten, kalt machen, dem Weichen Stabilität verleihen.«[228] Das beleuchtet die Frage nach dem, was die von allen Seiten beschworene Identität eigentlich sein könnte. Wahrscheinlich das genaue Gegenteil von dem, was Märtyrer- und Inquisitoren-Fetischisten schnellmeinend damit verbinden: Mit uns identisch können wir nur werden, nie sein. Wir können uns der Identität annähern, sie aber nie erreichen – zum Glück. Der ganz mit sich identische Mensch wäre der tote Mensch. Zur Identität gelangen wir wohl nur, indem wir alles daransetzen, gerade nicht mit uns identisch zu sein. Das kann gelingen, indem wir uns in bester dialektischer Manier entäußern, uns fremd werden, uns hingeben und überlassen an ein Gegensätzliches – an Menschen, Berufe, Hobbys, Lust – und Leidvolles. Mit sich identisch werden heißt wachsen im Raum dessen, was Nicht-Ich ist, um anschließend befruchtet, befeuert, erweitert und entfaltet wieder zu sich zurückzukehren und sich so näher zu kommen. Im besten Falle ist Identität so fluide wie es sich die Helens dieser Welt wünschen, während sie alles tun, um genau dies nie zu erreichen. Die Verteidigung der Identität ist somit immer reaktionär und gerade nicht inkludierend, sondern exkommunizierend.

In der Folge agieren ihre Verteidiger meist so paternalistisch wie das Patriarchat, dessen Gestus insbesondere die Inquisitoren doch eigentlich bekämpfen wollten:

»Vom Winde verweht«, der erfolgreichste Film der US-Geschichte, war vorübergehend von der Streamingplattform des Bezahlsenders HBO verschwunden. Nach dem Mord an George Floyd war er hektisch gelöscht worden. Sklaverei ist in diesem Klassiker aus dem Jahr 1939 etwas Nettes, die Häuser der Weißen sind groß, die Sklaven ein wenig dumm, aber meistens happy. Seit der Film auf den Markt kam, sind die rassistischen Anklänge bekannt und zurecht kritisiert worden. Seit er nun wieder abrufbar ist, hat ihn HBO mit einer vierminütigen Einführung versehen, gesprochen von einer afroamerikanischen Historikerin. Man erfährt, was alle wussten, dass der Film schwierig, aber eben erfolgreich ist. Das Ärgerliche: Überspringen lässt sich der Kommentar nicht. Zuschauer sind gezwungen, sich ihn anzusehen.[229] Ich habe immer gelernt, Kunst dürfe eines keinesfalls sein: belehrend.

Heute aber leben wir in einer Art Verstehens-Zwang, in der alle bedingungslos verstanden werden wollen und umgekehrt alles verstanden werden muss – und zwar bevor es losgeht! Der Anfang eines Theaterstücks oder Films ist oft der Moment, in dem schon alles zu spät ist: Nach einer Minute könnten sich schon unterschiedliche Eindrücke aufgedrängt, entsprechende Irritationen entstanden und in der Folge unterschiedliche Meinungen aufgetaucht sein – oder noch schlimmer: Ein Rezipient könnte keine Meinung haben! Alptraum! Es könnten Fragen aufkommen oder es könnte sich Befremden einstellen oder schlicht Unverständnis. Barrierefreies An-die-Hand-nehmen ist angesagt, deshalb muss ein einfühlsam einführender Erklärbär gerade noch das Schlimmste verhindern, indem er den sonst verlorenen Banausen in ein Labyrinth des Uneindeutigen entlässt, aus dem er mutmaßlich nie wieder lebend herauskommt. Dabei geht es doch gerade bei Kunst darum, sich auszusetzen und nicht in die vermeintlich richtigen Verstehens-Bahnen gelenkt zu werden, in der die eine wahre Interpretation vorgekaut und wie ein roter Teppich vor die Füße gelegt wird. Das durch und durch spießige »Was will uns der Dichter damit sagen?«, mit dem schon im Deutschunterricht uninspirierte Lehrer jede Lust am wilden Denken nahmen, ist heute auf dem Weg, zum Standard zu werden. Ein Impfzentrum zur Stärkung unserer Urteilsfähigkeit und Meinungsfreiheit lässt sich so mit Sicherheit nicht betreiben.

Von Friedrich Nietzsche stammt der Satz: »Ich impfe Euch mit dem Wahnsinn«.[230] Vielleicht könnten Werke wie Allens Autobiographie, Filme wie »Vom Winde verweht« und Bilder von Pablo Picasso genau das sein: Ein Impfstoff, der unsere Echokammern, in denen wir unsere so bedingungslos richtigen Überzeugungen horten, wieder einmal irritiert und unser diskursives Immunsystem befähigt, auf eine Infektion mit den Erregern der Gegenwart so wirksam zu reagieren, dass wir immun dagegen werden. Jenseits von der nicht zu beantwortenden Frage nach Schuld und Unschuld.

Insofern ist auch die Kunstfreiheit nicht wirklich in Gefahr. Aber die Enge wird größer, die Luft schlechter und die Beweglichkeit schwindet.

Alles muss raus – warum Kunst und Wissenschaft zusammengehören

Ich habe weiter oben schon angedeutet, dass die Hochschulen in den vergangenen Jahren Brutstätte einer Entwicklung sind, die sich vor allem der eigenen Befindlichkeiten und dem eigenen Gefühl verpflichtet fühlen. Ich möchte mich darum der Entwicklung an den Hochschulen, insbesondere den Geistes- und Sozialwissenschaften noch einmal zuwenden, weil ich meine, dass die Dynamiken hier parallel verlaufen. Seit 2005 ist das woke, oft inquisitorische Denken in die Unis eingezogen, zeitgleich kam die Obdachlosigkeit der Kunst nach 9/11 auf und in der Folge die Fragen: Wer darf sprechen und wer darf Kunst machen?

Da Hochschulen spätestens seit 1968 Seismographen gesellschaftlicher Entwicklungen sind, interessiert mich: Zeigen sie vielleicht mehr die Richtung an, in die wir streben, als die Kunst? Und ist Cancel Culture hier nicht längst in viel größerem Maße an der Tagesordnung, weit über die USA hinaus?

Ein paar Beispiele sprechen dafür: Die Migrationsforscherin Sandra Kostner lud den Politikwissenschaftler Hamed

Abdel-Samad an die Pädagogische Hochschule Schwäbisch Gmünd ein. Thema: Freiheit und Selbstbestimmung im Islam. Abdel-Samad lehnt das Kopftuch als patriarchale Unterwerfungsgeste ab. Eine Studentin, die Kopftuch trug, erstattete Strafanzeige wegen Volksverhetzung, weil sie ihr Recht auf ein diskriminierungsfreies Studium durch ihn verletzt sah.[231] Die Hochschule stellte sich hinter die Dozentin und den Referenten.

Die Ethnologin Susanne Schröter hatte an der Uni Frankfurt eine Konferenz geplant, die sich mit dem Kopftuch als religiösem Symbol beschäftigte. Auch diese Veranstaltung wollten Studierende verhindern, weil damit angeblich einem »antimuslimischen Rassismus« Vorschub geleistet werde. Stattfinden konnte die Veranstaltung trotzdem.

Im November 2018 hatte ein Dozent Thilo Sarrazin zu einem Vortrag über Meinungsfreiheit in sein Seminar eingeladen – die Uni Siegen distanzierte sich von der Veranstaltung, die Fakultät strich die Mittel, stattfinden konnte der Vortrag trotzdem.

Drei Beispiele – ein Ausgang. Massiver Protest, aber Uni-Leitungen mit Rückgrat: Alle Veranstaltungen konnten stattfinden. Die Repressionen hinter den Kulissen aber seien weitergegangen, sagen viele der betroffenen Dozenten.

Eine Umfrage des Allensbach Instituts für Demoskopie scheint dies zu bestätigen. Auf die Frage »Fühlen Sie sich in Ihrer Forschung oder Lehre durch formelle Vorgaben zur politischen Korrektheit eingeschränkt?« stimmte in den Geisteswissenschaften, den Rechts-, Sozial- und Wirtschaftswissenschaften jeder Dritte zu, in den Naturwissenschaften jeder Vierte.

Außerdem herrsche Konformitätsdruck: Mehr als 80 %

aller Wissenschaftler in Deutschland hangeln sich befristet von Jahresvertrag zu Jahresvertrag. Einige fürchten, eine knackige, möglicherweise polarisierende Positionierung könne da schnell den Karriereknick bedeuten. Ihre Leistungen werden unter anderem daran gemessen, ob es ihnen gelingt, Drittmittel von außen einzuwerben. Der Historiker Andreas Rödder sagt: »Das führt zu neuen Kartellbildungen und erhöht den Konformitätsdruck. Denn um Drittmittel zu bekommen, benötigen Sie die Zustimmung von Gutachtern und Entscheidern in den Gremien. Dadurch ist ein selbstreferenzieller Zirkel entstanden: Man versucht, Zustimmung zu erheischen – und tut nichts, von dem anzunehmen ist, dass es nicht die Zustimmung der anderen findet.«[232]

Das sei quasi die Konsequenz aus der unternehmerischen Hochschule, wie sie spätestens seit der Bologna-Reform, der Einführung von Bachelor und Master – genannt werden kann. In den USA ist sie noch wesentlich weiter vorangeschritten. Wenn es darum geht, wie ein Unternehmen zu arbeiten, so geht es auch stärker darum, das Geld dort zu verteilen, wo es am meisten Rendite verspricht. Die Bedeutung der Geisteswissenschaften droht dabei, unter die Räder zu kommen. Vielleicht ist ihre scheinbare Politisierung über die eigene Identität und die damit verbundenen Rederechte und -verbote auch eine Art Aufschrei vor dem drohenden Bedeutungsverlust. In den USA machen Geisteswissenschaften gerade einmal noch zehn Prozent der Hochschulen aus. Hierzulande sind es immer noch doppelt so viel, Tendenz auch hier rückläufig.[233]

Zugleich macht die Hochschule als Unternehmen Studierende zu ihren Kunden. Damit ist eine fundamental andere Haltung der Lehre gegenüber verbunden. Kunden haben in erster Linie Rechte – und genau um deren Durchsetzung geht es in vielen Konflikten, welche die Meinungsfreiheit zum Thema haben. Ich möchte dann an der Hochschule bitte nur das hören, was ich mir als Kunde auch ausgesucht habe. Wenn nun Meinungen gewichtet werden sollen, dann kaum danach, wie qualifiziert sie sind – sondern danach, wer sie ausspricht. So verschwimmen Meinungsfreiheit und akademische Freiheit, obwohl sie ganz verschiedenen Regeln folgen: Letztere achtet auf die Qualität des Gesagten, Erstere nur darauf, dass es gesagt werden kann.

Vertritt ein Dozent also eine Meinung, die ich nicht hören will, so darf, ja, muss ich seine Autorität als Wissenschaftler und als Mensch anzweifeln. Ergebnis: Er muss weg. Dabei gilt hier doch dasselbe wie in der Kunst: So wie Künstler und Werk zu trennen sind, so auch Wissenschaftler und Mensch. Reaktionäre Märtyrer aus der Fraktion Hans-Peter aber brandmarken Progressive als elitäre Elfenbeinturmbewohner und Feinde der Freiheit, während aktivistische Inquisitoren-Gruppen aus dem Helen-Lager sich von verletzten Gefühlen leiten lassen und vorschreiben wollen, wer noch was sagen darf. Die Märtyrer fordern für sich grenzenlose Meinungsfreiheit, um zu brüllen, während die Inquisitoren sich in Safe Spaces zurückziehen und auf Trigger-Warnungen bestehen.

Beides sind bislang Phänomene an Hochschulen in den USA und Großbritannien. In Safe Spaces sind dann nur Meinungen erlaubt, die garantiert niemanden beleidigen oder diskriminieren könnten, um marginalisierte Gruppen zu schützen. Mit Trigger-Warnungen versuchen Lehrer, bestimmte Texte, Bilder und Videos von Menschen mit psychischen Krankheiten fernzuhalten. Material also, das belastende Erinnerungen zurückbringen könnten. Das betrifft vor allem

Werke, die Sex, Gewalt und Missbrauch darstellen. Sinn und Nutzen von Trigger-Warnungen sind wohl überschaubar bis nicht vorhanden: Drei Psychologen aus Harvard fanden 2019 in einer Studie heraus, dass die Warnungen sogar häufig kontraproduktiv waren. Sie triggerten nämlich in den schlimmeren Fällen die Angst vor der Angst – also die Angst vor den Stellen, die Betroffene als kränkend empfinden könnten.[234]

Das Free Speech Movement aus Berkeley von 1964 ist heute verkommen zu einem jammervoll – jämmerlichen Rückzugsgefecht auf windstille Positionen, in denen garantiert keine Konfrontation mit der Welt zu befürchten ist. Vielleicht ist das aber auch zu pessimistisch. Möglicherweise leben wir schlicht in einer Zeit des Übergangs, wie es sie schon so oft gab in der Geschichte. In einer Zeit, in der die Regeln der alten Welt mit voller Wucht auf den Prellbock der neuen prallen – die Welt der Hans-Peters auf die der Helens. Die Hans-Peters werden in den Ruhestand gehen und nicht mehr kläffend ihr Revier verteidigen und die Helens werden irgendwann hoffentlich ganz selbstverständlich mit am Tisch sitzen und werden dann keine Safe spaces mehr brauchen. Im besten Fall sind sie nötig, um überflüssig zu werden.

Der problematischere Punkt darüber hinaus liegt jenseits von Anerkennungsfragen: Es ist jener, an welchem Kunst und Wissenschaft zusammenfließen: Wir begegnen beiden als Kunden. Kunden, die Rechte haben. Kunden, die vor allem das Recht haben, von der Wissenschaft und der Kunst nur das zu bekommen, was sie erwarten und wofür sie bezahlt haben. Der Rest ist Belästigung und soll weg. Sie sind künstlerisch Banausen und psychologisch Narzissten. Das führt im schlimmsten Fall zu einer verengten Wissenschaft, die nur noch dort forscht, wo Geld wartet, und zu einer aalglatten

Kunst, die nur noch angepasst produziert, was garantiert gefällt. Die Haltung des Kunden ist eine, die Theodor W. Adorno einst heftig angriff, als er schrieb: »Nicht muss der Betrachter, was in ihm vorgeht, aufs Kunstwerk projizieren, um darin sich bestätigt, überhöht, befriedigt zu finden, sondern muss umgekehrt zum Kunstwerk sich entäußern, ihm sich gleichmachen, es von sich aus vollziehen. Dass er der Disziplin des Werks sich zu unterwerfen habe und nicht zu verlangen, dass es ihm etwas gebe, ist nur ein anderer Ausdruck dafür.«[235]

Das wäre Freiheit – das Recht aufzunehmen. Eine Form produktiver Passivität, die das Glück ermöglichte, eines Rätsels inne zu werden, statt es vorschnell durch Reden lösen zu wollen und damit zu zerreden. Dieser bezogene Abstand wäre die weniger narzisstische, dafür selbstvergessenere Begegnung mit der Kunst, ihrem Schöpfer und letztlich dem Menschen. Eine bewegliche Haltung, mit der mehr Fragen als Antworten blieben und die jeden Fundamentalismus pulverisierte in die transzendentale Unschuldsvermutung des »Es könnte auch alles ganz anders sein.« Eine Perspektive, in der die Enge des Wirklichen eingänge in einen tiefen, weiten Horizont des Möglichen. Ein Sich-Überlassen an ein anderes, ein Fremdes, das sein darf, ohne Erwartungen genügen zu müssen, um sich zugehörig zu fühlen. Eine Haltung, die sich gewahr würde, dass wir zuvörderst Aufnehmende, Empfangende, Entgegennehmende, nicht Sendende sind. Eine Haltung, die so leicht und beweglich wäre, dass die Verteidigung von Identität und Meinung ebenso gleichgültig würde wie die Frage, wer mitreden darf.

Anleitung zur Meinungsfreiheit

An dieser Stelle ein herzliches Willkommen an die Bahnhofsbuchhandlungs-Durchblätterer, an die Journalisten, die keine Zeit haben, sich den ganzen Text reinzuziehen und an die tldr-verwöhnten ADHS-Kids aus dem Internet. Sie kennen tldr nicht? Das steht für too long, didn't read. Zu lang – hab's nicht gelesen.

Warum haben Sie das Buch hier aufgeschlagen? Lassen Sie uns ehrlich sein. Sie wollten von hinten nach vorne lesen? Stopp – wir wollten ehrlich miteinander sein. Sie haben hier am Schluss aufgeschlagen, weil Sie sich eine zackige Zusammenfassung erhoffen, um sich nicht den ganzen Schinken hier reinpfeifen zu müssen. Soll ich Ihnen etwas sagen? Dieser Wunsch ist vollkommen legitim. Ich kenne das, es geht mir auch ständig so. Ich will wissen, was in der Summe hinten rauskommt und nicht, was in vielen kleinen Einzelteilen vorne reingesteckt wurde. Damit können sich Leute beschäftigen, die mehr Tagesfreizeit haben.

Hier also kurz, knapp und knackig meine Anleitung zur Meinungsfreiheit in zehn übersichtlichen Schritten – für ein garantiert entspanntes und lustvolles Meinen und Streiten. Viel Spaß!
1. Meinung ist Mut! Haben Sie eine Meinung. Immer. Zu allem. Es gibt keinen Grund, keine Meinung zu haben.
2. Wissen wird überschätzt: Wenn Sie über ein Thema nichts

wissen, ist das nicht schlimm, sondern der Meinung eher zuträglich. Je weniger Wissen, desto mehr Raum bleibt für die Meinung.
3. Je mehr Haltung, desto besser: Haben Sie eine starke Meinung mit viel Haltung. Bitte in ängstlichen Zeiten wie diesen keine falsche Zurückhaltung. »Ich bin ja nicht sicher, aber ...« oder »Ich weiß es nicht genau, aber ...« sind Sätze für Loser, die alles »n Stück weit gut und n Stück weit schlecht« finden. Diese Meinungen will keiner hören, denn sie sind keine. Sagen Sie stattdessen: »Es ist ja so ...« zu Beginn der Meinung und schließen Sie diese ab mit »Es ist einfach so. Punkt.«.
4. Fakten zerstören Meinungen: Lassen Sie sich Ihre Meinung auf keinen Fall von Fakten kaputtmachen. Das ist ein unangenehmer Trend des Zeitgeistes, dass jeder Halbsatz mit Fußnoten versehen werden muss. Kennzeichen einer verängstigten Gesellschaft, die im Grunde keine Meinungen mehr aushält. Wenn Sie nach Fakten gefragt werden, sagen Sie: »Fakten, Fakten, Fakten ... geh doch zu Focus!«
5. Quellen sind Quatsch: »Haben Sie dazu eine Quelle?« ist eine nächste unnütze Frage. Sie schreiben keine Doktorarbeit, Sie haben eine Meinung. Und das ist viel wichtiger. Doktorarbeiten schreibt heute jeder ab, eine Meinung hat kaum jemand. Die einzige Antwort, die diese Leute verdient haben, lautet: »Meine Quelle? Ja, die Römerquelle! Und die trinke ich!«
6. Wissenschaft ist gut! Beziehen Sie sich mit Ihrer Meinung immer auf die Wissenschaft. Das macht Sie noch glaubhafter. Keine Sorge, Sie brauchen nichts gelesen zu haben, geschweige denn Studien zu kennen. Beenden Sie Ihre Mei-

nung einfach mit »Das ist ja auch wissenschaftlich belegt.«
7. Widerspruch ist schwierig! Widerspruch von Ihnen zu anderen Meinungen ist immer gut. Sagen Sie den Leuten, dass Meinungsfreiheit keine Einbahnstraße ist, und fordern Sie heraus, dass man Ihnen zuhört. Umgekehrt gilt dies nicht. Wenn Ihnen jemand widerspricht, unterbinden Sie das, indem Sie lauter werden oder ihre Meinung noch einmal sagen – im Zweifel immer wieder, so lange, bis Ruhe ist.
8. Meiden Sie Meinungsmacher! Machen Sie einen großen Bogen um Menschen, die mit ihren Meinungen Geld verdienen. Meinungsmacher, Opinionleader und andere Schwätzer sollten Sie einfach ignorieren. Sie haben sowieso schon zu viel Publikum. So wie Leute, die ihre Meinung im Fernsehen sagen. Das ist meist Manipulation in der Verkleidung einer Meinung. Einfach abschalten!
9. Zuhören bringt nichts! Das gilt vor allem bei Zeitgenossen, die Sie aufdringlich auffordern, Ihnen doch bitte auch einmal zuzuhören, weil er, sie oder es bislang keine Stimme hatte. Hätte es einen Grund gegeben zuzuhören, wäre das ja längst geschehen. Da das offenbar niemand getan hat, brauchen Sie sich auch nicht zu erbarmen. Dahinter steckt in der Regel sowieso keine Meinung, sondern nur Geheul und Gejammer. Vergeudete Lebenszeit!
10. Machen Sie nie wieder den Fehler, etwas zu lesen, nur weil drüber steht, dass es sich um eine knackige Anleitung handelt. Das ist immer Scharlatanerie. Glauben Sie nie wieder, dass das, was auf der letzten Seite eines Buches steht, auch nur irgendetwas mit dem zu tun hat, was drinsteht.

Und jetzt fangen Sie bitte von vorne an! Viel Spaß!

Nachweise

1. Der Begriff der Einmaligkeit ist eine Weiterführung der Überlegungen zum Besonderen von Andreas Reckwitz in: Das Ende der Illusionen. Politik, Ökonomie und Kultur in der Spätmoderne, Berlin 2020, hier vor allem: S. 29–63
2. Ulf Poschardt, DJ Culture. Discjockeys und Popkultur, Stuttgart, 2015, S. 402
3. A. a. O., S. 387
4. A. a.O., S. 405
5. A. a.O., S. 404
6. Walter Benjamin, Kapitalismus als Religion, in: Gesammelte Schriften, Bd. II.I, S. 899
7. https://www.kotzendes-einhorn.de/blog/2012-10/online-gehen-lohnt-sich-das-die-bravo-1998-beantwortet-die-frage/, abgerufen am 04.08.2021
8. Timothy Garton Ash, Redefreiheit. Prinzipien für eine vernetzte Welt, München, 2016, S. 215 ff.
9. A. a. O., S. 217
10. https://www.tagesspiegel.de/politik/heute-vor-30-jahren-das-tiananmen-massaker-war-der-startpunkt-fuer-das-moderne-china/24412804.html, abgerufen am 16.03.2021
11. Ash, 2016, S. 67
12. A. a. O., S. 72
13. Kursbuch Nr. 173, März, 2013, S. 59
14. Ash 2016, S. 67
15. Carl Schmitt, Politische Theologie, Berlin, 2015, S. 61; Hervorhebungen von mir
16. Heribert Prantl, Not und Gebot. Grundrechte in Quarantäne, München, 2021, S. 58
17. https://www.tagesschau.de/inland/gesellschaft/freiheiten-corona-geimpfte-101.html, abgerufen am 04.08.2021
18. https://twitter.com/Schroeder_Live/status/1356720668373573635, abgerufen am 17.03.2021
19. Frankfurter Allgemeine Zeitung, Nr. 136, 16.06.2021, S. 8
20. https://www.faz.net/aktuell/politik/inland/allensbach-umfrage-ueber-meinungsfreiheit-und-kritische-themen-16200724.html, 22.05.2019, abgerufen am 07.01.2021
21. https://www.lto.de/recht/hintergruende/h/lg-berlin-27ar17-19-aendert-beschluss-kuenast-beleidigung-hass-posting-facebook-schmaehkritik/, 21.01.2020, abgerufen am 07.01.2021

22 Neue Zürcher Zeitung, 03.09.2020, S. 10
23 https://www.br.de/radio/bayern2/sendungen/kalenderblatt/2205-br-scheibenwischer-100.html, abgerufen am 13.03.2021
24 Caroline Fourest, Generation Beleidigt. Von der Sprachpolizei zur Gedankenpolizei. Über den wachsenden Einfluss linker Identitärer. Eine Kritik, Berlin, 2020, S. 22 f.
25 Die Welt, Nr. 57, 08.03.2019, S. 22
26 Die Zeit, Nr. 26, 24.06.2021, S. 28
27 Der Spiegel, Nr. 20, 15.05.2021, S. 99
28 Die Zeit, Nr. 20, 12.05.2021, S. 5
29 Fourest, a. a. O.
30 Aus Politik und Zeitgeschichte, Nr. 42–44, 12.10.2020, S. 4
31 A. a. O.
32 DIE ZEIT, Nr. 30, 16.07.2020, S. 13
33 Aus Politik und Zeitgeschichte, Nr. 42–44, 12.10.2020, S. 26 f.
34 Immanuel Kant, Kant, Akademieausgabe II, S. 253
35 Kant, Akademieausgabe VIII, S. 176
36 Armin Nassehi, Das große Nein. Eigendynamik und Tragik des gesellschaftlichen Protests, Hamburg, 2020, S. 88
37 Friedrich Nietzsche, Nachgelassene Schriften 1884–1885, in: Kritische Studienausgabe, Bd. 11, S. 88
38 https://de.statista.com/statistik/daten/studie/37545/umfrage/anzahl-der-aktiven-nutzer-von-facebook/, abgerufen am 08.05.2021
39 Armin Nassehi, Gab es 1968? Eine Spurensuche, Hamburg, 2018, S. 38
40 Thomas Wagner, Robokratie. Google, das Silicon Valley und der Mensch als Auslaufmodell, Köln, 2016, S. 24
41 Richard Barbrook / Andy Cameron, Die Kalifornische Ideologie, Telepolis, 05.02.1997, https://www.heise.de/tp/features/Die-kalifornische-Ideologie-3229213.html, abgerufen am 04.04.2021
42 Walter Isaacson, Steve Jobs. Die autorisierte Biografie des Apple Gründers, München, 2011, S. 80
43 »Wir sind wie Götter und wir können genauso gut werden.« Die Hippies und der Cyberspace, Deutschlandfunk, 25.11.2014 https://www.deutschlandfunkkultur.de/hippies-und-cyberspace-wir-sind-wie-goetter-und-wir-koennen.3720.de.html?dram:article_id=300823, abgerufen am 07.04.2021
44 George Dyson, Turings Kathedrale. Die Ursprünge des digitalen Zeitalters, Berlin, 2014, S. 10 f.
45 A. a. O.
46 Eva Illouz, Die Errettung der modernen Seele, Frankfurt am Main, 2009, S. 214
47 A. a. O., S. 224
48 Richard Sennett, Verfall und Ende des öffentlichen Lebens. Die Tyrannei der Intimität, Frankfurt am Main, 1974, S. 22

49 Armin Nassehi, Gab es 1968? Eine Spurensuche, Hamburg, 2018, S. 73
50 Illouz, 2009, S. 273
51 A. a. O., S. 69
52 https://www.spektrum.de/news/haelt-die-positive-psychologie-was-sie-verspricht/1724410, abgerufen am 06.08.2021
53 Psychologie Heute, November 2010, S. 28
54 Kristin Dombeck, Die Selbstsucht der anderen. Ein Essay über Narzissmus, Frankfurt, 2016, S. 12 f.
55 Nietzsche, Zur Genealogie der Moral, in: Kritische Studienausgabe, Bd. 5, München, 1999, S. 375
56 Ernst Jünger, Über den Schmerz, in: Sämtliche Werke, Bd. 9, Stuttgart, 2015, S. 182 f.
57 Vilem Flusser, Für eine Philosophie der Fotografie, Berlin, 1983, S. 25
58 A. a. O., S. 31
59 Sebastian Löwe, Social Media Oktober, 22.10.2018, in: https://pop-zeitschrift.de/2018/10/22/social-media-oktober-von-sebastian-loewe/, abgerufen am 15.04.2021
60 Der Spiegel, Nr. 2/2021, 09.01.2021, S. 50 ff.
61 Welt am Sonntag, Nr. 11, 14.03.2021, S. 6
62 Ash, 2016, S. 40
63 »Richtlinie über den elektronischen Geschäftsverkehr« (Richtlinie 2000 / 31 / EG des Europäischen Parlaments und des Rates vom 08.06.2000: https://eur-lex.europa.eu/legal-content/DE/TXT/HTML/?uri=CELEX:32000L0031, zur Nicht-Verantwortlichkeit von Internetdiensten hier insb. Artikel 12–14, abgerufen am 11.05.2021
64 A. a. O., zit. nach: Joseph Vogl, Kapital und Ressentiment. Eine kurze Theorie der Gegenwart, München, 2021, S. 123
65 Marshall McLuhan, Die magischen Kanäle. Understanding Media, Basel, 1995, S. 38
66 Ash, 2016, S. 82
67 Vogl, 2021, S. 173
68 https://www.spiegel.de/netzwelt/netzpolitik/facebook-fragestunde-mit-indiens-regierungschef-modi-endet-mit-traenen-a-1055000.html, abgerufen am 21.05.2021
69 https://m.facebook.com/nt/screen/?params=%7B%22note_id%22%3A3707971095882612%7D&path=%2Fnotes%2Fnote%2F&_rdr, abgerufen am 14.04.2021, hier zit. nach Thomas Ammann, Die Machtprobe. Wie Social Media unsere Demokratie verändern, Hamburg, 2020, S. 207
70 Daniel Kahneman, Schnelles Denken, langsames Denken, München, 2012, S. 33
71 A. a. O., S. 118 ff.
72 Ammann, 2020, S. 195

73 A.a.O.
74 A.a.O., S. 201
75 Vogl, 2021, S. 98 f.
76 Anna Verena Nesthoff, Felix Maschewski, Die Gesellschaft der Wearables. Digitale Verführung und soziale Kontrolle, Berlin, 2019, S. 67 f.
77 Vogl, 2021, S. 112
78 https://www.mediaite.com/news/up-to-57-million-trump-twitter-followers-are-fake-or-inactive-expert-tells-mediaite/, abgerufen am 21.05.2021
79 Neue Zürcher Zeitung, 11.01.2021, S. 28
80 Frankfurter Allgemeine Zeitung, Nr. 9, 12.01.2021, S. 3
81 Ammann, 2020, S. 217
82 A.a.O., S. 192
83 Vogl, 2021, S. 172
84 https://www.buzzfeed.de/recherchen/das-sind-der-erfolgreichsten-falschmeldungen-auf-facebook-2018-90134176.html, abgerufen am 22.04.2021
85 https://netzpolitik.org/2017/wahlkampf-in-der-grauzone-die-parteien-das-microtargeting-und-die-transparenz/, abgerufen am 22.04.2021
86 https://netzpolitik.org/2020/microtargeting-wie-trump-millionen-schwarze-amerikanerinnen-mit-gezielter-werbung-vom-waehlen-abhalten-wollte/, abgerufen am 22.04.2021
87 A.a.O., S. 234
88 Das Parlament, Nr. 24/2018, S. 9 f.
89 Jan-Werner Müller, Was ist Populismus?, Berlin, 2016, S. 19
90 Boris Groys, Das Faustische ist das Vergängliche, in: Carl Hegemann (Hg.), Wie man ein Arschloch wird. Kapitalismus und Kolonisierung, Berlin, 2017, S. 130
91 Der Spiegel Nr. 39/2020, S. 12
92 Der Spiegel, Nr. 7/2021, S. 12
93 https://www.belltower.news/christchurch-der-grosse-austausch-und-die-legende-vom-oekofaschisten-82723/
94 Thomas Wagner, Die Angstmacher, Berlin 2017, S. 229
95 Der Spiegel, Nr. 7/2021, S. 12
96 Christoph Kappes, Menschen, Medien und Maschinen. Warum die Gefahren der »Filter Bubble« überschätzt werden, in: Merkur Nr. 03/2012, S. 261
97 Pörksen, Die große Gereiztheit. Wege aus der kollektiven Erregung, München, 2018, S. 118 f.
98 Das Bild des Fließens verdanke ich Boris Groys, in: Hegemann (Hg.), Berlin, 2017, S. 114
99 Robert Musil, Der Mann ohne Eigenschaften, Reinbek, 1998, S. 445
100 https://www.youtube.com/watch?v=Ux_j8ALQiQY, abgerufen am 07.08.2021
101 https://www.youtube.com/watch?v=VclJ6SSWppY, abgerufen am 27.04.2021
102 https://www.n-tv.de/leute/Ich-war-blauaeugig-article22511095.html, abgerufen am 27.04.2021

103 https://twitter.com/CorneliusRoemer/status/1385387926272544772, abgerufen am 27.04.2021
104 https://www.change.org/p/intendantinnen-und-intendanten-der-ard-und-des-zdf-allesdichtmachen-nicht-mit-meinem-rundfunkbeitrag-8c5fc2e9-87e3-4bc5-9414-62acac1addd4, abgerufen am 26.04.2021
105 Pörksen, 2018, S. 128
106 Jean Piaget, Sprechen und Denken des Kindes, Frankfurt/M, Berlin, 1983, S. 28
107 Ute Frevert, Die Politik der Demütigung. Schauplätze von Macht und Ohnmacht, Frankfurt am Main, 2017, S. 30 f.
108 Neuhäuser, Seidel (Hg.), 2020, S. 434
109 Ingrid Brodnik, Hass im Netz. Was wir gegen Hetze, Mobbing und Lügen tun können, Wien, 2016, S. 14 f.
110 Eva Weber-Guskar, Der Online-Kommentar: Moralismus in digitalen Massenmedien, in: Neuhäuser / Seidel (Hg.), Kritik des Moralismus, Berlin, 2020, S. 429 f.
111 A. a. O., S. 104 f.
112 A. a. O., S. 106 f.
113 Helmut Lethen, Verhaltenslehren der Kälte. Lebensversuche zwischen den Kriegen, Frankfurt am Main, 1994, S. 191
114 Carl Schmitt, Der Begriff des Politischen, Berlin, 2015, S. 4
115 Ernst Jünger, Das zweite Pariser Tagebuch, in: Strahlungen II, Sämtliche Werke, Bd. 3, Stuttgart, S. 141
116 Klaus Theweleit, Männerphantasien Bd. 1. Frauen, Fluten, Körper, Geschichte. Frankfurt, 1977, S. 268 f.
117 https://www.sueddeutsche.de/politik/hatespeech-gesetz-ermittler-hindernisse-1.5270936, abgerufen am 15.05.2021
118 Ash, 2016, S. 362
119 Ash, 2016, S. 339
120 Jünger, 2015, Bd. 9, S. 182
121 Pörksen, 2018, S. 112
122 Axel Jeschke, Wolfgang Malanowski, Der Minister und der Terrorist. Gespräche zwischen Gerhart Baum und Horst Mahler, Hamburg, 1980, S. 51
123 Michael Butter, Nichts ist, wie es scheint. Über Verschwörungstheorien, Berlin, 2018, S. 162
124 https://www.tagesspiegel.de/wissen/coronavirus-und-spanische-grippe-im-vergleich-die-mutter-der-modernen-pandemien/25662134.html, 20.03.2020, abgerufen am 06.06.2021
125 https://www.moz.de/nachrichten/kultur/medizingeschichte-corona-und-die-spanische-grippe-49372718.html, 19.03.2020, abgerufen am 06.06.2021
126 Katharina Nocun / Pia Lamberty, Fake Facts. Wie Verschwörungstheorien unser Denken bestimmen, Köln, 2020, S. 254

127 https://www.moz.de/nachrichten/kultur/medizingeschichte-corona-und-die-spanische-grippe-49372718.html, abgerufen am 06.06.2021
128 Ammann, 2020, S. 28
129 https://www.fes.de/forum-berlin/gegen-rechtsextremismus/mitte-studie, abgerufen am 21.06.2021
130 Nocun / Lamberty, 2020, S. 24 f.
131 https://www.ardmediathek.de/video/zapp/querdenken-demos-gewalt-gegen-journalist-innen/ndr/Y3JpZDovL25kci5kZS84NDRkNDQ3Zi1jOGQ2L-TRmY2QtYjkyZi1hMDA1ZGVhMzQzZTU/, abgerufen am 11.06.2021
132 Michael Butter, Nichts ist, wie es scheint. Über Verschwörungstheorien, Berlin, 2018, S. 117
133 Karl Popper, Die offene Gesellschaft und ihre Feinde, Band II, Falsche Propheten: Hegel, Marx und die Folgen, Tübingen, 2003, S. 112
134 Butter, 2018, S. 144
135 A. a. O., S. 144 ff.
136 Karl Hepfer, Verschwörungstheorien. Eine philosophische Kritik der Unvernunft, Bielefeld, 2015, S. 25
137 A. a. O., S. 158
138 Der Spiegel Nr. 39/2020, S. 14
139 A. a. O.
140 A. a. O., S. 12
141 A. a. O., S. 16
142 Butter, 2018, S. 121 ff.
143 https://netzpolitik.org/2020/wenn-die-eltern-ploetzlich-an-verschwoerungstheorien-glauben-corona-pandemie/, abgerufen am 21.06.2021
144 https://www.spiegel.de/panorama/leute/attila-hildmann-auf-der-suche-nach-dem-sinn-falsch-abgebogen-a-293df391-2bb4-4370-af8d-de36d8cadbae, 21.05.2020, abgerufen am 13.06.2021
145 Stuttgarter Nachrichten, 20.06.2020, S. 8
146 Nocun / Lamberty, 2020, S. 211
147 A. a. O., S. 210
148 https://www.zeit.de/2021/04/oliver-nachtwey-querdenker-afd-demonstration-verschwoerungstheorien, abgerufen am 28.06.2021
149 https://www.deutschlandfunk.de/studie-zur-querdenker-bewegung-kommt-zum-teil-von-links.1148.de.html?dram:article_id=491178, abgerufen am 28.06.2021
150 Nocun / Lamberty, 2020, S. 222
151 Compact Live: »Die Identitäre Bewegung stellt sich vor« https://www.youtube.com/watch?v=SHZwIGoGvJ0 (ab 1:16:36), abgerufen am 21.06.2021
152 Wolfgang Wippermann, Agenten des Bösen. Verschwörungstheorien von Luther bis heute, Berlin 2007, S. 22

153 Vgl.: Die dunkle Seite des deutschen Rap, WDR Dokumentation, 29.03.2018, https://www.youtube.com/watch?v=HXZCmXK9wWc&t=4s abgerufen am 19.06.2021
154 Butter, 2018, S. 117
155 Butter, 2018, S. 103
156 Der Spiegel, Nr. 38/2020, 12.09.2020, S. 39
157 Die Zeit, Nr. 6/2016, 04.02.2016, S. 27
158 https://www.sueddeutsche.de/kultur/luegenpresse-ist-unwort-des-jahres-kampfbegriff-gegen-die-demokratie-1.2301815, abgerufen am 11.07.2021
159 https://taz.de/Die-taz-und-die-Neuen-Rechten/!5396695/, abgerufen am 11.07.2021
160 https://medienvertrauen.uni-mainz.de/forschungsergebnisse-der-welle-2020-3/, abgerufen am 11.07.2021
161 https://de.statista.com/statistik/daten/studie/163740/umfrage/parteipraeferenz-von-politikjournalisten-in-deutschland/, abgerufen am 11.076.2021
162 Taz, Nr. 12198, 27.03.2020, S. 17
163 Der Spiegel, 9/2018, S. 71 f.
164 Tagesthemen, 19.04.2021, https://www.youtube.com/watch?v=hAvOIDuZH6U, 13:50–13:55 Min, abgerufen am 12.07.2021
165 A.a.O., 13:00–13:30 Min
166 Heute journal, ZDF, 19.04.2021, https://www.zdf.de/nachrichten/heute-journal/heute-journal-vom-19-april-2021-100.html, 15:11 – 15:44 Min, abgerufen am 12.07.2021
167 Der Spiegel, 17/2021, S. 20 ff.
168 Baerbock und Habeck – Kurs aufs Kanzleramt? NDR Doku »45 Min«, 23.11.2020, https://www.youtube.com/watch?v=rsjRm2Zf-5Y (10:15–10:31 Min), abgerufen am 13.07.2021
169 https://www.tagesschau.de/faktenfinder/baerbock-lebenslauf-101.html, abgerufen am 13.07.2021
170 https://twitter.com/antiplag/status/1410716057342517251, abgerufen am 28.07.2021
171 Die Welt, Nr. 149, 29.06.2020, S. 4
172 https://www.presserat.de/ruegen-presse-uebersicht.html, abgerufen am 28.07.2021
173 Pörksen, a.a.O., S. 144 f.
174 https://www.bild.de/politik/inland/politik-inland/dreck-fliegt-aus-allen-lagern-der-schmutzigste-wahlkampf-aller-zeiten-76990618.bild.html, abgerufen am 14.07.2021
175 https://www.tagesspiegel.de/politik/fuer-mich-so-etwas-wie-westfernsehen-maassen-provoziert-mit-tweet-ueber-medien/24577234.html, abgerufen am 14.07.2021
176 https://www.bpb.de/politik/hintergrund-aktuell/318689/islamistische-terroranschlaege-in-frankreich, abgerufen am 14.07.2021

177 https://www.zeit.de/2018/27/matthias-matussek-neue-rechte-rechtspopulismus, abgerufen am 08.08.2021
178 Ash, 2016, S. 283 ff.
179 Assmann, 2020, S. 267
180 Einfach Schroeder: Deutsche Männer, radioeins (rbb), 19.01.2016, online nicht mehr verfügbar
181 Fabian Wendt, Moralismus in der Migrationsdebatte, in: Neuhäuser / Seidel, Kritik des Moralismus, Berlin, 2020, S. 413 f.
182 A. a. O., S. 415 f.
183 https://taz.de/Abschaffung-der-Polizei/!5689584/, 15.06.2020, abgerufen am 07.01.2021
184 https://taz.de/taz-Kolumne-ueber-Polizei/!5691333/, abgerufen am 31.07.2021
185 Die Zeit, Nr. 30, 16.07.2020, S. 47
186 Der Spiegel, Nr. 11, 13.03.2021, S. 117
187 A. a. O.
188 A. a. O.
189 A. a. O.
190 Fourest, 2020, S. 58
191 Der Spiegel, Nr. 11, 13.03.2021, S. 118
192 Der Spiegel, Nr. 25, 19.06.2021, S. 118
193 Frankfurter Allgemeine Sonntagszeitung, 21.03.2021, S. 6
194 Berliner Zeitung, 15.09.2020, S. 14
195 Fabian Payr, Von Menschen und Mensch*innen. 20 gute Gründe, mit dem Gendern aufzuhören, Wiesbaden, 2021, S. 7 f.
196 A. a. O., S. 33
197 Paye, 2021, S. 25
198 Juan Moreno, Tausend Zeilen Lüge. Der Fall Relotius und das System des deutschen Journalismus, Berlin, 2019, S. 280
199 Assmann, 2020, S. 247
200 A. a. O. S. 248
201 Ash, 2016, S. 293
202 Epd Medien Nr. 16, 23.04.2021, S. 22
203 Fourest, 2020, S. 27 ff.
204 A. a. O., S. 19
205 A. a. O., S. 24
206 Fourest, 2020, S. 71 f.
207 Theodor W. Adorno, Minima Moralia. Reflexionen aus dem beschädigten Leben, Frankfurt am Main, 1997, S. 298
208 Zit. nach epd medien, Nr. 20, 15.05.2020, S. 3
209 https://www.youtube.com/watch?v=e8D3J5RtEXE, abgerufen am 03.08.2021
210 https://www.spiegel.de/netzwelt/web/wdr-umweltsau-skandalisierung-die-empoerungsmaschine-laeuft-heiss-a-1303164.html, abgerufen am 03.08.2021

211 Musil 1998, S. 541
212 Frankfurter Allgemeine Zeitung, 23.11.2020, S. 8
213 Die Zeit, Nr. 50, 03.12.2020, S. 14
214 https://www.zeit.de/2020/11/woody-allen-apropos-of-nothing-autobiografie
215 http://mosesfarrow.blogspot.com/2018/05/a-son-speaks-out-by-moses-farrow.html?m=1
216 Die Welt Nr. 59, 10.03.2020, S. 21
217 https://twitter.com/marga_owski/status/1236682392393392128?s=20
218 https://taz.de/Missbrauchsvorwuerfe-gegen-Woody-Allen/!5670005/
219 https://www.welt.de/kultur/plus232300027/Cancel-Culture-Wenn-Eminem-und-Lana-Del-Rey-gecancelt-werden.html, abgerufen am 02.08.2021
220 Fourest, 2020, S. 27
221 Der Spiegel, Nr. 29, 11.07.2020, S. 120
222 https://www.heise.de/tp/features/Terroranschlaege-als-groesstes-Kunstwerk-bezeichnet-3452603.html, abgerufen am 02.08.2021
223 Thomas Mann, Erfahrungen im Kriege, in: Nachträge, Gesammelte Werke in 13 Bänden, Band 13, Frankfurt am Main, 1990, S. 530
224 https://www.morgenpost.de/berlin/article216824747/Merkel-tauscht-umstrittene-Nolde-Bilder-aus.html
225 Der Spiegel, Nr. 28, 10.07.2021, S. 12
226 https://www.spiegel.de/kultur/gesellschaft/claus-peymann-im-interview-ich-bin-aufgeklaerter-monarch-a-1114182.html, abgerufen am 11.08.2021
227 Welt am Sonntag, Nr. 32, 08.08.2021
228 Gottfried Benn, Lebensweg eines Intellektualisten, in: Sämtliche Werke, Band IV, Stuttgart, 2008, S. 182
229 Der Spiegel, Nr. 29, 11.07.2020, S. 1119 f.
230 Nietzsche, Nachgelassene Fragmente 1882 – 1884, in: Kritische Studienausgabe, Bd. 10, München, 1999, S. 136
231 Welt am Sonntag, Nr. 46, 15.11.2020, S. 16
232 Die Zeit, Nr. 6, 04.02.2021, S. 26
233 Welt am Sonntag, a. a. O., S. 18
234 Süddeutsche Zeitung, Nr. 164, 18.07.2019, S. 11
235 Adorno, Ästhetische Theorie, Frankfurt am Main, 1973, S. 409 f.

FLORIAN SCHROEDER

LIVE auf großer Deutschland TOUR

NEU START

WWW.FLORIAN-SCHROEDER.COM

TICKETS AN ALLEN BEKANNTEN VVK-STELLEN